# ゾンビ学

岡本 健

人文書院

# 目　　次

# はじめに
Dawn of the Zombie Study

「この世はゾンビであふれている。」

映画の中の話だろうか。いや，そうではない。現代の日本社会では「ゾンビ」をよく目にする。ここでいう「ゾンビ」は，死体が何らかの原因で起き上がり人に襲い掛かってくる，あのゾンビのことだ。いわゆる「生ける屍」や「リビングデッド」などと呼ばれるものである。今のところ，我々が生きている現実の世界で公にそのような存在は確認されていない。ところが，この「ゾンビ」はメディアを通して我々の日常に日々侵入してきている。

たとえば，近年では，日本のテレビゲームを原作とした実写映画『バイオハザード』や，ブラッド・ピット主演の『ワールド・ウォーZ』などのゾンビ映画が登場して人気を博した。『バイオハザード』はシリーズ化し，すでに5作品が公開されており，6作目も公開が予定されている。こうした作品に呼応する形で，たくさんのゾンビ映画が撮影，公開され，レンタルビデオ店にはゾンビ映画のDVDが並んでいる。邦画でも，『新撰組オブ・ザ・デッド』（2015年），『Zアイランド』（2015年）などが公開された。映画だけでなくドラマでもゾンビを扱った作品が人気を博している。アメリカでは，ゾンビ化が蔓延した世界を舞台にした連続ドラマ『ウォーキング・デッド』が2010年に放映され大ヒットしてシリーズ化した。

マンガの世界でもゾンビは元気である（すでに死んでしまってはいるけれど）。1987年から週刊少年ジャンプで連載を開始し，現在もウルト

図 0-1　左から『バイオハザード』『ワールド・ウォー Z』『Z アイランド』パッケージ

ラジャンプで連載中，単行本はシリーズ累計で 110 巻以上も出ている人気シリーズ『ジョジョの奇妙な冒険』の作者である荒木飛呂彦氏はゾンビ映画に大きな影響を受けているという（荒木 2011）。さらに，2000年代後半から，新たなゾンビマンガが多数登場している。例えば，『学園黙示録　HIGHSCHOOL OF THE DEAD』，『アイアムアヒーロー』，『血まみれスケバンチェーンソー』，『さんかれあ』，『りびんぐでっど！』，『ブロードウェイ・オブ・ザ・デッド　女ンビ―童貞 SOS ―』，『がっこうぐらし！』，『就職難!! ゾンビ取りガール』，『異骸』，『ゾンビが出たので学校休み。』などの作品だ。中にはアニメ化や実写映画化された作品もある。

　音楽の世界にもゾンビは登場している。1983 年，マイケル・ジャクソン『スリラー』のプロモーションビデオ作品の中でゾンビが踊ったのは有名な話だが，2010 年代には「ゾンビ音楽」という試みが登場している（安野 2014）。これは，作曲家の安野太郎が 2012 年から始めたもので，ロボットがリコーダーを演奏するというものだ。安野氏は，ゾンビを「肉体をかろうじて留めたままその肉体が本来持っていた意思とは別の意思で動いているもの」と定義し，それを応用して，ゾンビ音楽の定義を行っている。すなわち，「音楽器官をかろうじて留めたまま，その器官が本来持っていた意思とは別の意思で演奏される音楽」である。一体どんな音楽なのか，興味のある方は是非聞いていただきたい。2013

図0-2　多様なゾンビマンガ（左から『就職難‼ ゾンビ取りガール』『アイアムアヒーロー』『がっこうぐらし！』コミック第1巻カバー）

年にはファーストアルバム『デュエット・オブ・ザ・リビングデッド』をリリース，2014年にはセカンドアルバム『カルテット・オブ・ザ・リビングデッド』がリリースされている。驚くべきことに，ゾンビ音楽は第17回文化庁メディア芸術祭の審査委員会推薦作品に選ばれているのだ。「ゾンビ」という存在が，様々な分野の創作者に刺激を与え続けていることが分かる。

　ゾンビの感染は映画やアニメ，マンガ，音楽などのコンテンツの中だけにはとどまらない。大阪にあるテーマパーク「ユニバーサルスタジオジャパン（USJ）」では，ハロウィンにちなんでゾンビが大量に出てくるイベント「ハロウィンホラーナイト」が開催され大人気だ（宮嶋2013，森岡2014）。USJでは，2014年10月31日に，事前に公募した2000人の参加者がゾンビに扮してマイケル・ジャクソンのスリラーを踊るイベントまで開催された。2014年には，同じく大阪で体験型アトラクションとして「ゾンビ防衛大学」が開校された。なんと，広島市では，2015年に「横川ゾンビナイト」が行われている。ゾンビで町おこしを行う地域まで登場しているのだ。

　また，ここ数年でハロウィン文化が急速に日本にも根付き始めた感があるが，そんな風潮を敏感に受けて，主婦の友社から発刊されているファッション雑誌「S Cawaii!（エスカワイイ）」のムック本である「S

図0-3 学生から提供されたテーマ
パークでのコスプレ写真

Cawaii! Beauty」の vol. 2（2014 年 9 月 29 日発売）では，「ゾンビメイク基本のき」なる特集が組まれている（ムック 2014）。煽り文句として「誰でも簡単！血のりメイク」とある。実際，私の講義を受講していた大学生の中には，ハロウィンにゾンビメイクとゾンビコスプレをして USJ に遊びに行った者がいる。アトラクションのコンテンツとして，そして，仮装やコスプレなどのネタとしても，ゾンビは取り入れられ，拡がっているのだ。

　他にも，北海道からは「ゾンベアー」なるゾンビの熊のキャラクターが登場。そして，大人気キャラクターのハローキティとその仲間たちがゾンビになった「ハローキティゾンビフレンズ」がカプセルトイで発売されたかと思えば，同じくカプセルトイで「フルーツゾンビ」「うっかりゾンビ」などが相次いで登場。ゾンビ肉ジャーキーが売り出され，ゾンビのリキュール「ナース・オブ・ザ・デッド」も発売されている。健康からは最も縁遠い存在に思えそうなゾンビだが，健康のための『ゾンビ体操』まで登場する始末……（池谷 2015）。

　いったい全体なぜこれほどまでに現代日本社会には，ゾンビがあふれているのだろうか？　地獄がいっぱいになって死者が地上を歩き出したのか？[1]　本書では，近年隆盛を極めるゾンビ・コンテンツについて，その源流がどこにあるのかを整理しつつ，ゾンビ・コンテンツが人気を博している理由や，ゾンビ・コンテンツから，何を読み解くことができるのか，といった問題について分析，考察を試みたい。

---

1．ジョージ・A・ロメロ監督の作品『ゾンビ』の中の名ゼリフである。

図0-4　「ゾンベアー」（左），「ナース・オブ・ザ・デッド」（右：ボトル）。
それぞれ公式サイト，販売サイトより。

　なぜ，筆者がこんな本を書こうとするのか。それにはいくつかの理由
がある。一つ目は，人がゾンビ・コンテンツに何を求めているのかとい
う問題を探求するためだ。冒頭で述べた通り，ここのところゾンビを扱
った作品に出会うことが多い。先述したような狭義の「ゾンビ」はもち
ろんのこと，ゾンビ的なる性質を持ち合わせたキャラクターが登場する
作品も数多く見られ，多くの人々に受容されている。たとえば，大ヒッ
トマンガ諫山創『進撃の巨人』（2010-）は，突如世界に出現した「人間
を食らう巨人」に対して人間が抗戦する様子を描いてみせている。「巨
人」の中には，話が進むにつれて明確な意思を持つものも登場するが，
ほとんどの巨人は，生きた人間を見つけたら襲い掛かって食う，という
動作を繰り返す存在である。表情は固定されており，ほとんどコミュニ
ケーションをとることができない。巨大であることや，巨人の性質が
「噛む」ことによっては感染しない点では，ゾンビと異なるが，人間に
似た姿である点や，人を食う点，意思疎通が出来ない点など，共通点も

多い。あるいは石田スイ『東京喰種トーキョーグール』（2012-）や桜井
画門『亜人』（2013-）といった作品もゾンビ的特徴を持った存在を扱っ
た物語だ。『東京喰種トーキョーグール』は，人間を食わなければ生き
ていけない存在「喰種（グール）」と人間の関わりを描いている。「喰
種」には意識があり，人間ともコミュニケーションをとることが可能な
ので，純粋なゾンビとは異なるが，とはいえ，人間を食わずにはいられ
ない点ではゾンビ的だ。『亜人』では，死なない人間「亜人」と人間の
関係を描いている。「亜人」とは，見た目は通常の人間と変わらないの
だが，死亡した瞬間に即座によみがえる再生能力を持った存在だ。「死
なない」という性質により，「亜人」は様々な実験に利用されたり差別
を受けたりと，人間から迫害されることになる。ゾンビは，死んでいな
がら動き回っている，生と死の境界を侵犯する存在であり，この点は共
通だ。また，ゾンビは人間に襲い掛かる存在であると同時に，実は人間
から危害を加えられてしまいやすい存在でもあり，この点でも類似して
いる。こうしたゾンビ的な特徴をもった存在を「広義のゾンビ」と考え
ると，様々な作品に類似の構造を見出すことができるのである。これら
の作品では，人に近い存在でありつつ，人とは異質な特徴を持った存在
が描かれているのだ。

　特定の種類の表現が世の中に頻繁に表出するということは，単純に考
えてそれを表現したい，描写したいと思う作家が多いからであり，また，
そうした表現を欲する人が多いからであると考えられる[2]。しかし，改
めて考えてみると，これはとても不思議なことではないだろうか。死体
がよみがえって人に襲い掛かる。襲われた人はゾンビになり，また他の
人に襲い掛かっていく……。人間がそんなことに興味，関心を寄せ，魅

---

2．　当然ながら，商業的な観点から，ある表現を流行させようという意図が働くこ
　　とも多い。ただ，意図して仕掛けさえすればどんな表現でも流行するというわ
　　けではない。ある程度「人々から求められているもの」でなければならないだ
　　ろう。

力を感じるのはなぜなのだろうか。

　逆に，次のような意見が聞かれることも，本書を書く動機になっている。ゾンビについて描かれた映画やアニメは，ただただグロテスクなもので，暴力的な描写を見せつけることに主眼がおかれ，子供をはじめとして人々に悪影響を与えるのではないか。最悪，凶悪な犯罪を助長するかもしれない。こんなものは不要だ，あるいは，規制すべきだ……。こういった主張である。

　上に挙げた反応は，ゾンビ・コンテンツに対して正の感情を持つにせよ負の感情を持つにせよ，「ゾンビ・コンテンツ」は人々にとってどのような意味をもつのか，ということについての問いかけになっていると言えよう。私自身は大学生時代からのゾンビファンなのだが，「ゾンビ映画が好き」と言うと，ドン引きされてしまうか，「同志よ！！！」と急に距離が縮まるか，といった経験をしてきている。なぜ自分はこうした作品を面白いと感じるのか，なぜそれに共感してくれる人がいるのか，その一方で忌避する人がいるのか。こうした経験から，ゾンビ・コンテンツの意味を考えてみたいというわけだ。

　そして二つ目は，メディア・コンテンツへの社会的関心が，ここ数年，非常に高まっていることである。好事家の趣味の対象の域を出て，実学的，学術的な関心がもたれている。国策として日本のメディア・コンテンツに関わる産業を支援していく動きが取られ，学術の世界では，コンテンツ文化史学会が 2009 年の 4 月に立ち上がった。高等教育としてメディア・コンテンツに関わる教育を実施する大学や大学院も増加している。コンテンツ分野の人材育成について力を入れる大学もあり，コンテンツ教育について論じた書籍も出版されている（高橋 2011）。また，コンテンツ産業の人材育成と直結しない場合であっても，多くの大学でメディア・コンテンツに関わる授業が開講されている。

　そこでは学生がメディア・コンテンツ分析を課題として出されることもあるだろうし，メディア・コンテンツに関係した卒業論文や修士論文

などを書く学生もいるだろう。そのような時，学術的な態度でコンテンツと対峙するにはどうしたらよいのか，学生にとって，あるいは，指導する教員にとって悩みの種となっているようだ。メディア分析やメディア・コンテンツについて考察するための指南書，教科書も出版が盛んだ（長谷川・福留 2007，藤田 2011，岡本・遠藤 2016）。かく言う筆者も2013 年から大学で「メディア・コンテンツ論」を教え，ゼミ生にはメディア・コンテンツの研究をしている学生を持つ身である。授業では様々なコンテンツ作品を取り上げ，その歴史や分析方法などについて話をする。授業の最後にはレポートを出題し，具体的にコンテンツを取り上げて分析，考察を行ってもらうことにしている。こうした課題レポートで散見されるのが，愛するコンテンツ作品について，一生懸命に，その関連事項が書き連ねられたものだ。文字数はとても多く，その努力や熱意には感服の至りなのだが，「惜しいなぁ」と感じてしまうこともある。というのも，その記述内容の社会的・文化的な位置づけや意義がうまく説明されていないため，元々そのコンテンツのことを知らない人や，コンテンツ文化に疎い人にとっては，その面白さや重要性がほとんど伝わらないものになっているのだ。ファン同士，同じ価値観を共有できる集団内でしか通じない言説と言えよう。これは，学生のレポートや論文に限ったことではない。コンテンツ作品に対するネット上の評価を見ても，同様の特徴をもつ文章を目にする。

こうした文章が問題なのは，端的に言うと，コンテンツに関する事実の羅列や，それに対する感想の域を出ていない点にある[3]。それはそれでコンテンツの楽しみ方の一つではある。消費者として，コンテンツを楽しむ上では特に問題はない。ただ，せっかく大学で「メディア・コン

---

3．さらに問題なのは，主観的な感想であり，かつ，ほとんど誹謗中傷のように，作品や作者のことをおとしめる文章だ。作者への私怨なのか，憂さ晴らしなのか，作品通を気取りたいのか，相手にしてほしいのか，インターネット上には，この手の書き込みが多く見られる。

テンツ論」を学ぶのであれば，そこで終わってしまわないでもらいたい。自分が取り上げたコンテンツ作品は，コンテンツ史，メディア史とどのように関わり，そこにどのように位置づけられるのか，どのような社会的，文化的，時代的特徴を備えているのか，そこから何を読み取ることができるのか……。このような様々な観点から，コンテンツを多角的，構造的に分析，考察して，コンテンツから様々な「楽しみ」をたくさん引き出せるようになって，その「面白さ」を感じていただきたい。そうした分析から，自分の「生」に活かせる知見を取り出したり，あるいは，新たなコンテンツを生み出したり，何か面白い取り組みにつなげたりすることで，コンテンツ文化はさらに豊かに，面白い方向に発展していくだろう。また，その発見や「面白さ」を，多くの人にわかるように書いたり話したりする力も身につけて欲しい。大学は，そうした力を醸成する場所だろうと思う。この力は，今後の人生を生きていく上で，様々な場面で役に立つものになるだろう。

　つまり，本書のねらいの一つはゾンビ・コンテンツをともに分析していく中で「コンテンツ・リテラシー」を身につけてもらうことにある。コンテンツを体験して，ただ「おもしろかった」「好きだ」「つまらない」「嫌いだ」といった次元で終わってしまわずに，そして，そのコンテンツを理解しない人を「わかっていない」と疎外してしまうのではなく，あるいは，あるコンテンツの愛好者をまとめてレッテルを貼って否定してしまったりせず，コンテンツをきっかけに様々なことを学んでいけるような，そして，様々な人とつながっていけるような姿勢を作ってもらいたいのだ。そうすることで，様々な場面で発揮することができる「発想力」や「創作力」も身につけてもらえるのではないかと考えている。

　こうした動機から，本書では，ゾンビ・コンテンツについて考えてみたい。大学院時代の指導教官である山村高淑先生の受け売りだが「くだらないことを大真面目に，まじめなことを面白く」が筆者のモットーだ。

ゾンビについて学術的な観点から分析していくとともに，ゾンビから社会や文化，人間を分析する新たな視点である「ゾンビ学」の構築を，大真面目に，時には面白おかしく，目指してみようと思う。

　先のような理由から，本書はメディア・コンテンツ分析の入門書としても成立するように編まれている。コンテンツに対して学術的な態度を身につけることで，コンテンツ作品を多角的に分析，考察し，意味をとりだすことが可能になることを示す。逆に，コンテンツ作品を分析，考察することにより，事物に対する多面的かつ客観的な理解や表現を可能にする思考力や想像力が身につくことも期待できる。本書を活用することで「研究」の態度を身につけて，それを自分の生活に活かし，人生を豊かに生きるヒントとしていただければ，これほど嬉しいことはない。

　ところで，筆者の専門はコンテンツ・ツーリズムである（岡本 2013，2014，2015）。コンテンツ・ツーリズムとは一般に，映画やアニメ，マンガ，ゲーム，音楽などのコンテンツをきっかけとした旅行行動やそれらを活用した観光振興のことを指すのだが，筆者はより広い概念としてとらえている。観光は，昔からメディアやコンテンツと強いつながりを持つ現象だが，情報社会が進んだ現在では，身体的移動を伴わないヴァーチャルな観光や，アニメ等のコンテンツ文化と地域文化が混交した観光文化が人気を博すなど，現実と虚構が入り交じった観光がなされている。このようになってくると，たとえば，テレビゲームの中の冒険は十分に観光的であり，また，小説や映画，ドラマ，アニメなどでも作品世界への没入も観光と同一軸上で取り扱うことが可能だと考えている。コンテンツの体験そのものが観光的要素を持っているのだ。さらに，コンテンツ・ツーリズム研究は，コンテンツの中で描かれる「移動」現象もその射程におさめられると考えている。すなわち，本書の内容は，コンテンツ・ツーリズム研究にも位置づけることができる。

　さて，前口上はこのあたりにしておこう。ゾンビが大好きな人も，ゾンビなんて知らない人も，ゾンビが苦手な人も，まぁ，一度読んでやっ

てください。楽しい『ゾンビ学』講義のはじまりはじまり～。

第 1 章

# ゾンビ学入門
## Prior Works of the Dead


　早速，ゾンビについての研究を始めてみたい。そもそも「ゾンビ学」とは一体なんなのだろうか？　○○学と言った場合，基本的には「○○についての学問」を指すと考えられる。そうすると，ゾンビ学は「ゾンビについての学問」ということになるが，ゾンビ学を構築していく上で，まず何をすればよいだろうか。

### 1-1　様々な学問におけるゾンビ研究
　何かの研究を始める際には，先行研究を調べることが大切だ。先行研究とは，すでに発表された研究成果のことで，既往研究とも言う。これには，論文や書籍など様々な文献，資料が含まれる。自分が一から研究成果をあげていくことも可能だが，もし既になされている研究がある場合は，その成果を調べ，それを元に論を進めていく方が効率的だし，先輩研究者に対しても失礼がない。また，自分の研究を先行研究と比較したり関連づけたりすることで，研究史の中に位置づけられ，自分が取り組んだ研究の意義を述べることができる。他の研究にリンクすることで，研究成果のネットワークの中に，自分の研究を位置付けるわけだ。こうしてこれまでの研究を踏まえることで，自分の研究は一体何を新たに明らかにするのかを示すことができる。
　ゾンビについて研究しようとする場合も例外ではない。まずは，すでになされている研究を調べてみよう。「いやいや，そもそもゾンビの研究なんて初めて聞いたし，そんなことをしている研究者なんていないだ

ろう」と思われるかもしれない。私も最初はそう思っていたのだが，世の中には似たようなことを考える人はいるもので，たくさんの研究があった。また，すでにゾンビに関する学会まで存在することには驚かされた。「ゾンビ研究学会（Zombie Research Society）」がそうである。本会は『Everything You Ever Wanted to Know about Zombies』（Mogk 2011）の著者であるマット・モウク氏を創始者として 2007 年に設立されており，「ゾンビに関する知識の普及や芸術・科学分野でのゾンビに関する学術的研究の興隆」を目的に活動しているという（谷口 2012）。

　こうした専門的な学会での議論以外でも，調べてみるとゾンビにかかわる様々な研究がすでに多数なされている。自分のアイデアに自信がある時ほど，また自分の研究の独自性が高いと思っているほど，先行研究が大量に見つかると「すでにやられてしまっていた」とショックを受けるかもしれない。しかし，これはショックを受けるべきことではない。むしろ「同志がこんなにいたのだ」と喜んで欲しい。たしかに，自分がやろうと思っていたことと全く同じ内容の研究結果がすでにあった場合は，自分の研究の問いの立て方を変える必要はあるかもしれない。その場合でも，すでに先人が研究を進めてくれているわけで，自分はさらに次の段階の研究に取り掛かることができるのだ。先行研究は敵ではなく，仲間である[1]。先人たちに感謝し，敬意を払って，自身の研究を進めていこう。

　本章では，ゾンビの先行研究を整理し，いくつかの研究群にわけて，

---

1．　よくある勘違いは「先行研究があった場合，自分の研究に新規性はない」というものだ。まったく同じ研究がすでになされていたとしたら新規性はないが，それでも，本当に同じ結果になるのかを確かめる「追試」も重要な研究成果になる。また，先行研究をきっちりと参照，引用した上で，自身が明らかにした研究成果をそこに加えていくことは，研究全体にとって重要なことであり，むしろ推奨されることだ。先行研究の整理は自身の研究の新規性や特徴を証明するために必要なものなのだ。

これまでにどのような研究がなされているのか，その概要を摑むことで
ゾンビ学の全体像を浮かび上がらせ，その中における本書の試みの位置
づけを明確にしたい。

## 1-2　現実に存在するゾンビの研究

　人類学や毒性学などでは，現実のゾンビについての研究が実施された。
おや，「ゾンビ」は架空の存在ではないのか。実は，南洋諸島の一つで
あるハイチでは現実にゾンビ現象が観察されているのだ。現実のゾンビ
とは，ハイチにおけるヴードゥー教の呪術によって生み出されるゾンビ
である。ウィリアム・シーブルックの『魔法の島』（シーブルック
1969）に詳述されている現象で，意識のはっきりしない状態で使役され
る人間のことである。それは，ゾンビ・パウダーなる粉末を用いた儀式
によって，呪術的に生み出される存在だ。代表的な研究としては，先ほ
ど挙げた『魔法の島』をはじめとして，ウェイド・デイヴィスの研究成
果である『蛇と虹』（1988）および『ゾンビ伝説』（1998）が挙げられる。
ハイチに実際に存在するヴードゥー教が関わるゾンビ化現象についての
文化人類学，民俗薬学（エスノファーマオロジー）的な調査の成果であ
る。

　もちろん，このゾンビは映画やゲームのゾンビとは違って人間に襲い
掛かったり，食べようとしたりはしない。『蛇と虹』では，「大衆文化に
おけるゾンビとハイチの民間伝承」の違いが説明されている（デイヴィ
ス　1988：71-98）。まず，一般の人々が思い描くであろうゾンビ像を次
のように述べる。「ぼろぼろの布きれをまとった死体が，腐りかけた肉
体の残骸を引きずりながら，夢遊病者のような生気のない動作で墓場か
ら起き上がり，得体の知れない主人の邪悪な命令に唯唯諾諾と従う」。
それに続けて，酒類の名称，ロックグループ「ザ・ゾンビーズ」，書名，
芝居，深夜映画，記述言語学の学術論文，哲学にその名称がつかわれて
いることを挙げ，ゾンビという名称は世間一般で広く使われているが，

正確な語源とは関係なく広がっていることを指摘する。

　『蛇と虹』によると，実際のハイチに伝わる伝承では，2種類のゾンビが考えられているという。一つは「ゾンビ・アストラル」あるいは「ゾンビ・ティ・ボナンジュ」と呼ばれる「霊のゾンビ」であり，一つは「ゾンビ・コー・カダーヴル」という「肉のゾンビ」である。「霊のゾンビ」については，「霊，つまりヴードゥー教における魂の一部が，ボコール〔邪術師〕に売られたか，捕らえられたかしたもので，解放されれば，「神の許へ戻るべく定められた時が来るまで地上をさまよう運命」にある」という説明がなされている。この説明からは，「霊のゾンビ」には形がなく，日本で言うところの幽霊や人魂に近いような存在であると読み取れる。

　次に「肉のゾンビ」の伝承の中の特徴としては，次のようにまとめられている。「哀れな人々は，その従順さや，どんよりしてうつろな目，鼻にかかった声（死者の霊ゲデの声に似ていなくもない），そして明らかに意志も，記憶も，感情も持たないことなどによって見分けられる」。うつろな目をしている点，意志や記憶，感情などがない点などは，映画に登場するゾンビにも共通する特徴だ。さらに，ゾンビから元に戻る方法が示される場合もある。多くは主人の死によって起こると言われているそうだが，塩を与えることでそれが可能になる場合もあるという。

　さて，ここで問題となるのは，「肉のゾンビ」のほうである。デイヴィスによると，この「肉のゾンビ」を呪術によって作り上げる際には，「心構え（セット）」と「環境（セッティング）」を考える必要がある。「心構え」とは，「その薬物がどんな経験をもたらすかという，それを摂取する本人の期待」であり，「環境」とは，「薬物を摂取する際の，物質的及び，この場合は社会的な環境」のことだ。つまり，呪術と薬物が複合的に人間に影響を及ぼしゾンビ化がなされるという分析である。

　このハイチのゾンビが，学術の世界で強く興味を持たれたのは，その文化的な側面もさることながら，薬物的な効果に関する部分についてで

ある。ハイチのゾンビが作り上げられる際には，ゾンビ・パウダーと呼ばれる粉上の薬物が用いられるが，その成分と効果について，学術的な分析が行われはじめた。デイヴィスは研究成果を論文にまとめ，『Journal of Ethnopharmacology』という論文雑誌に「The Ethnobiology of the Haitian Zombi」（ハイチのゾンビの民族生物学）というタイトルで投稿し，1983 年に受理されている（Davis 1983）。その論文では，ゾンビ・パウダーの中にテトロドトキシンが含まれていることが示されていた。テトロドトキシンと言えば，フグが体内に有する毒として日本人には馴染み深い。ゾンビにされたとされる症例の中には，西洋医学的な訓練を積んだ人間によって一度「死亡」が確認された後，再び動き出したものがあるという。猛毒のはずのテトロドトキシンだが，もし，そのゾンビ・パウダーに含まれるテトロドトキシンが何らかの条件で人間を一度仮死状態にするということが事実であれば，テトロドトキシンを麻酔などに応用できる可能性も見えてくる。こうした可能性も考え，ゾンビ・パウダーについて，様々な研究者が学会で本気で議論したのだ。1986 年には「Tetrodotoxin and the Haitian Zombie」（テトロドトキシンとハイチのゾンビ）が毒性学分野の論文雑誌『Toxicon』に掲載された（Yasumoto and Kao 1986）。執筆者の名前を見ると，フグ毒（テトロドトキシン）の研究というだけあって，フグを食べる文化のある日本の研究者がその証明に参加していることが分かる。続いて 1988 年には，「Tetrodotoxin and the Zombi Phenomenon」（テトロドトキシンとゾンビ現象）という論文が『Journal of Ethnopharmacology』に掲載される（Anderson 1988）。1989 年には「Evidence for the Presence of Tetrodotoxin in a Powder Used in Haiti for Zombification」（ハイチのゾンビ化に用いられた粉末中のテトロドトキシンの存在についての証拠）という論文が（Benedek and Rivier 1989），1990 年には「Tetrodotoxin in "Zombie Powder"」（「ゾンビ・パウダー」に含まれるテトロドトキシン）という論文が『Toxicon』に掲載される（Kao 1990）。最終的には

テトロドトキシンそれ自体には麻酔的な効果はなく，儀式による心理的な状況と薬物の複合的な効果でゾンビ現象が起こっていると結論づけられた。

ゾンビ・パウダーの研究は，これ以降あまり行われていないが，実際にゾンビのような状態を生み出す科学的現象については，様々な分野で研究がなされている。それらをまとめた文献が『ゾンビの科学』（スウェイン 2015）である。本書では，様々な分野における現実の「ゾンビ」研究に焦点をあてている。ゾンビの特徴，たとえば，「蘇生」に注目して，蘇生についての実例や研究を紹介する。その中では，日本の柔道で用いられる「活」も蘇生の技として言及されている。あるいは，「あやつり」の側面に注目して，マインドコントロールや，スタンリー・ミルグラムの服従実験，寄生虫が宿主の行動を制御することなどを紹介している。

ここまで紹介してきた研究は，「現実のゾンビ現象」についての研究とまとめることができよう。

## 1-3　コンテンツに登場するゾンビの研究

次に挙げられるのが，コンテンツの中のゾンビについての研究である。先に挙げたハイチのゾンビをモチーフにしつつ，映画や小説などの物語の中のゾンビが生みだされていく[2]。それらのゾンビは，現実のゾンビと同様ヴードゥーの司祭や呪術師によって生み出されて使役されるものの他に，死体が何らかの理由で再度動くようになり，生きている人間に襲い掛かる現象を描いたもの，もはや死人ではなく，ウィルスの影響で人間が凶暴化して襲い掛かってくるものなど，様々な形をとって描かれている。こうした，コンテンツに描かれたゾンビについての研究分野がある。

---

2．その詳細については第3章を参照のこと。

　日本における代表的な成果としては，まず，伊東美和の著作を挙げることができる。伊東は，様々な媒体にゾンビ映画をはじめとしたホラー映画について執筆しているが，特に，代表的なものとして『ゾンビ映画大事典』（2003）および，その続編となる『ゾンビ映画大マガジン』（2011）を挙げることができる。伊東（2003）では，1932年の『ホワイト・ゾンビ（恐怖城）』を001番として，2002年の『バイオハザード』の345番までのゾンビ映画のストーリー紹介と寸評がなされており，続く，伊東（2011）では，2002年の『Mucha sangre』からはじまり，2010年の『ラン・オブ・ザ・デッド』までの作品レビューがなされている。伊東（2003）においては360[3]，そして伊東（2011）では300を超える国内外のゾンビ映画およびゾンビ関連映画についてレビューを行っており，ゾンビ・コンテンツを分析する際の基礎的資料として貴重だ。『ゾンビ映画大事典』は映画秘宝コレクションの22号という位置づけで，『ゾンビ映画大マガジン』は別冊映画秘宝として刊行されている。洋泉社から毎月刊行されている月刊雑誌の『映画秘宝』でも，ゾンビ映画については頻繁に取り上げられている。2016年にも，洋泉社からは，「映画秘宝 ex 映画の必修科目」の第15弾として，『爆食！ゾンビ映画100』が出されている（洋泉社 MOOK 2016）。こちらも古いものから新しいもの，王道のものから異色なものまで様々なゾンビ映画を紹介している。また，ジョージ・A・ロメロの作品に焦点を当てて分析を行った『ゾンビ・サーガ』（野原 2010）や『ゾンビ・マニアックス』（ロマンアルバム 2014）といった書籍も世に出ている。

　映画のみならず，ゾンビは様々なメディアに描かれている。前述した『ゾンビ映画大事典』（伊東 2003）の中には，コラムとして，ゾンビ映画の歴史や，小説におけるゾンビについての分析，各国のゾンビ映画事

---

3．　番号が付けられた作品は345作品であるが，コラムで紹介されている香港やタイ，韓国のゾンビ映画やキョンシー映画を含めると360を超える。

情，ゾンビ映画の監督の紹介が含まれており，これらもゾンビ文化についての基礎的な知見を提供してくれる。さらに，『ゾンビ映画大マガジン』（伊東 2011）では，「ゾンビ文化論 "ZOMBIE CULTURE" LAND」として，数人の論者が，映画だけでなく，マンガ，小説，ゲーム，ミュージカル，ゾンビ研究書，スマートフォンアプリ等を含めたゾンビコンテンツについて論じている。同じく複数メディアにわたってゾンビコンテンツを紹介しているものに『GAMES OF THE LIVING DEAD ゾンビゲーム大全』（ホビージャパンムック 2009）がある。この文献では，『バイオハザード』『デッドライジング』『LEFT 4 DEAD』『ザ・ハウス・オブ・ザ・デッド』を中心としたテレビゲームに加えて，ボードゲームやフィギュア，映画，小説，マンガにおけるゾンビ・コンテンツにも触れられており，ゾンビ文化を幅広く紹介している。また，『語れ！ゾンビ』（宮嶋 2013）では，ゾンビをモチーフに作品を世に出しているマンガ家や批評家へのインタビュー記事や，ゾンビバーやホラー酒場の紹介，アイドルにゾンビメイクを施す企画，ゾンビ映画ランキングなどが掲載されている。さらに，雑誌の特集にもゾンビが見られる。『ハヤカワミステリマガジン』の 2010 年 8 月号ではミニ特集として「なぜいまゾンビなのか」が組まれた。さらに『ユリイカ』の 2013 年 2 月号では「ゾンビ」特集が組まれ，182 ページにわたって様々な論考が掲載されている。

　こうしたゾンビ・コンテンツについての先行研究からは，体系的なゾンビ研究の萌芽を見て取ることができるとともに，その範囲の広さを感じることができる。こうした研究は海外でも進んでおり，ゾンビについての研究書が多数出版されている。例えば『The Zombie Movie Encyclopedia』（Dandle 2000）とその続編『The Zombie Movie Encyclopedia Volume2: 2000-2010』（Dandle 2012），『Book of the Dead』（Russell 2005）に『Zombie　Movies』（Kay 2008），『Zombie Holocaust』（Flint 2009），『An　Enthusiast's　Guide　to　Zombies』

（Annabel 2011）といった書籍がある。これらの書籍では，ゾンビ映画の内容を紹介し，その歴史的経緯を整理している。その上で，小説やマンガ，ゲームなど，様々な文化への拡散をとらえているものもある。こうした書籍の中で日本語訳されている代表的なものとしては『ゾンビ映画年代記』（イングアンソ 2015）がある。本書は，ゾンビ映画の歴史をまとめたものだが，映画のシーンやポスター，ロビーカードなど250点を超える図版をカラーで掲載し，資料的な価値も高い文献である。

　さらに，様々な分野の研究者が各学問の視点からゾンビについての分析を行った研究も見られる。たとえば，『The Philosophy of Horror』（Carrol 1990），『The Undead and Philosophy』（Greene and Mohammad 2006），『Zombie Culture』（McIntosh and Leverette 2008），『American Zombie Gothic』（Bishop 2010），『Zombies, Vampires, and Philosophy』（Greene and Mohammad 2010），『Generation Zombie』（Boluk and Lenz 2011）などだ。日本語訳されているものとして，『ゾンビ襲来』（ドレズナー 2012）がある。本書は国際政治学という分野からゾンビ発生時の各国家の対応やその関係性を論じている。先に述べた通り，ゾンビ研究学会なる組織も存在しており，多くの研究者がゾンビ学を研究していることがわかる。

　ゾンビ映画で描かれた内容や設定については，日本でも様々な分野の研究者や批評家が言及している。たとえば，『都市と消費とディズニーの夢』（速水 2012），『無印都市の社会学』（近森・工藤 2013），『ショッピングモールの法哲学』（谷口 2015），『〈面白さ〉の研究』（都留 2015），『マンガの論点』（中条 2015），『戦後サブカル年代記』（円堂 2015），『恐怖の哲学』（戸田山 2016），『ショッピングモールから考える』（東・大山 2016）などを挙げることができる。哲学，文学，社会学，政治学，文化人類学などの専門家がその著作の中でゾンビについて取り上げている。

　日本では，一冊丸ごとゾンビ研究について書かれているような総合的

で学術的な書籍は見あたらないが，各分野での論文はすでに複数存在する。「ツアー・オブ・ザ・リビングデッド—ゾンビの旅行コミュニケーション分析試論」（岡本 2012），「新世紀ゾンビ論，あるいは Half-Life（半減期）」（藤田 2013c），「研究対象としてのゾンビ」（石松 2014），「抑圧されたゾンビの復活，韓国社会においてゾンビはどのような意味を持つのか」（ファン 2014），「イギリスのゾンビ映画と 19 世紀小説における群集表象」（伊藤 2016）などがそうだ。伊藤（2016）では，イギリスのゾンビ映画『28 日後...』『28 週後...』『ロンドンゾンビ紀行』と，チャールズ・ディケンズの小説『バーナビー・ラッジ』『オリバー・ツイスト』およびジョウゼフ・コンラッドの『ナーシサス号の黒人』『密偵』を比較検討し，群集表象について分析している。様々な観点から，ゾンビ・コンテンツに分析のメスを入れる試みが日本でも始まっていることが分かる。

　そして，こうしたコンテンツの中で描かれている性格を有したゾンビを実在の存在と見立てたり，将来ゾンビが実際に現れることを見越したりして，それに対してまじめに対処を考えるものもある。ゾンビが現れた時に何を使って逃げるのが最も生存確率が上がるか，ゾンビと戦う際の武器として何を準備しておけばよいのか，ゾンビの感染が広がっていくスピードはどの程度なのか，ゾンビの移動速度の差によってどの程度変化するのか，ゾンビから身を守るための家はどのように設計すればよいのか，ゾンビがいる世界で人間はどのようにふるまえばよいのか，こういったことについて論じられている分野だ。それらの結果は，『ゾンビ・サバイバルガイド』（ブルックス 2013），『U.S. Army Zombie Combat Skills』（Department of the Army and Cole Louison 2009），『U.S. Army Zombie Training Manual』（Department of the Army and Cole Louison 2012）といった形で，ハウツー本やマニュアル本にまとめられている。さらに，自分がゾンビになってしまったらどうするか，というものも出版されている。『ゾンビの作法』（オースティン 2011）がそう

だ。この書籍では，まるで新社会人に向けたマニュアル本か自己啓発本か何かのように，ゾンビになったばかりの読者を想定して懇切丁寧にゾンビ生活の心得が解説されている。こうした試みは，半分冗談，半分本気といった向きがある。あるいは，思考実験や頭の体操のようなものともとれる。

　こうした研究は，コンテンツを研究する分野と同様，物語の中で描かれた「ゾンビ」を考察の参照点としたものとまとめることができる。とはいえ，物語それ自体を研究することと，物語の中で描かれる「ゾンビ」が現実に現れたらどうするかを考えることは，似ているようで少し違っている。その違いを生じさせているのは「ゾンビの実在を信じるか」という点よりも，問題に対する「アプローチ」の差と考えることができる。

## 1-4　メディアにおけるゾンビの影響や効果についての研究

　様々なメディアにゾンビが登場してくることによって，そのメディアは人々にどのような影響をおよぼすのかという問題関心が生まれてくる。

　まずは，教育学や工学，社会心理学などの分野からのアプローチだ。こうした分野では，暴力的メディアが人間に与える影響についての関心が持たれている。暴力的メディアとは，暴力描写のあるテレビや映画，テレビゲームなどのことを指す。こうしたメディアコンテンツを人々が視聴，体験することで，実際に暴力的行為を行うようになるのか否かという問題を議論する分野である。ゾンビ・コンテンツが視聴者やプレイヤーにどのような影響を与えるかを分析するもので，いわゆる「暴力映像」や「暴力的テレビゲーム」が人に及ぼす影響に関する研究だ。方法としては，主に実験や質問紙調査を用いている。こうした成果がまとまった書籍としては『人工現実感の評価』（舘・伊福部 2000）や『テレビゲーム解釈論序説／アッサンブラージュ』（八尋 2005），『ゲームと犯罪と子どもたち―ハーバード大学医学部の大規模調査より』（カトナー＆

オルソン 2009）などが代表的である。こうした分野の研究成果については本書第5章をご覧いただきたい。

　ゾンビ映画と教育の関係には別の側面も見受けられる。社会学や経済学の理論を説明する際にゾンビ・コンテンツを活用するというものだ。たとえば，新田（2004）では，ジョージ・A・ロメロ監督による『ゾンビ』を取り上げ，消費社会のメタファーとして読み解き，生者と死者（ゾンビ）の関係性を簡単に分析している。さらに，鬼塚（2004）では，映画『壁の中に誰かがいる』を階級闘争で読み解く際に『ゾンビ伝説』を取り上げている。同様に，既存の学術的成果を説明するためにゾンビ映画を用いて解説するものは多く見られる。特にショッピングセンターを対象に消費社会について考察を進める場合，『ゾンビ』に登場するゾンビの描写が用いられることが多い（速水 2012，近森・工藤 2013）。さらに，『無印都市の社会学』では，「ゾンビ目線からの社会学」が提唱されており，社会の見方として「ゾンビ目線」の重要性を指摘している。

　次に，ゾンビ・コンテンツのファン行動やゾンビ・イベントについての研究が挙げられる。いわゆるファン研究である[4]。この分野については，まだあまり蓄積がないが，極めて重要な視点である。暴力メディアとしてだけでなく，ゾンビ・コンテンツの体験者はどのような影響を受けているのか，よりフラットに研究していく必要があるだろう。あるいは，近年存在感を増しているハロウィンの仮装や，ゾンビ関連イベント（ヒューマン VS ゾンビ，ゾンビランなど），ゾンビバーなどの主催者や参加者が，どのような点に魅力を感じているのかについては，もっと研究されていいはずだ。そのような中，谷口重徳は，ゾンビ・イベント「横川ゾンビナイト」について，『経営＆情報システム　ワイエムビジネスレポート』に「サブカル町おこしを支える地域コミュニティの足腰の

---

4．ファン研究については『それぞれのファン研究―I am a fan』（玉川ほか 2007）
　　が参考になる。

強さ──「横川ゾンビナイト」の事例から」というタイトルで報告している（谷口 2016）。短いレポートだが，ゾンビと地域振興の関係性について書かれており，興味深い。このような，現実社会においてゾンビを楽しむ人々を分析する研究もある。

　様々な研究を見てきたが，研究を分類する方法は様々だ。たとえば，論証に数値データを用いて統計分析を重視する「量的研究」と，インタビューや観察によって得られる質的なデータやその分析を重視する「質的研究」という分け方がある。その他にも，理論研究と実証研究，文献研究と事例研究，分析を中心とした研究と政策提案や解決策提示を目的とした研究といった具合に，データを得る手段やその分析手法，研究の目的などによって分けられる。それぞれの研究目的を設定し，それを達成するためにアプローチや方法が選択されるのだ。たとえば，「紙を切る」という目的に対してどんな方法を用いればよいか，考えてみてほしい。ハサミを使うのがよいのか，カッターナイフを用いた方がよいのか，あるいは素手がよいのか，チェーンソーが必要か，シュレッダーが最適なのか……。少し考えを進めると，その「紙」の材質が何なのか，厚さや大きさがどれくらいなのかという問題や，そもそも何に使うために紙を切るのかということ，切った後の数はどの程度必要なのか，ただ切断しさえすればよいのか，何かの形に切らなければならないのか，切る作業をするためのテーブルがあるのかどうか……，と様々な条件がわからなければ正しく選べないことがわかる。研究の手法選びはそれと似ている。研究対象がどういうものなのか，それを研究することで自分は何を明らかにするつもりなのか，対象を研究する際に用いることができる現実的な方法は何か，といったことを考えてアプローチの仕方を選択する。

　物語の中で描かれる「ゾンビ」それ自体を研究することは，どちらかというと，文献研究であり，理論研究，そして，分析を中心にしたものと考えることができる。一方で，それが実際に現れた場合にどのように被害が広まっていくのか，それに対抗するためにはどうすればよいのか，

といった研究は，シミュレーションを行う実証研究であり，また，その成果として政策提案的なことが言える研究だ。ただし，これは一般に研究を分類する方法がそうであるように，便宜的な分け方に過ぎない。研究はその目的に合わせて様々な方法を組み合わせて行うため，どの手法を選ぶかということと，研究の良し悪しは別問題である。「ゾンビ」について真摯に研究しているという点では，全て同じであり，ゾンビ学において，方法論やアプローチそのものに優劣はないのだ。

## 1-5　概念としてのゾンビの研究

ここまでは，物語の中のゾンビについての研究を挙げてきたが，「ゾンビ」を概念として扱う研究分野も存在している。哲学におけるゾンビ研究がそうだ。前述したコンテンツ内のゾンビ研究の中でも哲学者は活躍していたが，哲学者は架空のゾンビも扱うのだが，概念のゾンビも扱う。そのゾンビは，概念としてのゾンビ，その名も「哲学的ゾンビ」だ。哲学的ゾンビとは，デイヴィッド・チャーマーズによると，「物理的に私（意識をもった存在なら何でもいい）と同一でありながら，まるっきり意識体験を欠いている誰か，あるいは何ものかである」（チャーマーズ 2001）。この説明では少し難解かもしれない。そこで，もう一人の論者による説明を紹介しておこう。心理学者の下條信輔[5]は，「哲学的ゾンビ」について，次のような解説をしている。

　　ゾンビといっても，ホラー映画によく登場する，あの墓場から甦った死人のことではありません。けれどもその連想から名付けられた，哲学の専門用語としてのゾンビのこと。私達と同じように振る舞い，飲み食いもし，叩けば「痛い」と言う。普通に話もできるが，それで

---

5．認知心理学を専門にしており，『サブリミナル・マインド』（下條 1996）や『サブリミナル・インパクト』（下條 2008）などの著作がある。

　も意識や意志を持っていない機械仕掛けの人形としてのゾンビです。
　意識と行動との関係を探るための思考実験ですが，認知哲学では今や
　流行語です。（下條 1999）


　このように，概念として「哲学的ゾンビ」を想定することで，思考を
進め，意識の問題に切り込んでいくのだ。この定義からわかるように，
本書で分析するゾンビ・コンテンツに描かれるような，生きている人間
に襲い掛かって食おうとしたり，脳を撃たれるまでうつろな目をして動
き回ったりするような，そうしたゾンビとは異なる。「意識体験がない
が，物理的にはまったく同じ構造や行動的特徴を持った人間」という存
在を仮定し，人間の意識体験とはどのようなものかを考えてみるための
道具としての「概念」なのである。チャーマーズ（2001）でも，「哲学
的ゾンビ」が，ハリウッド映画のゾンビとは異なっている点を指摘し，
「物理面・機能面は同一でありながら，体験が欠落している」ような
「現象ゾンビ」を問題にしたい，と述べられている。哲学的問題を思考
するための概念が「哲学的ゾンビ」というわけだ。
　この，「哲学的ゾンビ」に関する議論については，多くの論文や書籍
が世に出されている。以下，その一部を列挙してみたい。「「自然主義
者」の困惑」（丹治 2001），「ゾンビは可能か」（信原 2002），「ゾンビは
論理的可能性ですらないか―チャルマーズに対する pros and cons」（柴
田 2003），「意識のハードプロブレムと思考可能性論法」（鈴木 2004），
「スワンプマン論法と物理主義」（水本 2004），「ロボットの心の作り方
―受動意識仮説に基づく基本概念の提案」（前野 2005），「ゾンビの可能
性」（水本 2006），「哲学的ゾンビ同士に，社会は存在するか？―Ｎ・ル
ーマンの社会システム論に於ける哲学的諸命題に関する一考察」（小林
2007），「点滅論法再訪」（水本 2010）などである。多くの論者によって，
近年まで議論が活発に行われていることがおわかりいただけるだろう。
中には，ロボット工学や人工知能研究に関する論考もあり（長滝ほか

2008），哲学的ゾンビ概念を用いて考察することによって，人間の意識体験について深く広く議論することが可能であることがわかる。

　本書では，哲学的ゾンビとしてのゾンビを扱うわけではないし，どちらかと言うと概念の名づけの元となった「ホラー映画によく登場する，あの墓場から甦った死人」のほうに焦点をあてる。ただ，「ゾンビ」という存在から，人間や社会について考えていこうとする点においては類似の態度と言えるだろう。

### 1-6　比喩としての「ゾンビ」

　哲学などにおける概念としてのゾンビと似ているが，より一般的な文脈で使われるのが比喩としての「ゾンビ」である。これは，ゾンビの性質を比喩的に用いて，事象を説明，描写するケースである。比喩表現を研究するわけなので，言語学的な分析になると考えられる。この「比喩的ゾンビ」は，政治，経済，コンピュータなど様々な分野で見られる。具体的に，どのように扱われているのか，見ていこう。

　たとえば，2014 年 12 月 11 日号の『日経コンピュータ』では，「ゾンビ OSS が危ない」という特集が組まれた（特集は 26-39 ページ）。OSS とは，オープンソース・ソフトウェアの略称である。オープンソース・ソフトウェアとは，ソフトウェアの仕組みが公開されており，様々な人々がそのソースに手を加えていくことで，よりよいソフトウェアを開発していこうという取り組みである。特集の最初の記事の冒頭には，次のように書かれている。

　　既に死んでいるにもかかわらず町中を徘徊し，人間に危害を加えようとする怪物「ゾンビ」──。
　　2014 年。ソフトウェアとしての寿命が尽きた「ゾンビ OSS」が世界中の情報システムを危機に陥れた。

　ソフトウェアの本来的な機能が十分に果たされないのに存在し続ける。そればかりか，セキュリティの脆弱性が放置されているため，システムを使っている人々に重大な損害を与える。このような状態となったオープンソース・ソフトウェアのことを「ゾンビ OSS」と呼んでいるのだ。記事によると，OSS は 2000〜2005 年に成長期を迎え，2006〜2012 年に停滞期となり，2013 年からゾンビ期に入り，OSS の脆弱性による問題が表面化しているという。

　政治，経済関連でも「ゾンビ」の比喩が用いられている。たとえば，『ゾンビ経済学』（クイギン 2012）の中では，経済学の思想の中で「殺されても繰り返し復活する思想」を「ゾンビ思想」と名付けて，5 つの経済理論や政策，アイデアを紹介している[6]。経済学理論や経済政策，それについてのアイデアは，いったん出されると，その内容とは異なる社会的現実が引き起こされ，間違いであったことが示された後も「ゾンビのように」復活する，と比喩的に用いられている。さらに，『天下り"ゾンビ"法人』（野口 2010）という書籍では，民主党政権下の事業仕分けなどによって廃絶が図られた後も，なかなかなくならない官僚の天下り先の法人を「ゾンビ法人」と呼んで，批判している。

　政策批判としては，たとえば，「ゾンビ化したアベノミクス」（カッツ 2015）や「ゾンビ化する TPP の脅威」（首藤 2015）などがある。アベノミクスとは，第二次安倍政権が発表した経済政策の名称であり，TPP は環太平洋経済連携協定の略称だ。記事「ゾンビ化する TPP の脅威」では，次のようにゾンビが用いられている。

　　かくして，二一世紀の野心的貿易協定，関税の完全撤廃と各国の貿

---

6．具体的には，「大中庸時代」「効率的市場仮説」「動学的確率的一般均衡（DSGE）」「トリクルダウン経済学」「民営化」の 5 つの論について，「誕生」「生涯」「その死」「復活」「ゾンビ以後」の 5 段階。

易諸制度改変という「オリジナルの TPP 構想」は昨年中旬ついに死んだのである。

　ところが，TPP は死亡広告もないまま，墓から出て別な姿で徘徊している。いうなれば TPP のゾンビ化である。（首藤 2015：171）

　このように，様々な分野で比喩的な形で「ゾンビ」が用いられているが，「ゾンビ」と言う語がどのように用いられてきたかを分析した研究成果がある。『ゾンビ襲来』の翻訳者である谷口功一は，国会会議録検索システムを用いて，第一国会から第百八十国会までの衆参両院の本会議と全委員会を対象に検索をかけ，日本の議会において「ゾンビ」という語がどのように用いられているかを調べている。累計 52 件が抽出され，それらを日付，発言者，所属政党，発言が行われた院（衆議院，参議院），場（本会議，各種委員会），発言内容の観点から分析した。その結果，ゾンビ発言頻度が最も高いのは民主党[7]であり，ゾンビ発言が飛び出す頻度の高い委員会は，予算委員会，経済産業委員会，財務金融委員会であることが明らかになった。また，用例として最も多かったのは，「企業のゾンビ化」であり，他には事業仕分けにも関わらず復活してきた事業についての言及，「ゾンビ PC」「東電」「ゾンビ議員」などが挙げられている（谷口 2012）。

　比喩的に「ゾンビ」が使われる際には，ゾンビの持っている特徴のうちの一つが強調されて用いられる。まずは，「すでに死んでいる」点だ。死んでいることが意味するのは「不活性の状態」や，「動いていたものが止まっている」あるいは「正常に機能していない」というような事態である。次に，「復活する」点である。これが意味するのは，「存在として残り続けている」「通常の機能を失ったまま再活性化する」といったことだ。そして，「なかなか死なない」点。これは，「地位や役職，ある

---

7．民主党は，維新の党と合流し，2016 年 3 月 27 日に民進党となった。

立場にい続ける」「否定されても存在し続ける」「管理されていないのにあり続ける」といった状態を指す。その鬱陶しさを「徘徊」という言葉で表現しているのだろう。そして，「人間に襲い掛かる」点である。もちろん比喩なので，直接人間を食うわけではないが，人間に不利益になることを引き起こしたり，税金が無駄遣いされたりと，人や社会，制度，システム等に何らかの害をもたらすものに対して使われている。

　本書では，比喩的表現を分析するというよりは，メディア・コンテンツそれ自体におけるゾンビを分析していくが，その表象が，何らかの形で，現実の人間や社会のありようの比喩になっていることには注目して議論を進めていきたい。

### 1-7　「ゾンビ学」の範囲と本書の位置づけ

　ここまで，分野別にゾンビに対する様々なアプローチを述べてきたが，それらは完全に独立したものではない。それぞれが関連しており，また，それぞれの中でも見方は様々である。本書では，ここまでに紹介してきたものは，すべてゾンビ学の範疇に入ると位置づけたい。最初からあまり分野の範囲を狭めてしまったり，分野を細分化してしまったりすると「ゾンビ学」をつまらないものにしてしまいかねない。いわゆる蛸壺化というやつだ。これからもゾンビに関する様々な野心的研究がでてきてほしいものである。ただ，それぞれの研究群においてゾンビの実在に対する態度や，研究におけるゾンビの位置づけなどが異なっていることは指摘しておきたい。ここからは，本書の位置づけを明らかにするためにも，その点を明確にしていこう。

　まず，ゾンビの実在についての態度であるが，人類学や毒性学，民族薬学では，現象として本当にゾンビが存在するという態度を取っている。それゆえ，人類学ではフィールドワークの結果観察された現象をエスノグラフィーとして記述し，毒性学や薬学的なアプローチではゾンビ・パウダーの成分とその機能を科学的な実験で明らかにしようとしているわ

けだ。つまり，ゾンビは「現実的存在」として扱われている。しかし，このゾンビは映画やマンガなどに登場する人に襲い掛かって食ってしまおうとするゾンビではない。ゾンビ化現象の実在については認めているが，その際の「ゾンビ」はフィクションの中で描かれるゾンビとは性質が異なっている。

　次に，映画やマンガなどに出てくるゾンビについての研究群である。このゾンビはコンテンツの中に描かれているものであり「虚構的存在」である。ただし，この「虚構的存在」は現実世界の文化現象ではあり，「作者」がその時代を生きる人間であるがゆえに，作品が作られた時代の社会・文化的背景と密接に関係している。そして，ゲームや映画の人間への影響についての教育学的，工学的研究の場合は，ゾンビの存在については「虚構的存在」として扱っていると見てよいが，それが現実の人間や社会に対してどのような影響を及ぼすのかを測定しており，やはり社会・文化的背景と関わっている。

　さて，それでは映画に出てくるような特徴を持ったゾンビの実在を前提とする研究群についてはどうすればよいだろうか。もちろん，現在映画のようなゾンビが実在するとまでは言っていないものが多いが「今後こういった現象が起こる確率は十分にある」という記述はいくつかの研究で見られるし，それに対する対策を本格的なシミュレーションまで行って提案しているものもある。研究の種類で言うと，政策提案型の研究だ。このような考察を行うためには，ハイチなどで見られるゾンビとは別の「虚構的なゾンビ」の性格を持った「ゾンビ」の実在を（現時点でではないにせよ）前提にする必要がある。すなわち，こうした成果は「現実的存在」としてのゾンビと「虚構的存在」としてのゾンビの間に位置するものと言えるだろう。

　これらと対照的なのは，ゾンビが実在するか否かについては関係がなく，概念として扱う哲学である。これは，映画の中のゾンビとは異なり，思考のための「概念」であるため，現実的存在とも，虚構的存在とも性

質が異なる。そこで，こうした存在のゾ
ンビについては「概念的存在」と呼びた
い。そうすると，「ゾンビ」を比喩表現
として用いるような分野については，こ
の「概念的存在」と「虚構的存在」の間
に位置づけることができる。比喩表現と
して用いている「ゾンビ」は明らかに映
画の中のゾンビを意識しているため「虚

## 社会・文化的背景

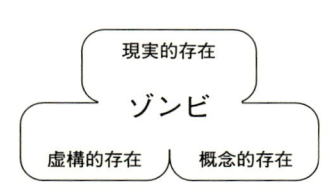

図1-1　先行研究の整理から見えて
来たゾンビの存在のあり方

構的存在」から出発しているのは確かだが，特定の作品に立脚した表現
というよりも，「死んだと思っていたのに死んでいなかった」「しぶとく
生き残っていた」という程度の意味だけを抽出して用いており，多分に
「概念的」である。

　ここまで，ゾンビの先行研究を整理し，ゾンビの存在について考察を
進めてきた。ゾンビの存在は大きく3つ「現実的存在」「虚構的存在」
「概念的存在」に分けることができそうだ（図1-1）。

　とはいえ，ゾンビの「存在」についての態度は，3つにはっきりと区
別できるわけではなく，その境界的なものもある。きっちり分類しきれ
ないもどかしさも感じるが，おそらくゾンビは，この「微妙さ」や「曖
昧さ」，「現実と虚構，概念の狭間にある存在」であることそれ自体が魅
力となり，人々に楽しまれている。それゆえ，この点については，分析
の中で扱う際に，ゾンビをどういった存在として扱っているのかを明示
することによって乗り越えていきたい。あるいは，このあたりの「やや
こしさ」を多角的に見ていくことで，それらはどのように構築されてき
たかを明らかにしたい。

　本書では，中でもメディア・コンテンツに描かれるゾンビについて扱
うため，主に「虚構的存在」のゾンビを分析していく。虚構的存在のゾ
ンビが現実の社会・文化とどのように相互作用しているのかを分析対象
とする態度である。この立場は，UMAやUFO，妖怪について扱った

先行研究がとった態度に似ている。UFO については，『人類はなぜ UFO と遭遇するのか』（ピープルズ 2002）や『UFO とポストモダン』（木原 2006）が，UMA や妖怪については，『ツチノコの民俗学』（伊藤 2008）や『ニッポンの河童の正体』（飯倉 2010）がそうだ。

　UMA や UFO，妖怪について思考を巡らせたものの中には，そうした存在が現実世界に実在するか否かを問題関心の中心とするアプローチが存在する。ツチノコは，河童は，UFO は，本当にいるのか，という問いを考え，その存在を証明したり，否定したりする研究だ。そうした中で，先に挙げた四点の先行研究は，「実在するか否か」の議論を行っているわけではない。そうではなくて，UMA や UFO，妖怪をめぐって人々がつむぎだす「語り」がいかに構築されていくのか，そして，それらをめぐって起こる社会的，文化的事象や，逆に，そうした語りが当時の社会や文化にどのような影響を受けているのかといったことに焦点をあてている。実在の有無ではなく，そうした存在と，人間は，文化は，社会は，いかに関わっているのかを探っているのだ。本書においても，ゾンビが実在するか否かといった問題や，実際にゾンビが現れた時の対策をどうするのかといった問題は直接議論しない。とはいえ，そうした言説を否定するものでもない。こうした議論がなされていることそれ自体もコンテンツとして楽しまれているわけであるから，それらも排除せず，ゾンビ・コンテンツと人間，文化，社会の関係性に焦点をあてて，様々な考察を行っていきたい。

# 第2章

# フレームワーク・オブ・ザ・デッド
## Framework of the Dead

　さて，我々は，いよいよゾンビ学の端緒を切り拓いて研究を開始しようとしているわけだが，どのような見取り図を描いて行けばよいだろうか。第1章では，先行研究を整理することで，本書の立ち位置や狙いを明らかにした。ゾンビに関する先行研究を見てみると，広範囲にわたって様々な研究がなされていたが，本書の立場としては，ゾンビは基本的にコンテンツ内の虚構的な存在として扱うことにし，コンテンツと人間，文化，社会の関係性について，多角的，総合的に考察していくことにしたい。本章では，研究枠組みを策定し，具体的な分析の準備をしておこう。

## 2-1　メディア・コンテンツと人間

　まずは，メディア・コンテンツと人間の関係性について整理する。本書では，メディア・コンテンツを，情報財のうち，映画，音楽，テレビゲーム，テレビ番組，小説，アニメ，コミックなど，エンターテイメント的な要素を含むものを指すものとしておきたい。「コンテンツの創造，保護及び活用の促進に関する法律」では，コンテンツは次のように定義されている。コンテンツとは，「映画，音楽，演劇，文芸，写真，漫画，アニメーション，コンピュータゲームその他の文字，図形，色彩，音声，動作若しくは映像若しくはこれらを組み合わせたもの又はこれらに係る情報を電子計算機を介して提供するためのプログラム（電子計算機に対する指令であって，一の結果を得ることができるように組み合わせたもの

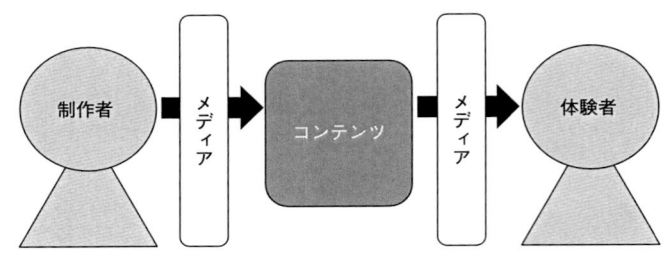

図2-1　コンテンツ制作者，コンテンツ，体験者の関係性

をいう。）であって，人間の創造的活動により生み出されるもののうち，教養又は娯楽の範囲に属するものをいう」とされている。

　メディア・コンテンツは，小説であれ，音楽であれ，漫画であれ，映画であれ，アニメであれ，それを視聴する者に，何らかの感情や思考を生じさせるものである[1]。メディア・コンテンツと人間の関係性を図示すると，図2-1のように表すことができる。

　コンテンツが作られ，それが体験されるまでには大まかに次のようなプロセスがある。まず，コンテンツを制作する人が思いついたアイデアや頭の中に描いた表現を形にし，それがメディアを通じて発信される。コンテンツを体験する人は，そうして発信されたコンテンツを何らかのメディアを通じて受信する。きわめて単純な図式である。とはいえ，これはコンテンツ制作者の意図したとおりのことが，そのまま視聴者に伝わることを意味しない。

　このことを考える際に注意を払っておくべきこととして，制作者とは誰なのか，という問題がある。一般に，小説の場合はそれを書いた人間が作者であり，映画の場合は監督の作品と言われる。そして，本書『ゾ

---

1．映像を見ることが人間にどのような影響を及ぼしているのか，人間は映像をどのように見ているのか，についてその基礎的知見を整理したものに『映像の心理学』（中島 1996）がある。映像の知覚や認知，映像による影響などに興味のある方はご参照いただきたい。

ンビ学』の作者は私である。しかし，一度でもこうした「作品」の制作現場に関わったことがある人はわかると思うが，たった一人の意思や考えのみでコンテンツが出来上がっていることはまれである[2]。小説やマンガ，あるいは，学術書などの出版物を出す場合，編集者の力は大きい。もちろん基本的には作家が文章や絵を描くのであるが，アイデアがうまく出てこない時に編集者がアドバイスをすることで制作が進むことは多々ある。また，編集者は作家と読者をつなぐ役割も持っており，読者に伝わりやすいかどうかも重視しているので，そうした角度から指摘を行うことも多い。編集者によって作家の作品の質が大きく変わることすらある[3]。また，読者も作品制作に関わっている。続き物の連載作品の場合は，読者から送られてくる感想によって，あるいは，単行本の売れ行きによって，作品の展開が変わることもある。映画やアニメなどの，数多くの人が製作に携わるコンテンツの場合，状況はさらに複雑だ。映画の場合，もちろん監督は映画制作の責任者であり，全てをチェックする役割を担うのだが，プロデューサー，脚本家，カメラマン，役者，照明，メイクなど，様々な次元で様々な役割を演じる人々の共同作業によって形づくられてくる。なお，制作者個々の作品への意図は時間経過によって変化する可能性や，振り返ってみてその意図に後で気づく可能性もある。つまり，「制作者」は特定の個人を指すというよりも，そのコンテンツを作りだした人々の総体であると言うべきだろう。そう考えると「制作者」の意図や思いは，それ自体が単一のものではなく，重層的

---

2．一方で，現在の情報技術環境では，一人の力でコンテンツを作ることもまた可能であり，その場合は，制作者の判断はダイレクトにコンテンツに反映される。このように制作されたコンテンツが人気を博す場合もあることを忘れてはならない。

3．出版メディアについて，歴史や業界，仕事について整理された書籍として『出版メディア入門［第2版］』がある（川井 2012）。編集者がどのような仕事をしているのかわかりやすく書かれている。

なものであることに気づく。

　制作者はコンテンツを制作し，環境に向かって発信するが，それがコンテンツの体験者に届けられるまでには，様々なメディアを介することになる。すなわちそのメディアの様態もコンテンツの伝達に影響を与えると考えられる。たとえば，書籍の場合は，表紙にどのような絵がつけられるか，どのような装丁で出されるか，価格がいくらなのかといったことによっても伝わり方は異なるだろう。また，映画であれば，どういった機器でコンテンツを再生するかによっても視聴者側に届けられる音や映像は変わってくる。まず考えられるのは，視聴者が映画館で見るのか，家庭で見るのか，といった環境の違いである。さらに，映画館という環境が同じであっても，音響設備やスクリーン設備は館によって差があるし，上映日や上映時間によって観客の人数や客層といった周囲の状況も異なる。鑑賞環境や観客をめぐる文化からの影響は無視できない（加藤 2006）。家庭であれば，画面の大きさや解像度の違いなどを生じさせる機器環境の違いはもちろん，天候や室内の明るさ，誰と見るか，周囲に人がいるかいないか，など，環境の多様性はさらに大きくなるだろう。それだけではなく，字幕の有無や吹き替えか否かも大きな違いとなる。日本の場合は，海外の作品に字幕が付けられたり，吹き替え版が用意されたりする。DVD や Blu-ray などを視聴する場合は，上の他に，外国語の字幕を付けることや，字幕をなくして，音声のみにすることもでき，様々なバリエーションが考えられる。

## 2-2　体験者が得る情報

　作品について体験者が得る情報は作品そのもののみではない。たとえば，DVD や Blu-ray には，劇場やビデオテープなどとは異なり，制作過程をまとめたメイキング映像やインタビュー，音声解説などの追加コンテンツが収録されている場合もある。これらは，テレビ番組の「第二次テクスト」と類似している。「第二次テクスト」とは，「きわめて多様

な形態で行われるテレビジョンに関する著述を生産するすべての周知産業（publicity industry）」[4]によって発信される批評や役者のゴシップ，雑誌，小説，宣伝広告，ポスター，番組予告などのことである（フィスク1996）。番組そのものを第一次テクストとした場合，こうした第一次テクストの説明や宣伝を行う第二次テクストが存在し，また，この第二次テクストによって第一次テクストの解釈や評価が影響を受ける。

とはいえ，フィスクの言う第二次テクストは，第一次テクストとはメディアが異なっているか，同じであっても時間的に隔たっていた。この点について，DVDの特典映像は，第一次テクストについて語られた二次的なテクストが第一次テクストと同じメディアに収録され，パッケージ化されていることが指摘されている（ブルッキー＆ウェスターフェルハウス 2008）。ブルッキーとウェスターフェルハウスは，その違いを指摘した上で，DVDに収録された二次的なテクストを「追加テクスト」と名付け，それらがいかに第一次テクストの読みに影響を与えているかについて，『ファイト・クラブ』を例に論証してみせた。

また，フィスクは「新聞への投書という形であるいはより重要なゴシップやうわさ話という形で視聴者自身が生み出す第三次テクスト」の存在を指摘している（フィスク 1996）。この第三次テクストは，twitterやFacebookをはじめとしたSNSなどを活用したネット上での発信が盛んな現代日本社会では，より量を増し，その影響も強くなっている。

つまり，同じコンテンツタイトルを視聴する場合であっても，コンテンツを視聴するメディア環境が多様化し，付随する情報量も増加しており，コンテンツ体験は人によって多様になっているのだ。映画についても，ネット配信，Blu-ray，DVD，ビデオデッキといった家庭や個人でコンテンツを楽しむための環境が整っていなかった時代は，映画館で見る以外にほとんど方法がなかった。そうすると，必然的に映画館の大ス

---

4．周知産業は，広告産業と言い換えたほうがなじみ深いだろう。

クリーンで，映画に集中して見る，というスタイルでの視聴が大多数を占め，その視聴体験は比較的一定であっただろう。現在では，映画館だけでなく，テレビ放映，DVD ソフトの販売，ネット配信など，様々なメディアを通して視聴が可能だ。航空機やフェリー，バス，自家用車の中でも映画鑑賞ができるし，スマートフォンを持っていればどこでも視聴することができるようになっている。

　体験者は，このように，何らかのメディアを通してコンテンツを視覚や聴覚等で知覚することになり[5]，それを元に様々な感情や思考を生じさせることとなる。そして，そのメディアは多様化している。制作者が制作したコンテンツが体験者に届くまでには，様々なメディアが介在している。そのため，体験者はコンテンツ視聴時に，制作者と直接出会うことはほとんどない。また，コンテンツを視聴する際に，知識的な制限なども加えられない[6]。

　眼前にあるメディア・コンテンツから得る以外の情報の多少は，体験者によって大きく異なっているのである。コンテンツから得る以外の情報とは，たとえば，コンテンツ制作者がどのような考えでそのコンテンツを制作したのか，コンテンツが制作された時代背景はどのようなもの

---

5．　視聴覚以外も無論影響を与える。何か飲食をしながら視聴するような「ながら」視聴のケースも考えられるし，コンテンツそのものが視聴覚に限らない体感型になっている場合もある。たとえば，アーケードゲーム『ダークエスケープ3D』は，ゾンビ的な敵を銃で打ち倒していくシューティングゲームだが，握ったグリップから心拍を計測して「ビビリ回数」をカウント，映像に合わせてシートそのものが振動し，エアーが噴き出すといった，視聴覚以外に働きかける仕掛けが搭載されている。また，近年 4DX と呼ばれる体感型映画上映システムが導入されている映画館もある。映像に合わせて，シートが動いたり，水や風，光，匂いや煙が出たりするものだ。

6．　年齢制限などは無論ある。また，作品を楽しむために，ある一定程度の知識が必要とされるコンテンツはあるが（たとえば三部作の二作目，三作目や，シリーズ物など），ある一定の知識がないと見てはならない，という制限が加えられることはない。

か，コンテンツが制作された国はどこか，コンテンツ制作者はほかにどのようなコンテンツを制作しているのか，などといった情報である。これらの情報は，コンテンツを視聴する際に必須ではない。視聴者がメディア・コンテンツから受け取る「意味」は様々であって，そこには，送り手が意図したメッセージだけでなく，意図していないものも含まれる。実際に，送り手が意図していないようなメッセージを深読みしたり，送り手が思ってもみなかった受け止め方をしたりする視聴者もいることが報告されている。

　例えば，アニメの同人誌制作はその代表的な活動のうちの一つである。村瀬（2003）では，社会学者スチュワート・ホールの「コード化／脱コード化」の理論をテレビアニメの視聴に援用し，同人誌作家によるテレビアニメの能動的な読みについて具体的な例を挙げながら論じている。また，本書でも扱うゾンビ映画『ナイト・オブ・ザ・リビングデッド』では，ゾンビの襲撃を切り抜けて一軒家から脱出した黒人男性が，誤って殺害されてしまうラストシーンについて，監督の政治的意図を読み取った批評家が多かったのだが，監督は特に意識をしていなかったという旨の発言をしている。

　実は，こうした事例を挙げるまでもなく，人と人の脳が直接接続されているのでもない限りは，送り手が発した情報と完全に同じ情報を脳内で構築することは不可能だ。その不可能性は電話やテレビ，インターネットといった電気的なメディアを介したコミュニケーションの場合にはもちろん，顔を突き合わせての直接的な対話の場面にも当てはまる。コミュニケーションはお互いに記号の解釈をし合うことで行われている。自分の考えを記号にして環境に発信し，相手は発信された記号を感覚器で捉えて解釈をする。そうすることで初めて，一方向の情報伝達が成立する。この時，そもそも記号化の段階で，頭の中で考えていたことをそのまま表現できることはまれだろう。さらに，その記号の解釈の際には，相手の知識構造が大きく影響するため，そこでもずれが生じていく。伝

言ゲームでなかなか内容が正しく伝わっていかないことを考えてみるとよくわかる。

## 2-3 コンテンツ分析の方針

なぜ，この当然のことを強調するかというと，本書における分析および通常のコンテンツ体験場面が，一部の作品論や批評で前提とされている状況とは異なっていることを示す必要があるからである。正確な作品論や批評を行うためには，作品の時代背景や，作品制作者に関する知識，関連作品に関する知識，などが前提として必要になる。しかし，コンテンツ視聴者にとってコンテンツを視聴する際にそういった知識は必ずしも必要ではない。このことは，現代のメディア・コンテンツの視聴について論じる際に極めて重要である。メディア・コンテンツはデジタル情報で流通するようになってきている。そうした場合，メディア・コンテンツは時代超越的に視聴されるようになる。また，コンテンツのプラットフォームとしてインターネットが多く用いられ始めていることを考えると，時代だけではなく場所に関しても飛び越えて，すべてのコンテンツが同列に見られる環境が整い始めている[7]。そうなると，作品の時代性や，場所性を飛び越えて，メディア・コンテンツを経験する状況が現出することは想像に難くない。現に，たとえば一つのパーソナルコンピュータの中に，白黒映画の『ナイト・オブ・ザ・リビングデッド』と，日本のアニメ作品『がっこうぐらし！』が入っており，どちらもワンタ

---

7． もちろん言語の問題や，国家的な統制などの問題などはあり，それらを乗り越えてシームレスに視聴できるような環境は実現していないが，今後の技術革新で精度の高い同時通訳の自動化が進めば，このような環境が実現する可能性もあり得る。また，現在でも，日本で放映されたアニメにファンが字幕をつけ，YouTube にアップロードする FanSub と呼ばれる動画がある。無許可でアップロードしているものに関しては違法性もあるが，ここでは，言語的制約を解決した一つの例として扱いたい。

ッチですぐに視聴できるという状況は，現在の情報通信技術環境では一般的にあり得る状況である。また，いくつかの映像を，一つの画面内で同時に展開するような視聴の仕方もできる状況になっている。

このように，メディアの発達によって，様々な映像やイメージが様々な場所に氾濫し，またメディア間を飛び越えて流通したり，同一メディア内で複数の映像が同時に流れたりする現代についての分析を行った書籍も複数出ている。たとえば，『映画映像史』（出口 2004），『映像論序説』（北野 2009），『映像史』（千葉 2009），『イメージの進行形』（渡邉 2012）などだ。メディアの発展についての具体的な記述は第4章で行うとして，次からは，コンテンツ体験のあり方の変化を論じていきたい。

コンテンツ体験者がコンテンツを体験する目的の一つとして，何らかの内的経験を得ることがあげられるだろう。それは，コンテンツのうたい文句として，「泣ける映画」や「ハートフルコメディドラマ」といった文言が使われることを見ても分かる。こうした商業的な宣伝広告だけでなく，他者にコンテンツを紹介する際には「このゲームは泣ける[8]」とか「この小説は感動できる」「この映画はストレス解消になる」などと表現することからも分かる。そうすると，作品が制作された時代性や場所性などに関しては，コンテンツ視聴者の中にはそれほど重視しない者がいてもおかしくはない。メディア，時代，場所にかかわらず，コンテンツ作品はそれぞれが関連し，比較されつつも，個別に楽しまれる。

こうした状況で，本書では，通常の作品論や批評などが目指していると思われるいわゆる「正しい」コンテンツ分析を行うことを主たる目的とはしない。ただし，これは，作品論や批評に対して否定的な見方をしているのではない。作品論や批評は，作品から時代背景を読みとる，作品を他作品とどのような関係にあるのかを明らかにする，作品の時代的

---

8．美少女ゲームの中で，感動して涙を流してしまうようなストーリーを持つゲームを「泣きゲー」と呼称する（萌え用語選定委員会 2005：96）。

位置づけや社会的位置づけを明らかにするなど，非常に有益な分析を行っていることは疑いない。作品論や批評は，作品間の関連や，放映当時の社会との関連などが正確でなければならないという制約もあると考えられるが，むしろ，その制約が分析を頑健にしていると言える。ところが，この「正しさ」にあまりにこだわり過ぎると，解釈の幅はおのずと狭くなってくる。本書は，解釈の幅を狭めて「こう読み解かなければならない」という支配的な読みを示すことは目指していない。「このような見方をすれば，こうも読める」といった形で，むしろコンテンツの読みの可能性を広げてみたい。

　体験者がコンテンツからどのようなことを読み取る可能性があるのか，という内的な部分に着目すると同時に，一つの視点から時代超越的に複数のコンテンツを分析し，どのような知見を抽出できるかを試みる。ただし，すでに確認した通り，コンテンツから何を読み取るのかは，視聴者の背景知識に大きく依存するため，一つのコンテンツから読み取りうるすべての読み方を抽出するのは原理的に不可能だ。そのため，本書ではいくつかの「視座」を設定し，客観的な根拠を示しながら，様々なメディア，時代のコンテンツと，人間，文化，社会との関係性について，論じていきたい。

　さて，ここまでで制作者がコンテンツを作り上げ，それがメディアにのってコンテンツ体験者が視聴するという一連の流れについては確認ができた。今回は，コンテンツ体験者が実際にどのように感じたのかといった部分については，間接的にしか分析ができない。ここに主眼を置く場合は，実際にゾンビ・コンテンツを体験してもらうか，あるいは，ゾンビ・コンテンツを視聴している人を対象にして，その人々にインタビューをしたり，質問紙調査をしたりする必要があろう。先行研究の中の教育学，工学，社会心理学的な研究が取っている手法に近いものだ。こうしたオーディエンス（視聴者）研究は非常に重要で，今後研究していくべきテーマだと考えているが，それは今後の課題としておいて，まず

本書ではゾンビ・コンテンツそれ自体と，その周辺についての分析を中心に進めていきたい。

## 2-4　ゾンビ・コンテンツの分析枠組み：時間の推移

　ここからは，ゾンビ・コンテンツの分析枠組みを整理していこう。ゾンビ・コンテンツの設定やストーリーには様々なものがあり，それらを包括する確定的な分析枠組みを構築するのは難しい。そこで，ここでは大きく三点の視点をまとめておきたい。それぞれ，「時間の推移」「空間とその移動」「キャラクターと社会の変化」である。

　まずは，時間の推移についてである。二種類の時間の推移に注目してみたい。それは，現実空間上の時間の推移と虚構空間上の時間の推移である。虚構空間とは，次節で詳しく説明するが，コンテンツ内に想定できる空間のことだ。物語世界と言い換えてもよい。

　まず，現実空間上の時間の推移について整理しておこう。ゾンビ・コンテンツを体験する人の身体は現実空間上にある。すなわち，現実上の時間の推移の中にある。映画なら視聴時間，ゲームならプレイ時間，書籍なら読書時間といった具合に，コンテンツを体験している間に時間が経過している。虚構空間内での時間軸と現実の時間軸は必ずしも同じではない。現実空間上において一時間半の映画の中では，数時間，数日，数年，もしかしたら数百年，数千年の時間経過が描かれることがある。さらに，より大きな時間経過についても考えておきたい。作品の歴史などを考える際には，現実空間上の時間経過に沿って考えることができる。現実空間上の時間経過と関連づけて考えることで，現実の社会で起こった出来事などと関連づけて考えることも可能だ。

　次に，虚構空間内の時間推移を整理しておきたい。虚構空間内の時間推移は，現実空間に準拠しているとはいえ，現実空間よりも自由度が高い。たとえば，時間を入れ替えることが可能だ。冒頭のシーンより前の時間に起こった出来事を，その後に描くこともできるし，様々な時間を

組み合わせて描くことも可能だ。あるいは，時間の長短を操作することもできる。長く時間をかけて物事を描くシーンがあるかと思えば，「10年後…」などのテロップを出すことで，10年という時間をたった数秒間で描いてしまうこともある。

　このように，虚構空間の時間はかなり自由度が高い。これらをまとめて分析する際に，どのような枠組みを策定すればよいだろうか。シリーズものであれば，虚構空間内での時間の流れは比較的整理されていることが多いが，異なるシリーズ，異なるメディアにわたってゾンビ・コンテンツを横断的に分析できる枠組みとしての時間概念はどのように設定しうるのか。ここからは，そのことを考えていきたい。

　ゾンビ・コンテンツについて，本書ではかなり幅広くとらえているが，基本的な要件として，少なくとも「ゾンビ（的な存在）が登場すること」は必須である。とはいえ，中には例外もある。土橋真二郎のライトノベル作品『FAKE OF THE DEAD』では作品中にゾンビが登場しない。登場人物の一人の精神的な病を治癒するという名目で，「ゾンビがあふれる世の中になった」という設定にあわせて登場人物が演技をするという内容で，登場人物の行動自体はまさにゾンビ・コンテンツで描かれる典型的なものなのだが，それは物語世界の中においてもすべて演技でしかない。「ゾンビがいる」という虚構を信じているのは精神的な病を患った登場人物一人のみ，という状況だ。つまり，虚構空間の中で，登場人物たちは一人の登場人物のために協力して虚構空間を作り出しているという状況である。コンテンツ中の「虚構空間」においても，ゾンビは虚構的存在でしかない。このような作品もあるのだ。あるいは，いわゆる夢オチと言われる，物語の最後に，「これまでの話は夢（や幻覚）だった」というどんでん返しによって「ゾンビ」という存在が現実のものではなかったと意味づけられるケースもある。このようにゾンビの存在を描く作品もあるにはあるが，ほとんどのゾンビ・コンテンツでは，虚構空間の中においては現実的存在のゾンビが登場する[9]。

　そうすると，時間の経過については，ひとまず「ゾンビ」が物語世界
に登場するタイミングを起点として，その前段階と後段階に分けること
が出来る。本書では，ゾンビが登場したり人に襲い掛かったりする状態
になる期間を「ゾンビ・ハザード」と名付け，その前を「日常」の状態
としておく。ゾンビ・ハザード中は，登場人物たちにとっては非日常的
な時間である。このゾンビ・ハザードにはいくつかのパターンがある。
呪術などの方法で人工的にゾンビを増やして行くもの，ゾンビ化現象が
感染していき全面化していくもの，一体のゾンビが騒動を巻き起こすも
のなど，様々である。コンテンツの中には，ゾンビ・ハザードの初期を
描いているものもある。ゾンビ化現象の発生やゾンビとの邂逅を「ゾン
ビ・アウトブレイク」と名付けておこう。「アウトブレイク」とは，疫
学用語であり，「ある期間のある場所において，通常想定されるよりも
多くの患者発生があること」を指す（吉田・堀 2015）。つまり，これま
でその場所で発生が確認されていなかった疾患が認められれば一件でも
「アウトブレイク」と言うのだ。それゆえ，それまでいなかったゾンビ
が作品世界や主人公の周囲に発生する瞬間を指す用語として「ゾンビ・
アウトブレイク」はふさわしいだろう。

　ゾンビ・アウトブレイクの後は，作品によって異なるが，ゾンビ・ハ
ザードの範囲が拡大したり，被害が増大していったりする期間がある。
これを「ゾンビ・パンデミック」と名づけたい。パンデミックとは，や
はり疫学用語であり「アウトブレイクが国を超えて世界の複数の地域で
発生している状態」を指す（吉田・堀 2015）。ゾンビ災害が拡大してい
く期間を「ゾンビ・パンデミック」としよう。この際，規模は問わない。
国境を越えて広がっていく場合もあれば，その地域のみの場合もある。

---

9．予算の都合で特殊メイクがあまりできなかったり，エキストラをたくさん集め
　　ることができなかったりといった現実的な問題によって，なかなかその映画の
　　中でゾンビが映らないということもよくあるが，基本的にその作品の虚構世界
　　にはゾンビが現実的存在として現れる。

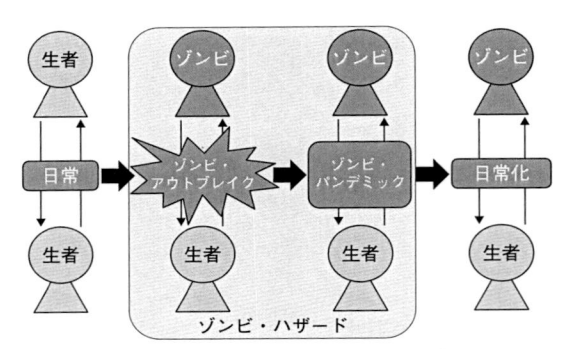

図2-2　ゾンビ・コンテンツの時間軸

極小の領域としては，一人の人間がゾンビになっていく過程を描くコンテンツもある。また，伝染性のないゾンビの場合は，パンデミックとは言い難く，そのゾンビがゾンビ的な性質を伴って活動している期間はゾンビ・ハザードに含まれる。ゾンビ・パンデミックのプロセスでは，ゾンビ・アウトブレイクが拡大していったり，ゾンビと生者の間で様々なやりとりがなされたりする。そして，その後，ゾンビがいる状況が解消するか，ひとまずゾンビがいる状況から離脱する，あるいは，ゾンビがいる状態が日常化する段階を迎える。これを「日常化」の段階としておきたい。

　このように，ゾンビ・ハザード期間を中心として，その前後に分ける時間軸を中心に考えることで，異なる作品の間でも比較，検討が可能になる（図2-2）。

## 2-5　ゾンビ・コンテンツの分析枠組み：空間とその移動

　次に，コンテンツと様々な空間について整理しておこう。時間に二つの種類を考えたように，空間では三つの種類を考えたい。我々の身体が存在する空間を「現実空間」とした場合，コンテンツ内の空間はどのようにとらえることができるだろうか。「実写」の場合は現実空間が何ら

かの形で写し取られたものであり，そこで描かれているのは現実空間の
コピーと考えることができる。ただ，よく考えてみると，ドラマや映画
で描かれる現実空間は，確かに現実空間の一部を切り取ってはいるもの
の，それらはカットされ編集され，あるいは，加工されることで，独特
の空間を構築していることに気がつく。たとえば，ファンタジーやSF
作品を考えるとわかりやすい。J・R・R・トールキンの小説『指輪物
語』を実写映画化した『ロード・オブ・ザ・リング』（監督：ピーター・
ジャクソン）を考えてみよう。本作では，主人公を含めて，人間とは異
なる存在が数多く映し出される。主人公はホビットと呼ばれる小人族で
あり，旅の仲間になるのもエルフやドワーフといった妖精たちである。
しかし，実際に演じているのは現実空間に存在する人間であり[10]，本作
のロケ地は主に現実空間のニュージーランドである。とはいえ，映像上
に表現されているのは，現実空間で起こった事実ではなく，作品世界で
起こった架空のキャラクターが関与した架空の出来事である。現実その
ままの風景だけではなく，コンピュータグラフィックス（CG）を用い
て加工された風景や作り出された風景とも組み合わせられて，作品世界
が作り上げられる。このように表現された物語上の世界のことを本書で
は「虚構空間」と呼んでおきたい。

　コンテンツと空間のことを考える上で，近年，無視できないもう一つ
の空間が重要性を増している。それは「情報空間」だ。情報空間とは，
インターネット等の電子的メディアによって接続可能な空間のことを指
す。多くの人が情報空間にアクセスする際に用いているのはインターネ

---

10.　ただ，本作に登場するゴラムというキャラクターはフルCGで表現されており，
　　現実の人間が演じているわけではない。とはいえ，ゴラムのCGの元となる演
　　技は人間が行い，モーションキャプチャーによってキャラクターに演技を反映
　　している。見た目は演じている俳優とは異なるものとして表現されているが，
　　人間の身体運動は反映されており，現実的な空間とのつながりはある。この点
　　について，より深く議論を展開した論考に石田（2008）がある。

ットであるため，この空間の特徴は「インターネット空間」の特徴と類似していると考えて良いだろう。インターネット空間については，小山昌宏によって，次のように説明されている。「デジタル化された文字，数字，グラフ・図形などの図象（シンボル），イラスト・写真，動画などの映像（イメージ）を実在するものとして表象させ，かつ ID やハンドルネーム，アバターやパペットなどの分身（記号）を，疑似人間（疑似主体）として機能させることのできる「疑似型現実」空間」である（小山 2011：106）。なぜ，メディア・コンテンツを考える上で，このような空間を考えなければならないのか。それには，下記のような理由がある。

　一つ目は，ある種のコンテンツは，この情報空間を前提に制作され，情報空間でのコミュニケーションとともに体験されている点である。たとえば，オンラインゲームがそうだ。オンラインゲームとは，インターネットなどのコンピュータネットワークを通じてプレイするゲームのことであり，複数のプレイヤーが同時に同じゲームを遊ぶものもある。これらでは，一人でテレビゲームをする体験とは異なり，情報空間上でコミュニケーションがなされる。二つ目は，コンテンツを体験することと情報空間が密接に結びついている場合がある点だ。たとえば，コンテンツを体験する前，あるいはその最中や事後に情報空間上にその感想を発信したり，情報空間上に書かれた感想を得たりすることが挙げられる。通販サイトの Amazon には，各種コンテンツの評価コメントが書かれているし，個人のブログではコンテンツの批評などが行われている。「YouTube」などの動画投稿サイトでは「ゲーム実況」と呼ばれる，プレイヤーがゲームをしながら実況している様子を撮影したものがアップされており，再生回数が数十万回に至っているものが珍しくなく，100万回を超える人気の動画もある。また，動画投稿サイトの「ニコニコ動画」のように，そのコンテンツに対する感想がコンテンツと同時に表示されるものもある。そして，三つ目は，こうした情報社会の状況が，コ

ンテンツの中で描かれる場合があることだ。たとえば日本のマンガ作品『アイアムアヒーロー』では「2ちゃんねる」のようなインターネット上の匿名電子掲示板が，映画『サバイバル・オブ・ザ・デッド』では動画投稿サイトが登場し，『インド・オブ・ザ・デッド』ではソーシャルネットワークサービス「Facebook」が，『ゾンビバー』ではスマートフォンが作中に登場する。これらはメディアを通じてアクセスできる情報空間が想定できる社会を前提に描いていると言え，現実的に身体が存在する空間とは異なるコミュニケーション空間を想定しておく必要がある。

　さて，次にこれらの空間における移動について考えておこう。まずは，体験者側の移動である。コンテンツを体験するのに体験者が移動するとはどういうことか。先ほど整理した三つの空間ごとに整理していく。

　まずは，現実空間上の移動だ。コンテンツを体験しながら物理的な移動を行うケースがある。たとえば航空機で移動しながら映画を見る場合は，物理的な移動を伴うコンテンツ体験となる。テーマパークにおけるライドと呼ばれるアトラクションなどは，実際に移動しながら，あるいは移動感覚を得ながらのコンテンツ体験を楽しむものと言えよう。

　次に，コンテンツを体験したことをきっかけに，その舞台となった場所やテーマパークを訪れる「コンテンツツーリズム」もコンテンツにまつわる現実空間上の移動に含むだろう（岡本（編）2015）。作品のロケ地は，作品世界（虚構空間）と現実空間をつなぐ効果を持っている。小説の舞台になった場所でその作品世界に思いをはせたり，アニメの背景に描かれた場所に行ってキャラクターと同じポーズで写真を撮ったりする観光行動は珍しくない。さらに，テーマパークは，虚構空間の世界観を現実空間で再現したものと言うことができる[11]。

　そして，コンテンツを体験することによる虚構空間への移動が挙げられる。つまりは作品への没入体験である。実際の物理的移動とは違い，移動先は現実空間ではなく，虚構空間だ。これを移動と呼んでよいのか，

という疑問はごもっともである。だが，実は人間の移動は，身体が物理的に移動することのみでは語ることができない。物理的な移動とともに精神的に「移動した感覚」，つまり移動感覚が得られて初めて，移動した主体は「移動」を認識する。一方で，近年バーチャルリアリティ技術が進み，その場所から一歩も動かずに様々な感覚を体験できるようになってきた。こうした事実を考えると，精神的移動を考えることは，現代社会におけるコンテンツや人間について考える上で的外れではないことが分かるだろう。そもそも，こうした技術発展の話を持ち出さずとも，人間が磨き上げてきた一つの重要な能力として「今，ここ」ではない時間や空間に意識を向けることが挙げられる。この力，「想像力」がなければ，人間は様々な物語を生み出すことはできなかったし，それを他者と共有することもできなかっただろう。くわえて，精神的移動の先は，虚構空間のみならず情報空間も想定できる。「疑似型現実空間」である情報空間にも，人々は精神的移動を行い，そこでなされる様々な出来事やコミュニケーションを行う場合がある。

　ここまで体験者の移動についてまとめてきたが，ここからは，コンテンツ内の登場人物の虚構空間内の移動について見ていこう。虚構空間内とはいえ，基本的には現実空間上の人間の移動と同様に把握することができる。ゾンビ・コンテンツ内で人間が迫られる決断の一つが，移動するか立ち止まるかである。開放的な空間において立ち止まることを選択すると，ゾンビに襲われてしまうため大変危険だが，閉鎖的な空間にとどまり「立てこもる」選択肢をとるケースは多い。移動する際は，何らかの目的があって移動する。この目的には，消極的なものと積極的なも

---

11.　当然ながら，コンテンツや場所の種類によって現実と虚構の「隔たり」の大きさは異なる。とはいえ，歴史小説であったとしても，それは，あったとされている「歴史的事実」を元にして作り上げられた，ある種の「虚構」の世界であることは忘れてはならない。敗軍の将の首塚とされているものが複数存在することを考えると，このことが理解しやすい。

のがある。同じ場所にとどまり続けることで何らかの不利益があるため
危険を冒して移動する消極的な場合や，あるいはどこかに特定の人を探
しに行ったり，ある場所を目指して移動をしたりという積極的な場合が
ある。その移動中には，ゾンビと出くわしてしまうことが多く，その際
には，逃げ出すか，戦うか，何かで遮断して立てこもるか，などの対策
が必要になる。もう一方の登場人物であるゾンビは，人を襲うことが基
本的な移動動機であるため，人を見つけ次第，移動する。

　虚構空間内での移動は，多くのゾンビ・コンテンツで現実空間を反映
している。そのため，移動手段は徒歩，自転車，バイク，自動車，航空
機，船舶，鉄道，馬など，現実空間上に存在するものを用いることが多
い。珍しいところでいくと，移動にパラグライダーを使う作品もある[12]。
とはいえ，この中で，インフラの維持が必要なものは，時間の経過とと
もに使用不能になっていく。特に，燃料[13]や専門的な人材，専用の交通
路が必要なものについては，その供給やメンテナンスがストップするほ
どにゾンビによる被害が大きくなってくると使えなくなる。ゾンビは乗
り物に乗れないことが多く，基本は徒歩である[14]。

　移動の方向としては，水平方向の移動はもちろん，上下への移動が描
かれる場合もある。たとえば，建物の中が主な舞台になっている場合は，
建物の上階や下階への移動だ。一軒家で二階や地下室を移動するもの，
より高い構造物でアパートやビルを上っていったり下っていったりする
ものなど，様々である。

---

12.　『ザ・デッド：インディア』では，主人公がゾンビから逃れるために，インドの
　　荒野をパラグライダーで移動する。

13.　『ゾンビマックス！　怒りのデス・ゾンビ』では，ゾンビ化現象をもたらした流
　　星群の影響で，ガソリンが使えなくなった世界を描いている。

14.　中には乗り物に乗ることができるものもいる。『サバイバル・オブ・ザ・デッド』
　　では馬に乗って移動していたし，『ウォーム・ボディーズ』ではぎこちなくはあっ
　　たが自動車を運転していた。『デッド・フライト』では，航空機内でゾンビ化現
　　象が起こるが，ゾンビが飛行機を操縦しているわけではない。

　また，移動する際に，どこを移動するのか，目指す先はどこなのか，どこから来たのか，といった点も分析視角として重要になる。向かう方角，特定の国や都市，人の多いところと少ないところ，都市なのか農村なのか，自宅なのか職場なのか，一軒屋か集合住宅か，ショッピングセンターなのかテーマパークなのか，パブなのか老人ホームなのか，小さな島なのか広い荒野か……，といった具合だ。

　ここまで，分析視角としての空間概念とその移動についての考えを整理した。この三つの空間は，それぞれが断絶しているわけではもちろんない。すでに示してきたように，それぞれがそれぞれと関係を持っており，それらの複合体を我々は体験しているのだ。

## 2-6　ゾンビ・コンテンツの分析枠組み：キャラクターと社会の変化

　日常からゾンビ・アウトブレイク，ゾンビ・パンデミック，そして日常化といった時間の流れの中で，生者とゾンビが空間を移動し，登場人物たちの間で様々な相互作用が起こる様子を描くのがゾンビ・コンテンツであると言えよう。その相互作用は，生者とゾンビの間だけでなく，生者同士，ゾンビ同士の関わりもまた描かれる。

　虚構空間内での時間経過を考えていくと，ゾンビ・コンテンツは，大きく分けて二つの変化を扱ったものであるといえる。一つは，キャラクターの変化，もう一つは社会システムの変化である。

　キャラクターの変化には，三つの変化がある。一つ目は人間がゾンビ化するという変化，二つ目はゾンビが現れたことによる人間の変化，三つ目は，ゾンビの性質の変化である。

　一点目の，人間がゾンビ化する，というのは，元々人間として感情や思考などを持ち，個人として人格のある存在であったものが，ゾンビという「人を食う」ということを行動原理の中心として動く存在になるということである。この変化は，ゾンビ・コンテンツを分析する意味を見出すことができる重要な変化である。他のホラーやモンスターのコンテ

ンツとゾンビ・コンテンツが決定的に異なる点の一つがこれだ。ゾンビ
は，元々人間であったものが変異するものであり，外見は人間のまま，
意識のない存在となる。

　二点目の，ゾンビが現れたことによる人間の変化とは，ゾンビ化現象
が起こった際に，生きている人間の側に起こる心理的，行動的，社会的
な変化である。たとえば，自暴自棄になってしまったり，人間同士で争
い合うようになったり，ゾンビに対して過剰に危害を加えるようになっ
たり，社会制度が機能しなくなるため秩序が失われて無法状態と化した
り，といった事態が挙げられる。

　三点目の，ゾンビの性質の変化とは，ゾンビになった後で，その性質
を変化させることを指す。本書で扱う作品の中には，ゾンビになった後
に，より凶悪な別の存在に変化したり，逆に感情や思考力を取り戻した
り，ゾンビから人間に戻るものも出てくる。一作品中で変化する場合も
あるし，シリーズが進むごとに変化することもある。時代を追って作品
を見ていくと，現実空間上の時間経過とともに，作中のゾンビの特徴が
変化していくこともある。

　そして，社会システムの変化とは，ゾンビ化のルールが社会に適応さ
れることである。たとえば，ジョージ・A・ロメロ監督の『ゾンビ』で
あれば，とにかく人間が死亡するとゾンビになってよみがえる。また，
生きた人間がゾンビに噛まれると，しばらくすると死亡し，その者もま
たゾンビとなる。こうしたルールが世界に導入される物語である。これ
はある種の自然法則のようなもので，このこと自体を解決することはほ
ぼ不可能だ。原因が明らかなものやゾンビ・アウトブレイクが小規模あ
るいは局所的な場合は，解決が可能な場合もあるが，いずれにしても，
これまでの価値観とは大きく異なる状況が現出することには違いない。
価値観の大きな転換は，人（やゾンビ）に認識の変化をせまり，自分に
とって最適な空間を希求させる動因を提供する。こうして，ゾンビ・コ
ンテンツの中でキャラクターによる空間の移動が描かれることになる。

　つまり，ゾンビ・コンテンツでは，元々人間であった存在が，人間らしさを失ってコミュニケーション不可能な（あるいはコミュニケーションが成立しにくい）存在となり，人に危害を加える性質を持つさまが描かれる。そうした状況を目の当たりにして，人間が変化し，場合によっては，ゾンビもまた変化していく。本書では，「ゾンビ」を人間のあり方の一つを意味するものととらえたい。人を食うことだけを希求して動いているという性質を「価値観を一つに定めて生きている」ことの表現として見た場合，ゾンビを人間の一つのあり方の比喩として見ることができる。このようにして人間や社会のあり方が変化していく中で，キャラクターはどのような行動をとるのか，そして，それは何を意味するのか，社会をどう変化させていくのか，そういったことを読み取っていきたい。

## 2-7　ゾンビ・コンテンツを研究する

　これで，ゾンビ・コンテンツを分析する基本的な枠組みは整備できた。ここまでの議論に基づいて，これから論じていくべきことを確認しよう。

　まずは，そもそもゾンビの歴史的展開を確認しておく必要がある。そこで，第3章では，ゾンビの歴史について，特にゾンビを扱った作品が数多く作られてきた「映画」を中心に整理していく。ゾンビ・コンテンツが広がっていく過程では，様々なメディアが登場し，それぞれにおいて特徴的な発展を遂げていく。加えて，様々な国や地域でゾンビ映画が作られるようになり，その地域独特の文化と結びついて特徴的なゾンビ・コンテンツを生み出す。続く第4章から第6章では，この点に注目する。まず，第4章では，コンテンツを流通させるメディアの変遷を見ていきながら，ゾンビ・コンテンツがどのように広がっていったか，そして，ゾンビ・コンテンツの中でメディアはどのように描かれているかを概観する。次に，第5章では，メディアの中でも現在のゾンビ・コンテンツに多大な影響を与えた「ゲーム」に注目して，その様態を分析し

ていく。ここでは，インタラクティブなメディアであるゲームで描かれるゾンビの特徴から，我々がゾンビとどのように対峙しているかが明らかにされる。さらに，第6章では，地域を絞り，日本における受容や独特の展開に焦点をあてて論じる。ここまでで，ゾンビ・コンテンツについての，時間的，空間的，メディア・コンテンツ的な特徴について整理をつけることができる。

　次に，具体的な作品に依拠しながら，ゾンビと人間の関係性について，分析を進めていく。第7章では，ゾンビの特徴とその進化について，ゾンビ化の原因の変遷やゾンビの移動速度の変化に注目して分析する。第8章では，ゾンビと日常／非日常の関係性について考える中で，ゾンビ・コンテンツで描かれている世界について，時間軸に注目して分析する。第9章では，人間は，ゾンビだらけの世界をいかに歩んでいくのかという点について，主に空間に着目して考察する。第10章では，ゾンビと人間とを対比することで，ゾンビ・コンテンツで描かれているゾンビという存在についての分析を行う。第11章では，総合考察として，ゾンビ・コンテンツは我々に何をもたらしてくれるのか，ゾンビたちはどこに向かっているのか考えてみたい。

　本書では，こうしたフレームワークで，ゾンビ・コンテンツを研究していこうと思う。

第 3 章

# ゾンビの歴史
## History of the Dead

　本章では，ゾンビの起源やメディアへの登場の仕方，その文化的拡散状況など，ゾンビ・コンテンツの基礎的な歴史を整理したい。ゾンビ・コンテンツには，様々なメディアを流通するものがあるが，長年にわたって作り続けられ，今日のゾンビイメージを形作った中心的なメディアは映画である。ゾンビ・コンテンツ全体の歴史に迫るために必要な背景知識として，ゾンビ映画を中心に，現実空間上の時間軸に沿って整理しておこう。

### 3-1　ゾンビ映画の公開本数の推移

　初めて映画にゾンビが登場した作品は 1932 年制作の『ホワイト・ゾンビ（恐怖城）』だと言われている（Dendle 2001，伊東 2003，イングアンソ 2015）。ゾンビは，それから 80 年以上にわたって，商業映画はもちろん，自主制作映画なども含め，数多くの映画に登場してきた。そして，現在も世界各国でゾンビ映画が制作，公開され続けている。これまでに，ゾンビ映画はどれくらいの数が作られてきたのだろうか。まずはその点から明らかにしていこう。とはいえ，世界中に存在する大小のゾンビ映画をすべて数えるのは困難を極める。そのため，ここではゾンビ映画作品を網羅的に紹介している文献資料を用いて，そこで紹介されている作品の数を年代ごとにカウントすることによって，大まかな趨勢を把握してみたい。

　用いる文献は，日本語の文献と英語の文献，各二冊である。ここでは，

ゾンビ映画の放映本数の推移を明らかにするため，いずれも，同じ著者（編者）が，継続的にゾンビ映画について整理した書籍を選択した。

　日本語の文献 2 冊は，『ゾンビ映画大事典』（伊東 2003）および『ゾンビ映画大マガジン』（伊東 2011）である。前者は，1932 年の『ホワイト・ゾンビ』から 2002 年の『バイオハザード』まで 345 のゾンビ映画のストーリーとそれに対するコメントが紹介されたもので，まさに「大事典」というべき内容の書籍だ[1]。『ゾンビ映画大事典』が取り上げているゾンビ映画の定義は次の通りである。

　　本書ではゾンビ映画の定義を広義に捉え，吸血鬼やミイラ男などのモンスターに分類できない，なんらかの理由で蘇った実体を伴う死者，あるいは一般的なゾンビのイメージに近い催眠・錯乱状態にある人々が登場する映画を取り上げた。また，それらのゾンビ映画に多大な影響を与えた作品，逆に影響を受けた作品も併せて紹介した。

「実体を伴う死者」と書かれていることで，幽霊や怨霊などについては除外してあるものの，かなり広めの定義をしていることがわかる。今回の試みは，ゾンビ・コンテンツの中のゾンビ映画について，その成立過程を追うために行なっているため，狭義のゾンビ映画だけではなく，その周辺部も含みこんでいる点は本書のねらいと合致する。続く，『ゾンビ映画大マガジン』は，『ゾンビ映画大事典』の続編を構想して作られたムック本である。2002 年から 2010 年までのゾンビ映画約 300 本のストーリーと寸評を掲載しており，こちらも網羅性が高い。『ゾンビ映

---

1．本書は著者の伊東美和氏が 2000 年に自費出版した『ゾンビ手帖』が元になっている。『ゾンビ手帖』は初版は 700 部で計三ヵ所の書店で委託販売したところ予想以上のペースで売れ，翌年に改訂版を 500 部刷ったところ，数ヶ月で完売したという。『ゾンビ手帖』の巻末付録には『死霊のえじき』オリジナル脚本，そして，改訂版には早見純の漫画が収録されていた（伊東 2003：414）。

画大事典』の伊東美和が編集，執筆を担当し，他の執筆者もこれに加わっている。

　英語の文献は，『The Zombie Movie Encyclopedia』（Dandle 2001）（以下，ZME1 と表記）および『The Zombie Movie Encyclopedia Volume2: 2000-2010』（Dandle 2012）（以下，ZME2 と表記）の 2 冊である。『ZME1』では，1932 年の『White Zombie』[2] から，1998 年の『Scooby-Doo on Zombie Island』[3] までの 193 作品を紹介している。続く，『ZME2』では，タイトルにもあるように 2000 年から 2010 年までのゾンビ映画 262 作品を紹介している。日本語文献と英語文献では，重なっている作品も多いが，両者とも様々な国にわたってゾンビ映画を広く紹介しており，網羅性が高い。また，日本と海外では公開時期がずれているものもあり，同一の作品が日本語文献と英語文献で別の年にカウントされている場合があるが，大まかな趨勢を明らかにする上では，特にそれらを統一することはせず，日本語文献の結果と英語文献の結果を併記することで，目的を達成したい。

　はじめに，これらの文献で紹介されている映画を年代ごとにカウントし，1930 年代から 2000 年代まで 10 年毎にまとめて，その推移を見てみたい（図 3-1）。

　まずは，日本語文献の結果を見ていこう。1930 年代に，わずか 6 作品であったゾンビ映画は，徐々に本数を増やし，60 年代から 80 年代にかけて大きく増加して，80 年代には 135 作品となった。90 年代には 77 作品と，一時落ち込むが，その後 2000 年代になって 318 作品に急増していることがわかる。次に，英語文献の結果を見てみよう。本数については，ゾンビ映画のカウントの仕方の違いがあり，日本語文献と差が大きい年代もあるが，増減の傾向についてはほぼ同様だ。1980 年代まで

---

2．邦題は『ホワイト・ゾンビ（恐怖城）』
3．邦題は『スクービー・ドゥーのゾンビ島』

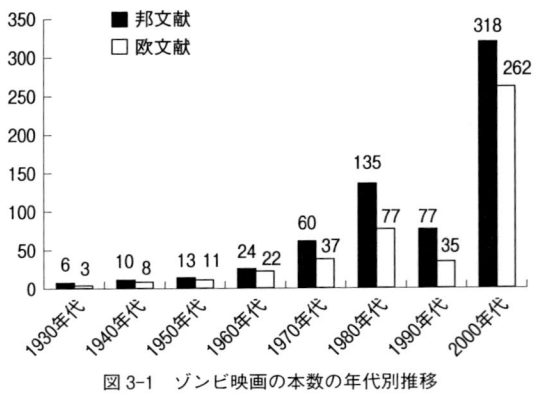

図 3-1　ゾンビ映画の本数の年代別推移

　増加傾向で，1990 年代に一度減少するものの，2000 年代には急増している。ちなみに 2010 年は，日本語文献では 14 作品，英語文献では 27 作品となっている。

　この推移をみると，2000 年代がかつてないほどのゾンビ映画ブームであったことが伺える。そもそも，『ゾンビ映画大事典』では 1932 年から 2002 年までの 70 年間に公開されたものを紹介して 345 作品，『ZME1』では 1932 年から 1998 年で 193 作品だったのが，続く『ゾンビ映画大マガジン』では 2002 年から 2010 年の 8 年間のうちに発表されたゾンビ映画だけで約 300 作品，『ZME2』では，2000 年から 2010 年だけで 262 作品となっており，この数字を見るだけでも，ゾンビ映画史における 2000 年代の本数の圧倒的な多さを実感することができよう。

### 3-2　ナイト・オブ・ザ・ゾンビ・コンテンツ：1930 年代〜

　10 年刻みで見てみたときに，2000 年代はゾンビ映画が大量に作られていたことは分かったが，そこにいたるまでにはどのようなプロセスがあったのだろうか。以下，順を追って見ていきたい。なお，基本的には映画を中心に歴史を追っていくが，随時，他メディアにおけるコンテン

ツとの関連についても論じていきたい。ゾンビ映画から始まったゾンビ・コンテンツが，どのようにメディアに乗って広がっていったかを整理する試みである。

　すでに述べたように，一般的にゾンビが映画に登場するのは，1932年の『ホワイト・ゾンビ（恐怖城）』からだと言われている。その背景としては，1929年にジャーナリストのウィリアム・シーブルックが，その著書『魔法の島』の中でハイチにおける「ゾンビ」の存在を紹介したことが挙げられる（シーブルック 1969）。『魔法の島』では，ハイチのブードゥー教[4]文化について記されている。その中の第8章「"生ける死者"ゾンビイ」では，現地人が語ったゾンビのエピソードが紹介されている。サトウキビが豊作であった1918年，砂糖やラム酒を製造するハイチ・アメリカ・シュガーカンパニーの工場では労働力不足のため，高給で求人が出た。そこにジョセフという名の老人が，一群の人々を連れて工場に現れた。その人々は，泥酔状態か，夢遊病者かのようにふらふらと歩き，どろんとした空虚な目つきであった。この人々は生身の人間ではなくゾンビイで，ジョセフとその妻のクロイアンスが墓をあばいて死体を掘り出し，ゾンビイにして使役していたのだ。ゾンビイは肉や塩を口にしてはならないため，人間とは別の料理を作って与えていた。ある日，クロイアンスはゾンビイにも娯楽をと，九体のゾンビイを町の祭りに連れていった。その際，祭りで売られていたタブレット[5]をゾンビイに与えた。しかし，このタブレットにはピーナツが乗っており，そこに塩分が含まれていた。ゾンビイは，これを食べた途端に，この世のものと思えぬ凄まじい叫び声をあげ，立ち上がると死体が埋められていた故郷の山に向かって歩いていった。肉親に呼びかけられても無反応な

---

4．『魔法の島』の中では，ブーズー教と表記。
5．タブレットとは，クッキーのような形や大きさで，茶色のサトウキビから作る菓子。ピーナツやセリ科のコリアンダーの実がつけてあるものもある。

ゾンビイたちは，もくもくと墓地に歩いていく。そして，自分の墓石に手をかけた瞬間，ばらばらに砕け散ってしまった。

シーブルックは，この話を語った現地人のポリンスに，話の信憑性について疑問があることを伝える。すると，ポリンスはシーブルックに実際のゾンビイを見せたという。その様子は，「どことなく普通の人間とはちがう不自然なところがある」「動物か生命のないロボットのようにぎこちなく，重苦しい歩き方をしている」「こちらがしゃがみこまなければ，その顔を覗き見ることもできないほど，上半身をかがめて歩いている」「その目は盲目でもないのにどろんと濁って動かず，しかも焦点すら合っていない」「それは確かに死者の瞳で」「空しく，空虚そのものだった」という（シーブルック 1969：130）。本当に，現地のゾンビが死者をよみがえらせたものなのかは判断がつかないが，ハイチの風習について，このような逸話が語られたことは事実であろう。

この『魔法の島』が，「生ける屍＝ゾンビ」ブームを巻き起こし，雑誌や新聞では特集が組まれ，オーソン・ウェルズは『マクベス』の舞台をハイチに変えて上演したという（伊東 2003）。1930 年代には 1920 年代後半から導入された音声入りの映画「トーキー映画」が作られるようになる。その中で，怪奇小説を原作とした映画が続々と作られた。1931年には，ユニバーサルからは『魔人ドラキュラ』や『フランケンシュタイン』が，パラマウントからは『ジキル博士とハイド氏』が発表された。プロデューサーのハルペリン兄弟は，この『魔人ドラキュラ』でドラキュラ伯爵を演じた人気俳優ベラ・ルゴシを出演させて，ゾンビが登場する映画『ホワイト・ゾンビ（恐怖城）』を製作した。本作は，当時の他作品に比べるとかなり低予算で作られた。『魔人ドラキュラ』の製作費は 34 万 1191 ドル，『フランケンシュタイン』では 29 万 1129 ドルだったのが，『ホワイト・ゾンビ』はたったの 7 万 5000 ドルだったという（イングアンソ 2015）。ハルペリン兄弟は，ユニバーサル社のセットで，これまでに別の作品（『ノートルダムの傴僂男』『フランケンシュタイン』

『魔人ドラキュラ』）で使用されたものを使いまわして，撮影期間 11 日の短期間で完成させた。『ホワイト・ゾンビ（恐怖城）』は大ヒットし，興行収入は 170 万ドルで，『魔人ドラキュラ』（120 万ドル）と『フランケンシュタイン』（140 万ドル）を上回った（イングアンソ 2015）。今でも，ゾンビ映画は低予算で製作されるものが多いが，記念すべきゾンビ映画第一作目から低予算であったことが分かる。

　ともあれ，この『ホワイト・ゾンビ（恐怖城）』が，映画にゾンビが登場した嚆矢と言われている[6]。もちろん，それまでにも死者がよみがえるような描写や，そうした存在が事件を起こす様子が，スクリーンに映し出されることはあった。特に 1920 年にドイツで制作されたサイレント（無声）映画『カリガリ博士』（監督：ローベルト・ヴィーネ）では，カリガリ博士と彼が操る夢遊病者チェザーレによって殺人事件が起こされる様子が描かれており，ふらふらと犠牲者に迫るチェザーレの動きは，今から振り返って見ると，まるでゾンビのようだ。当然，『カリガリ博士』は，ゾンビ映画のみならず，その後のホラー映画全体に多大な影響をおよぼしているため（ブロウアー 1983），本作をゾンビ映画の始祖と位置付けることも可能だ。「夢遊病者」「眠り男」と説明されているチェザーレは，そのビジュアルや動きにおいて，ゾンビの原型と言うこともできる。

　実は，『ホワイト・ゾンビ』に登場するゾンビは，現在様々なコンテンツに登場するゾンビとは，その性質が異なっている。タイトルの一部に「ゾンビ」と銘打たれているにも関わらず，ゾンビは，ベラ・ルゴシ演じる魔術師の家来として使役される存在で，ヴードゥー教のそれに近い性質として描かれている。ゾンビ自体がメインに描かれているというよりも，謎の呪術を用いてゾンビを作り出す呪術師のほうが目立ってい

---

6．伊東美和によると，1932 年にインド映画『THE ZOMBIE〈CHALTA PURZA〉』
　　が製作されているという（伊東 2003）。

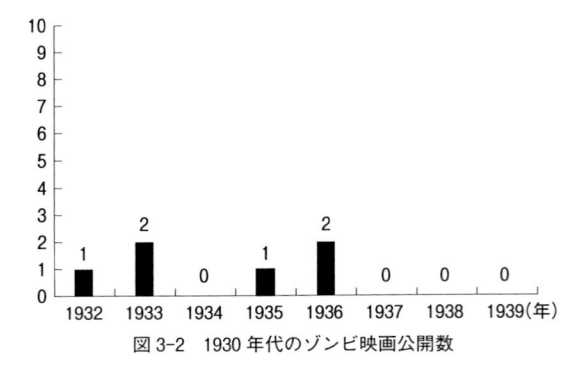

図 3-2　1930 年代のゾンビ映画公開数

る。このゾンビは，使役されることによって動いているため，他律的な
ゾンビなのだ。そういう意味では，『カリガリ博士』で博士に操られて
ふらふらと人間を襲うチェザーレの存在とよく似ている。

　1930 年代のゾンビ映画は，主にハイチのゾンビの特徴を色濃く持っ
ており，『ホワイト・ゾンビ』で描かれたゾンビ同様に，誰かに使役さ
れる存在として描かれることが多かった。また，ゾンビ化の原因も呪術
や薬品が主であった。『月光石』（1933）では，エジプト文明の呪い，
『The Living Dead』（1933）では薬物，『Ouanga』（1935）では『ホワイ
ト・ゾンビ』同様ヴードゥー教が，人間をゾンビ化させる裏づけとして
用いられた。このころ映画で描かれたゾンビは，超自然的な呪いや呪術，
独自研究で作り出した薬品などを用いて，悪意のある存在によって作り
上げられるものだったと言えよう。そして，ゾンビは労働や悪事のため
に使われた。『Revolt of the Zombies』（1936）では，呪術によって作り
出されたゾンビの利用目的は，なんと軍事利用であった。このように，
他者に使役され，働かされる存在だったのである。こうした他律的ゾン
ビを「ヴードゥーゾンビ」と名づけておこう。

　ヴードゥーゾンビが登場するゾンビ映画に特徴的なのは，「呪術師」
や「博士」といったゾンビを生み出す知識や能力を持つ存在が描かれて
いることである。すなわち，ゾンビ自体はゾンビ化を拡散させる力を持

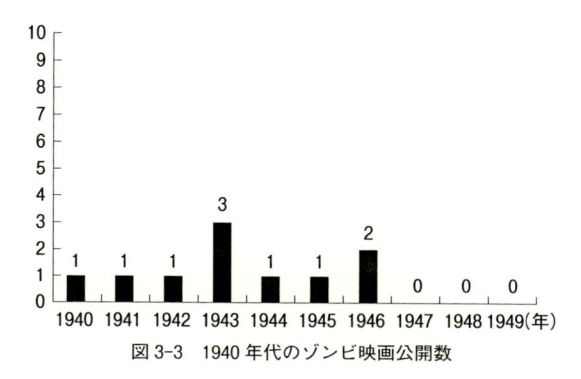

図 3-3　1940 年代のゾンビ映画公開数

っておらず，特定の人間によって作り出されているのだ。そうすると，ゾンビは勝手に増殖していくような性質ではなく，ゾンビ・ハザードは，人間が作り出す範囲内に限定されることとなる。

　1930 年代に登場したゾンビ映画は，1940 年代に入ると，年に 1，2 本のペースで制作されるようになった。代表作としては，『死霊が漂う孤島』（1941），『私はゾンビと歩いた！』（1943）などが挙げられる。

　『私はゾンビと歩いた！』（1943）は，ヴードゥーゾンビを扱った作品だが，描き方に工夫が凝らされている。本作は，カナダ人の女性看護師が西インド諸島の島に住む大農園の主の家庭に派遣されるところから始まる。農園主の妻は，自分の意思で歩いたり話したりできない症状であった。精神性の麻痺症状と診断されていたが，実は夫人はすでにヴードゥーの呪術でゾンビとなっていたのだ。本作は，ゾンビやそれを生み出す存在の恐怖を描くというより，夢遊病者のようになってしまった夫人をめぐるミステリ的な要素が強い。農園主の妻の病はなぜ治らないのか，農園主一家の関係がどことなくぎこちないのはなぜか，一体誰がゾンビ化を主導しているのか，と言った謎を描いている。12 万 4000 ドルの予算をかけ，3 週間半で撮影されたという本作は，1 年で 400 万ドルの興行収入を得たという（イングアンソ 2015）。伊東は，本作をゾンビ映画史における「最初の頂点」であるとし，「悲劇的ロマンスを絡めた文芸

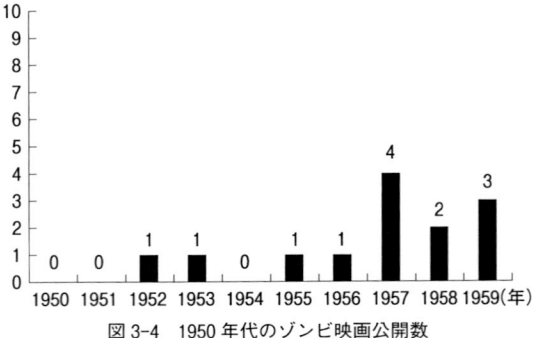

図 3-4　1950 年代のゾンビ映画公開数

ゾンビ映画」と表現している（伊東 2003：11）[7]。確かに，『私はゾンビ
と歩いた！』は，ブードゥーゾンビのブームの最初の頂点であったかも
しれない。というのも，その数年後の 1947 年から 1951 年までは，ゾン
ビ映画公開数が 0 本の年が続き，その後も 1957 年の 4 本という数字が
出るまで，1 本か 0 本の年が続くからだ。

　1950 年代のゾンビ映画の本数は，毎年 0 ～ 4 本で，10 年間を通して
13 本と，1940 年代の状況とほぼ変わらず，横ばいである。

　1950 年代には，モンスターや宇宙を描く SF 映画が目立ち始める。
モンスター映画の代表作としては，『原子怪獣現る』（1953），『放射能
X』（1954），『ゴジラ』（1954），『水爆と深海の怪物』（1955）などをあ
げることができる。日本で登場した怪獣「ゴジラ」は，その後国内でシ
リーズ化される人気作品となり，アメリカでリメイク作品も作られた。
1998 年にはローランド・エメリッヒ監督の『GODZILLA』（配給：トラ
イスター・ピクチャーズ），2014 年にはギャレス・エドワーズ監督の

---

7．伊東（2003）では，本作のタイトルが『ヴードゥリアン（生と死の間）』と紹介
　　されている。また，本作はリメイクされており，『デス・ヴィレッジ』（2001）
　　として日本でもリリースされている。パッケージはゾンビパニック物を思わせ
　　るものになっているが，内容は煽り文句の「この村には，ゾンビの儀式が存在
　　する…」の通りだ。

『GODZILLA』（配給：レジェンダリー・ピクチャーズ）が公開されている。

　『ゴジラ』にも影響を与えたと言われる『原子怪獣現る』の特撮部分はレイ・ハリーハウゼンが担当した。レイ・ハリーハウゼンは，事前に撮影しておいた俳優の演技などの映像の前で，人形を少しずつ動かしながら 1 コマずつ撮影していく手法である「ダイナメーション」を用いて，様々な空想上の生物をスクリーンで生き生きと動かして見せた。『水爆と深海の怪物』（1955）では巨大タコを，『世紀の謎 空飛ぶ円盤地球を襲撃す』（1956）では UFO を，そして，『シンバッド七回目の航海』（1958）では，一つ目巨人サイクロプス，ドラゴン，骸骨剣士などをスクリーンに登場させており，後世の多くのクリエイターに影響を与えている。ちなみに，怪獣物の歴史も古く，レイ・ハリーハウゼン自身は 1933 年に公開された『キングコング』に大きな影響を受けているという[8]。

　そのような中，『水爆と深海の怪物』の抱き合わせ作品として，ゾンビ映画である『Creature with the Atom Brain』（1955）が制作される。監督は，エドワード・L・カーン（くわしくは後述）だ。本作では，ギャングが科学者に依頼し，「放射能」を使って死者を蘇生させ，ゾンビの脳に音声と映像を送信するための電極を埋め込んで操作する。『原子怪獣現る』や『ゴジラ』などの，原子力や放射能が自然に働きかけて，その性質を変異させる効果を持つものとして描かれた作品が作られていた時代ならではだ。ゾンビをけしかける相手は，自分を追放に追い込んだ裏切者や検事である。ゾンビ化の根拠はヴードゥー教から放射能へ，そして，舞台は秘境から都会へと移っている。

---

8．レイ・ハリーハウゼンについては，書籍『レイ・ハリーハウゼン大全』（ハリーハウゼン＆ダルトン 2009）および，映像作品『レイ・ハリーハウゼン 特殊効果の巨人』（2014）に詳しい。

　SF 映画隆盛の影響を受けて，ゾンビ化の原因として，科学的なモチーフが用いられるようになり，それとともにゾンビ・ハザードが起こる場所も，孤島や秘境的な場所のみならず，現代的な都市部も含まれ始めた。ゾンビは，遠い異文化の社会から，視聴者の普段の生活場所に紛れ込み始めたのである。

　一方の，宇宙を描いた作品の状況も見てみよう。1950 年には，アメリカで『月世界征服』が公開されている。原作はロバート・A・ハインラインの『宇宙船ガリレオ号』だ。本作は 1951 年にアカデミー視覚効果賞を受賞している。他の宇宙関連の SF 作品としてはロバート・ワイズ監督の『地球の静止する日』(1951)[9]，バイロン・ハスキン監督の『宇宙戦争』(1953)[10]などがあり，それぞれ地球外から来た宇宙人が描かれた。

　宇宙人とゾンビを関連づけた作品としては，エド・ウッド監督による『プラン 9・フロム・アウタースペース』(1959)[11]がある。本作では，地球を訪れた宇宙人が，墓地に埋葬された人間の死体をゾンビとして操る。これが第 9 計画（プラン 9）というわけである。「史上最低映画」とも呼ばれる本作だが，ゾンビを操る存在が UFO に乗った「宇宙人」に変化した点は，押さえておくべき点だ。また，本作には『ホワイト・ゾンビ』で呪術師を演じたベラ・ルゴシが出演している。同時期に，エドワード・L・カーンも，宇宙人によって操られるゾンビを描いた

---

9．　本作は，2008 年にスコット・デリクソン監督，キアヌ・リーブス主演で『地球が静止する日』としてリメイクされている。

10．　本作は，2005 年にスティーヴン・スピルバーグ監督，トム・クルーズ主演でリメイクされている。

11．　本作は，史上最低映画と呼ばれる。ちなみに，『映画秘宝』の Vol. 1 は『エド・ウッドとサイテー映画の世界』である。エド・ウッドをテーマにした映画『エド・ウッド』が 1995 年に公開されている。監督はティム・バートンであり，『パイレーツ・オブ・カリビアン』シリーズのジャック・スパロウ役で有名なジョニー・デップがエド・ウッドを演じている。

『Invisible Invaders』（1959）を監督している。

　エドワード・L・カーンは，現在のゾンビ像につながる特徴を備えたゾンビを描いた。『Zombies of Mora Tau』（1957）がそうだ。本作は同監督による『Creature with the Atom Brain』とは逆に，ヴードゥー教的な呪術によるゾンビが，エキゾチックな場所に登場するもので，設定としては先祖返りしていると言える。しかし，『Zombies of Mora Tau』はゾンビ映画に新しい要素を付け加えた。イングアンソ（2015）では，具体的に下記の四点が挙げられている。一点目は，命令を下す主人が不在であることだ。二点目は，ゾンビ自体が生きた人間をゾンビに変える力をそなえていること。つまり，ゾンビの特徴が人に伝播していく。ただし，この段階では，超常的な力にその根拠を求めていた。三点目は，火に弱いことである。四点目は，ゾンビ自体の特徴ではないが，船室に立てこもってバリケードを築いて対応する展開についてだ。こうしてみると，エドワード・L・カーンは，ジョージ・A・ロメロ監督の『ナイト・オブ・ザ・リビングデッド』登場以前に，これまでにない様々な設定を持つゾンビが登場する映画を生み出しており，ゾンビ映画史において，重要な監督であると言えよう。

　ちなみに，ゾンビではないが，吸血鬼ものの代表作『吸血鬼ドラキュラ』（1958）も 1950 年代に公開されている。イギリスのハマー・フィルム・プロダクション製作の本作では，クリストファー・リー演じるドラキュラ伯爵と，ピーター・カッシング演じるヴァンパイアハンターのヴァン・ヘルシングの対決が描かれた。


### 3-3　ドーン・オブ・ザ・ゾンビ・コンテンツ：1960 年代〜

　1960 年代は，10 年間で 24 本と，これまでと比較して多くなっている。また，0 である年が 1965 年の 1 年のみとなり，1964 年には，これまでで最大の本数である 6 本を記録する。

　1960 年代の作品の中で，その後のゾンビ映画に大きな影響を与えた

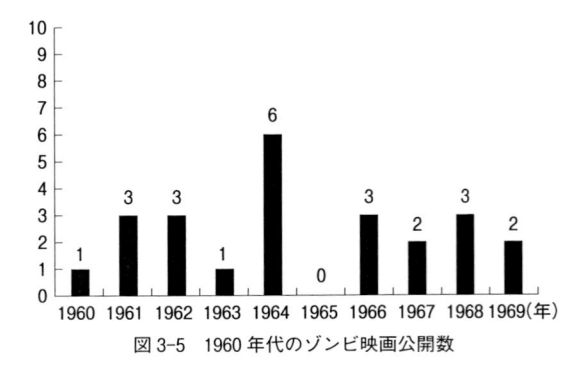

図 3-5　1960 年代のゾンビ映画公開数

ものとして『地球最後の男』（1964）を挙げることができる。監督はシドニー・サルコウおよびウバルド・ラゴーナ，主演はヴィンセント・プライスのモノクロ映画だ。本作では，ウィルスによって死んだ後に吸血鬼としてよみがえった人間と対決する主人公ロバート・モーガンが描かれる。本作の吸血鬼はドラキュラ伯爵のような風体ではなく，格好は生前に暮らしていた時のままであり，モーガンの住む家にゆらゆらと群がってくる。ウィルスが原因であるため，操っている呪術師や主人がいるわけではなく，人に噛みつこうと襲い掛かってくる。言葉を話すことはできるが，火やニンニク，太陽の光を嫌う。モーガンは，夜は一軒屋にこもり，毎晩集まって来る吸血鬼から身を守って暮らし，日が昇ると木槌と杭で吸血鬼を退治して回る。ある日，生存者と思われる女性と出会うが，実は，その女性はすでに吸血鬼であった。話を聞くと，もはやこの世は感染者のほうが多数派になっており，日々，ウィルス感染者を殺して回っているモーガンこそが怪物と恐れられているという。感染者の軍隊によって追い詰められ，モーガンは退治されてしまう。本作の吸血鬼の性質や様子，一軒屋での攻防のシーンなどを見ると，ジョージ・A・ロメロが『ナイト・オブ・ザ・リビングデッド』を制作する際に影響を受けたというのがよくわかる。吸血鬼とゾンビは異なる存在だが，ゾンビの代表作が吸血鬼に大きく影響を受けているというのは面白い。

　一方，少し異なる形で吸血鬼とゾンビが関連している映画もある。ジョン・ギリング監督の『吸血ゾンビ』（1966）がそうだ。本作はヴードゥーゾンビもののカラー作品である。鉱山経営者がゾンビを鉱山で働かせている。どのように吸血鬼と関連しているのかというと，話の展開や作品の雰囲気が『吸血鬼ドラキュラ』（1958）に似ているのだ。『吸血ゾンビ』の原題は『The Plague of the Zombies』であり，plague は疫病や伝染病，異常大発生などを意味する単語だ。『吸血ゾンビ』という邦題は，おそらく本作の『吸血鬼ドラキュラ』との類似からきている。実は，『吸血ゾンビ』は，『吸血鬼ドラキュラ』と同様，ハマー・フィルム・プロダクション製作の映画なのだ。ただし，似ていると言っても，やはりドラキュラとゾンビとでは描かれ方が異なっている。『吸血鬼ドラキュラ』では，クリストファー・リー演じるドラキュラ伯爵は身綺麗な恰好をし，紳士然とふるまう。一方の『吸血ゾンビ』に登場するゾンビは，ヴードゥーゾンビであり，鉱山経営者に操られる奴隷のような存在だ。本作では，ゾンビの代表的なイメージとして良く語られる墓場の土の中からゾンビがはい出てくるシーンも描かれた。

　その後，ジョージ・A・ロメロ監督の映画『ナイト・オブ・ザ・リビングデッド』（1968）によって，自立的に動いて生者に襲い掛かる生ける屍，「ゾンビ」が登場する。ただし，『ナイト・オブ・ザ・リビングデッド』では，ゾンビとは呼称しておらず，グール（食人鬼）と呼ばれていた。当初は，ロメロ自身も，ゾンビとは別のモンスターだと考えていたようで，『ナイト・オブ・ザ・リビングデッド』に決まる前のタイトルは『ナイト・オブ・ザ・フレッシュ・イーターズ』だったという。

　11万4000ドルの製作費をかけた本作は，次のようなストーリーだ。物語は，ジョニーとバーバラ兄妹が墓参りをするシーンで幕を開ける。そこで，ビル・ハインツマン演じる食人鬼に襲われる兄妹。ジョニーはバーバラを守って格闘するが，墓石に頭をぶつけて気絶してしまう。バーバラは，近くの一軒屋に逃げ込む。その後，同様に避難してきたベン

（黒人青年），そして，元々その家に避難して来ており地下室に隠れていた一家（ハリーとヘレン夫妻と娘のカレン）とカップル（トムとジュディ）と共に生き残るための行動を起こそうとする。公開当初，アメリカでは公民権の適用と人種差別の解消を求める公民権運動が起こっており，本作の主人公が黒人であったことから，人種的なメッセージを読み取る観客や評論家もいたが，ロメロは意図的にメッセージを込めたつもりはなかったことを述べている（イングアンソ 2015）。

　本作によって，現代的ゾンビの原型が提示されたと言える。ここで登場するグールは，ふらふらと歩き，生者に襲い掛かる存在である。『ナイト・オブ・ザ・リビングデッド』に登場するグールは道具を使って人を襲ったり，虫を食べたりしており，その後に固まってくるゾンビの性質とは異なる点もあるが，基本的なゾンビの性質をそなえていた。死者でありながら，ふらふらと動き回る。その動機は，生きている人間に襲い掛かることである。外見は人間ではあるが，発話はできず，コミュニケーションをとることができない。ゾンビに襲われ死んでしまったものもまたゾンビとなり，他者に襲い掛かる。菊池秀行は著書『菊池秀行の魔界シネマ館』の中で，『ナイト・オブ・ザ・リビングデッド』以前のヴードゥーゾンビを「むかしのゾンビ」，以降の現代的ゾンビを「ぼくらのゾンビ」と呼んで区別している（菊池 1994）。地引雄一も『ナイト・オブ・ザ・リビングデッド』によってモダン・ゾンビが確立されたと評価している（地引 2003）。

　すでに見てきた通り，ゾンビの存在や，その特徴すべてがジョージ・A・ロメロの独創というわけではない。様々な作品に，その萌芽や類似点は見て取れた。とはいえ，それらを一つの作品内で実現し，その後の作品に大きな影響を与えたという意味では，やはり，『ナイト・オブ・ザ・リビングデッド』はゾンビ映画史において重要な作品であると言えよう。ゾンビ・コンテンツに限らず，様々なコンテンツや文化，技術，行動の中で，全くのゼロから突然出てくるものはまれである。どんなに

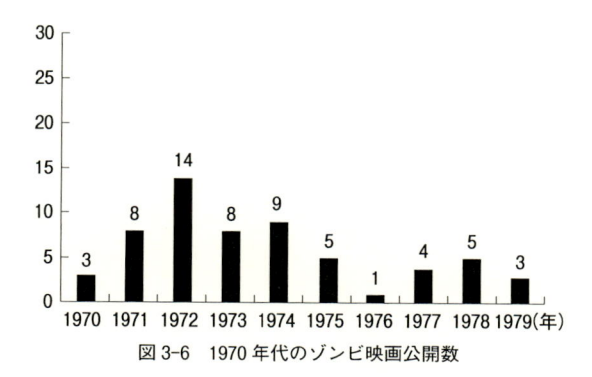

図3-6　1970年代のゾンビ映画公開数

　奇抜に見えるものでも，それまでに積み上げられてきた要素の組み合わせや，それらに変化を加えることで新たなものが作られることが多い。それらの結節点となる作品や製品，取り組みが後世まで語り継がれていくのだ[12]。

　続く，1970年代には10年間で60本と，1960年代に続いて増加している。特に，1972年は，ゾンビ映画公開数が年間で2桁に上っている。また，0本という年はなくなった。

　1970年代には，『ナイト・オブ・ザ・リビングデッド』の影響を受けたと思われる様々なゾンビ映画が放映されていった。たとえば，アマンド・デ・オッソリオ監督の『エル・ゾンビ／落武者のえじき』（1971）やベンジャミン・クラーク（ボブ・クラーク）監督の『死体と遊ぶな子供たち』（1972），ホルヘ・グロウ監督の『悪魔の墓場』（1974）などだ。『悪魔の墓場』では，ゾンビ出現の原因は放射線を用いた害虫駆除装置

---

12.　たとえば，1895年に公開された映画最初期のシステム「シネマトグラフ」の発明者としてリュミエール兄弟の名が挙げられるが，写真を連続的に見せることで動きを見せようとした技術を発明した人々はそれ以前にもいた。エジソンは，1894年に「キネトスコープ」という，箱をのぞき込む形で見る映画提示装置を発明している。どんなメディアもコンテンツも，連綿と連なる人々の創意工夫の中にあることがわかる。

図3-7 『ゾンビ』より（左：マチェーテで頭を割られるゾンビ，右：エレベーターが
開いたらそこには大量のゾンビが！）

となっており，やはり科学的な用語を根拠として用いている。デヴィッ
ド・クローネンバーグ監督[13]の『シーバース』（1975）では，寄生虫が原
因で，人間が理性を失い，性欲と凶暴性に支配された存在になるという
設定であった。

　1978年には，『ゾンビ』[14]が公開される。本作は，ゾンビ映画史におけ
る最重要作品の一つだ。『ナイト・オブ・ザ・リビングデッド』の監督
であるジョージ・A・ロメロによる作品で，ゾンビ・ハザードが全面化
した世界において，郊外のショッピングセンターを舞台に，生き残った
人々の，ゾンビや他の人間との闘いを描いてみせた[15]。内容からは消費
社会への批判を読み取ることができる。また，トム・サヴィーニの特殊
メイクも注目された。

　本作は，65万ドルの費用をかけて製作され，全世界で興行収入5500
万ドルを記録した。製作費用や脚本執筆環境の整備などは，イタリアの

13.　監督作品は『スキャナーズ』（1980）『ビデオドローム』（1983）『ザ・フライ』
　　　（1986）『クラッシュ』（1996）『イグジステンズ』（1999）など。『ビデオドロー
　　　ム』『イグジステンズ』では，虚構空間と現実空間の行き来を描いている。

14.　原題は『Dawn of the Dead』。

15.　『ゾンビ』およびジョージ・A・ロメロ作品については，『ゾンビ・サーガ―ジョー
　　　ジ・A・ロメロの黙示録』（野原 2010）や『ゾンビ・マニアックス』（ロマンア
　　　ルバム 2014）に詳しい。

映画監督ダリオ・アルジェント（監督作として『サスペリア』『フェノミナ』『ダリオ・アルジェントのドラキュラ』など）から援助があったという。『ゾンビ』には，様々なバージョンが存在する。米国劇場公開版，ディレクターズ・カット版，ダリオ・アルジェント監修版などだ[16]。

　本作が，ゾンビ映画全体に与えた影響は大きく，「以後のゾンビ映画は，いかに本作を模倣するか，いかに本作の影響から逃れるか，どちらか選択せざるを得なくなった」（伊東 2003）。あるいは「ロメロは『ゾンビ』で自身の終末的なビジョン──人を食らうゾンビによって人類が滅亡する──を（ゾンビ映画という）ジャンルそのものと決定的に結びつけてしまったので，これ以降，かつての〈ゾンビ映画〉へと後退する道は永久に閉ざされた」（イングアンソ 2015）と表現されている。いずれも，『ゾンビ』という作品が，ジャンル全体に影響を与えるほどのインパクトを持っていたことを表現している。力を持ったコンテンツはジャンルそのものの境界を揺るがし得るのだ。

　『ゾンビ』以降，本作の影響を受けたと思われるゾンビ映画が多数登場する。1970 年代で代表的なのは，ルチオ・フルチ監督の『サンゲリア』（1979）だ。ルチオ・フルチ監督はその後，『地獄の門』（1980），『ビヨンド』（1980），『墓地裏の家』（1981），『サンゲリア 2』（1988）などのゾンビ映画を作っていく。『サンゲリア』の原題は『Zombi2』であるため，おそらく『ゾンビ』の影響を受けていると思われるが，本作の舞台は，主にカリブ海の島であり，どちらかと言うとヴードゥーゾンビ映画的な雰囲気を持っている[17]。なお，ゾンビの様相が『ゾンビ』に比べて腐乱度が高いことや[18]，海中でサメと戦うゾンビが登場することなどもあって，単なる模倣作では終わっていない[19]。

---

16.　日本のテレビで公開されたバージョンもある。
17.　ただし，ゾンビ化の原因は呪術ではなく，謎の奇病。
18.　『ゾンビ』に登場するゾンビは，主に顔が青く塗られたものであり，長く放置された死体のような腐乱した様子の特殊メイクはなされていない。

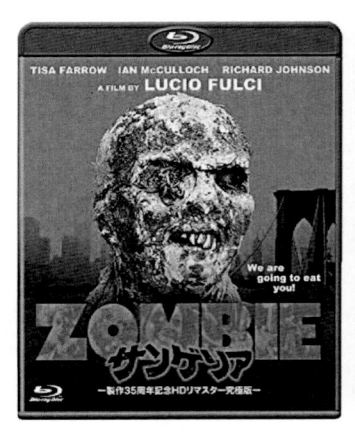
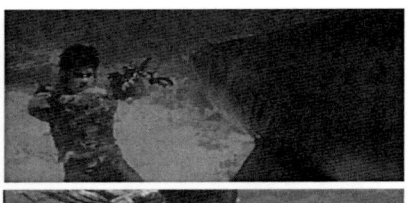

図 3-8 『サンゲリア』(左：パッケージ, 右：サメと戦うゾンビ)

### 3-4 デイ・オブ・ザ・ゾンビ・コンテンツ：1980 年代〜

1980 年代は『ゾンビ』の影響を受けたゾンビ映画が大量に作られることになった。1987 年から 1989 年は毎年 20 本近いゾンビ映画が公開され, 史上最高の本数となっている。1983 年, 1984 年はそれぞれ 4 本, 6 本で 1 桁だが, その他の年は 2 桁になっている。

J・A・レイザー（ジャン・ローラン）監督の『ナチス・ゾンビ／吸血機甲師団』(1980) や『リビング・デッド・ガール』(1982), ウンベルト・レンツィ監督の『ナイトメア・シティ』(1980), フランク・マーチン（マリーノ・ジローラミ）監督の『人間解剖島／ドクター・ブッチャー』(1980), ヴィンセント・ドーン監督の『ヘル・オブ・ザ・リビング・デッド』(1981) などを挙げることができる。イタリアの監督アンドレ・ビアンキによる『ゾンビ 3』(1980) や, クライド・アンダーソ

---

19. ちなみに, 『ウォーム・ボディーズ』(2013) で, ジュリーがゾンビ R の顔の横に置いた Blu-ray のパッケージは, 腐って眼窩から虫がわいているゾンビが表紙の『サンゲリア』であった。

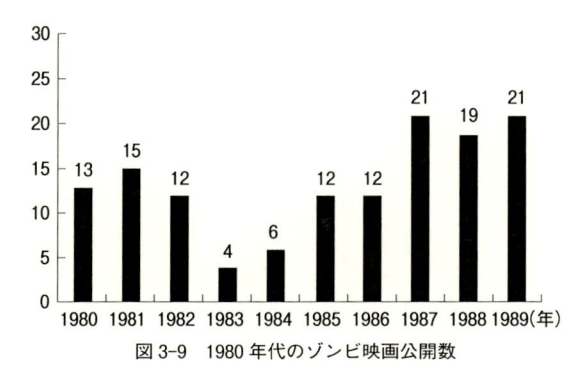

図 3-9　1980 年代のゾンビ映画公開数

ン（クラウディオ・フラガッソ）監督による『ゾンビ 4 』[20]（1988）は
『ゾンビ』『サンゲリア（ZOMBI2）』のどちらの正式な続編でもない。
1988 年には，ルチオ・フルチによって『サンゲリア 2 』が作られ，混
迷を極める。この時代，『ゾンビ』に端を発したゾンビブームに乗って，
数多くのゾンビ映画がイタリアやスペインなどを中心に作られた。ダリ
オ・アルジェントやルチオ・フルチなどは，「ジャッロ映画」と呼ばれ
る 1960 年代以降にイタリアを中心に数多く製作されたホラー，サスペ
ンス映画群の担い手であった（安井 2013）。こうした映画群を下敷きに，
ゾンビという存在を取り入れ，多くのゾンビ映画が作られていったので
ある。

　一方のアメリカでは，『悪魔の毒々ゾンビーズ』（1981）や『ゾンゲリ
ア』（1981），『死霊のはらわた』（1981），『レイダース／失われたゾン
ビ』（1986），『ゾンビーズ／生ける屍の群れ』（1986），『ゾンビ・コッ
プ』（1988），『死霊伝説ヘルデモンズ』（1989）といったゾンビ映画が登
場していた。『死霊のはらわた』は，森の中の山小屋で，死者の書から
悪霊を呼び出してしまったことで起こる騒動を描いている。悪霊が取り
ついた人間であり，このころに中心的に描かれていたゾンビ像とは異な

---

20.　『人喰地獄／ゾンビ復活』という邦題もある。

るが，その後のゾンビ映画にも大きな影響を与えている。本作は，制作費9万ドルだったという（イングアンソ 2015）。続編である『死霊のはらわた2』(1987)，『キャプテン・スーパーマーケット／死霊のはらわた3』(1993) も制作された[21]。1980年代のアメリカのゾンビ映画は，数は増えたが，そのほとんどが，ハリウッドの大手スタジオによるものではなく，インディペンデント系の制作会社による，いわゆる，B級映画であることに変わりはなかった。

　1983年，映画ではないが，ミュージック・ビデオという形で，ゾンビが一躍脚光を浴びることになる。マイケル・ジャクソンの楽曲『Thriller』のプロモーションビデオにゾンビが登場し，ダンスをする様子が描かれたのだ。楽曲自体が発売されたのは1982年で，同名のアルバムの中の一曲であった。当初，このアルバムからシングル・カットされるとともに，ミュージック・ビデオが作られていたのは，『Billie Jean』と『Beat It』であった。アルバム『Thriller』の人気は1983年夏には陰りが見え始め，それに伴って，3曲目のミュージック・ビデオを出すことになったという（イングアンソ 2015）。監督は『狼男アメリカン』(1981) のジョン・ランディスであり，ナレーションには，ヴィンセント・プライスがあたった。ヴィンセント・プライスは，『地球最後の男』でロバート・モーガンを演じた俳優である。特殊メイクは，『狼男アメリカン』のリック・ベイカーが担当した。その予算は50万ドルで，ミュージック・ビデオの予算にしても[22]，ゾンビ映画の予算にし

---

21．2013年には，『死霊のはらわた』のリメイクが公開された。監督はフェデ・アルバレスだが，オリジナルの監督サム・ライミも脚本や製作で参加している。また，2016年には，ドラマ『死霊のはらわた　リターンズ』が放映された。日本語吹き替え版がインターネット動画配信サービスの hulu で2016年6月より配信が開始された。

22．『Billie Jean』でも25万ドルであり，それでもレコード会社にとっては「高くつきすぎた」と思われていたようだ（イングアンソ 2015）。

ても高額すぎる。とはいえ，本作はヒットし，ヒットチャートのトップから落ちていたアルバム『Thriller』を再びトップに押し上げることになった。ミュージック・ビデオ『Thriller』自体，グラミー賞をはじめとする様々な賞を受賞し，アメリカ議会図書館のアメリカ国立フィルム登録簿に登録され，永久保存されている[23]。

　1985 年には，ジョージ・A・ロメロのゾンビ映画『死霊のえじき』が公開される[24]。前作『ゾンビ』より，さらに先の時代と思われる話で，生き残った人間は地下に基地を作って暮らし，地上に出ては物資や生き残った人々の捜索を行っている。地下には主に軍人と科学者がおり，科学者は，ゾンビ・ハザードの原因究明や，ゾンビ自体の生態についての研究を行っていた。本作には「バブ」と呼ばれるゾンビが登場する。ローガン博士が一体のゾンビに報酬（人肉）を与えることで，飼いならそうとしていたのだ。バブは，むやみに人間を食おうとせず，ひげそりを手にひげをそるそぶりを見せたり，受話器をとって電話をかけようとしたり，ヘッドホンで音楽を聴くと反応したり，軍人を見て敬礼をしたりした。博士が促すと「ハロー，アリシア」と聞こえなくもない程度の言葉も発した。最終的には，ローガン博士を殺した軍人を銃で狙って撃ち，敬礼してみせた。

　この時代のゾンビ映画の中では，『バタリアン』（1985）も忘れてはいけない。『バタリアン』は邦題であり，原題は『The Return of the Living Dead』である。『ナイト・オブ・ザ・リビングデッド』の続編を

---

23.　1988 年に制定された国立フィルム保存法に基づいて，永久保存するためのフィルムを登録している。発表より 10 年以上たち，公民の文化・芸術の向上に寄与したフィルムを映画に限らず毎年 25 本ずつ選定している（以下のサイトより）。
　　　http://www.allcinema.net/prog/award_top.php?num_a=43
　　　https://www.loc.gov/programs/national-film-preservation-board/about-this
　　　-program
24.　原題は『Day of the Dead』である。

名乗っているのだ。冒頭は,『ナイト・オブ・ザ・リビングデッド』が劇中のテレビに映っているシーンであり,実はこの作品は実話を元にしている,という話から物語がスタートする。内容は『ナイト・オブ・ザ・リビングデッド』とは異なり,コメディに近いタッチだ。本作に登場するゾンビは人の脳を求め「ブレイン！」と叫びながら襲ってくる。ノロノロとしたゾンビではなく機敏に動き,頭につるはしが刺さっても動き続け,登場人物たちを「映画とは違う」と慌てさせる。頭も良く,ゾンビの中には無線を使って助けを呼び,さらに人間を集めようとするものもいた。興業収入は,『バタリアン』が『死霊のえじき』の3倍であった。いずれも『ナイト・オブ・ザ・リビングデッド』からの流れを引き継いでいるものの,この時代には,シリアスで同じ監督によるゾンビ映画『死霊のえじき』よりも,パロディのギャグ映画『バタリアン』が観客に受けたと言えるだろう。

1987年から1989年には毎年20本近くのゾンビ映画が公開されており,一つのゾンビブームの頂点を作っている。たとえば,『ゾンビ伝説』(1987) の原題は『THE SERPENT AND THE RAINBOW』。直訳すると『蛇と虹』である。ウェイド・ディヴィスがハイチのゾンビについて書いた書籍のタイトルで、本書が映画化されたものだ。

また,『バタリアン2』(1987),『サンゲリア2』(1988),そして1985年の『ZOMBIO／死霊のしたたり』の続編である『死霊のしたたり2』(1989) といった,人気作の続編も多く放映されている[25]。さらに,『マニアックコップ』(1988),『ペット・セメタリー』(1989) が公開され,これらも続編として『マニアックコップ2』(1990),『マニアックコップ3／復讐の炎』(1993),そして,『ペット・セメタリー2』

---

25. 『バタリアン』は,その後『バタリアン・リターンズ』(1993)『バタリアン4』(2005)『バタリアン5』(2005) が制作され,『死霊のしたたり』は,その後『死霊のしたたり3』(2003) が制作された。

(1992) が作られた。

　1980 年代は，『ゾンビ』に影響を受けたゾンビ映画が大量に作られると同時に，1983 年にマイケル・ジャクソンの楽曲『Thriller』のミュージック・ビデオにゾンビが登場して人気を博したことで，ゾンビブームが起こり，終盤には，毎年 20 本近くずつ作られるに至った。シリアスなものやコメディテイストなもの，ゾンビの設定も意識を取り戻し始めるものが登場したり，それまでのゾンビのルールを大胆に破ったものが登場したりと多様性を増していった。

### 3-5　レスト・オブ・ザ・ゾンビ・コンテンツ：1990 年代〜

　1980 年代に 135 本（欧文献では 77 本）に急増したゾンビ映画公開数は，1990 年代には 77 本（欧文献では 35 本）に落ち込む。ゾンビ映画ブームが一段落した形だ。1980 年代の後半から末にかけては，本数としては多かったが，シリーズものが増えていたことから，すでにブームの終焉期に差し掛かっていたと言えるかもしれない。1990 年代に放映数が減少していることはわかったが，実際にはどのような作品が作られ、公開されていたのだろうか。

　まず注目すべきは，『ナイト・オブ・ザ・リビングデッド』のリメイク作，『ナイト・オブ・ザ・リビングデッド／死霊創世記』(1990) である。本作では，『ゾンビ』『死霊のえじき』で特殊メイクを担当していたトム・サヴィーニが監督を務めた。リメイク版では，ハリウッド・メジャーであるコロンビア映画が出資した 420 万ドルと言われる製作費もあって，ゾンビの特殊メイク技術の向上が顕著である。また，内容面では，登場人物のバーバラのキャラクターが大きく変わっている。以前の『ナイト・オブ・ザ・リビングデッド』では，バーバラは逃げ，怯え，叫ぶ描写が多く，「強さ」を感じられるキャラクターではなかったが，今作では，強さを獲得するキャラクターとして描かれている。カラー作品になり，ストーリーも変化していたが，本作が作られた理由の一つに，著

88

作権の問題があったと言う。イングアンソ（2015）では，その経緯を下記のようにつづっている。

　「リメイク版をつくった理由は長くて込み入ったものだが，創作欲に基づくものというよりは，法的な理由でつくったものなんだ」とロメロは言う。「オリジナル版をつくったとき，ぼくらはフィルムを車のトランクに放り込んでニューヨークに行き，誰かこの映画を配給してくれないか探した。配給会社は見つかり，映画は『ナイト・オブ・ザ・リビングデッド』という題名で世に出た。だけど誰一人として金銭的に報われることはなかった。スタッフの誰もがだ」。『ナイト・オブ・ザ・リビングデッド』は今ではパブリック・ドメイン（知的財産権が消滅して，公有財産となっている状態のこと）になっている。というのも，1968 年に映画が劇場公開される前，最初の配給業者ウォルター・リード・オーガニゼーションはロメロのプリントに手を加えて題名を変更した。ロメロは当時を振り返ってこう語った。「ある日，誰かが『ナイト・オブ・ザ・リビングデッド』には著作権が存在しないことに気付いた。なぜかというとオリジナルの題名は『ナイト・オブ・ザ・フレッシュ・イーターズ』だったのだが，ぼくらは愚かにもタイトル画面にマルシー表記を入れてしまっていたんだ——若い映画スタッフがやりがちなことだよね（訳注：©表記がついているといかにもプロっぽく見えるからであろう）。ところが題名が変更されてタイトルの文字が差し替えになったときに，©表記が抜け落ちてしまった。そのことに配給会社も気づかなかったし，ぼくらも気づかなかった。誰も気づいていなかったんだ。だが，©表記がないことはやがて人々の知るところとなり，誰もが勝手に『ナイト・オブ・ザ・リビングデッド』の VHS を売り出し始めた。著作権料をまったく払わずに作品をリリースすることができたんだ。」（イングアンソ 2015：154-156）

　物語映画の始祖とも言われる『月世界旅行』を撮影したジョルジュ・メリエスも，海賊版の問題に頭を痛めたようだが，ゾンビ映画にも見られることが分かった。映画やマンガ，アニメ，小説などのコンテンツには，いつの時代もこうした問題が付きまとう。創作の際，他のクリエイターの作品を視聴し，それに影響を受けるのは当然のことだが，その作品を無断で上映，放送するのは著作権上問題である。また，著作権制度における消費者に対する取り締まりの問題もある[26]。作品の著作権は守られるべきであると同時に，作品が広く知られることや，後続の様々な作品を生み出すことを過度に妨げてはならないだろう。

　1990 年代には，日本にもゾンビ映画が登場した。『バトルガール』(1991) は，大映による邦画のオリジナルビデオ作品だ。海外では『Living Dead in Tokyo Bay』(1992) として発売されている。『ZME』では，日本のゾンビ映画として唯一取り上げられている作品だ。東京湾に落下した隕石に付着していたコスモ・アンフェタミンという物質によって，人間がゾンビ化する。キューティー鈴木[27]演じる主人公の桐原慶子はバトルスーツに身を包み，人間狩り部隊と対決するために東京湾に向かう。『バトルガール』はいわゆるメディアミックス作品であり，伊藤明弘による同名のコミカライズ作品や，ゲーム『電脳少女リジェクション』が FM TOWNS[28]用に発売された。

---

26.　こうした著作権の問題については，山田 (2002, 2003, 2010, 2011, 2016) に詳しい。

27.　1986 年から 1999 年までプロレスラーとして活躍。『バトルガール』には，他にも，神取忍，デビル雅美，ミスＡ (1991 年 8 月より「ダイナマイト関西」，その後，1999 年 2 月に「ダイナマイト・関西」に改名)，イーグル沢井など，女子プロレスラーが出演している。

28.　FM TOWNS とは，富士通が 1989 年 2 月 28 日に発売した 32 ビットパソコンである。当時としては高いグラフィックとサウンドの機能を持ち，そして，CD-ROM ドライブが標準搭載されていた本機は「ハイパー・メディア・パソコン」として売り出された (前田 2014b, 2014c)。

　全体として本数は少なかったが，重要な作品も公開されている。『ブレインデッド』(1992)（ピーター・ジャクソン監督）はそのうちの一つだ。秘境で捕獲され，動物園に連れてこられたラット・モンキーに噛まれたことで，主人公の母親がゾンビ化してしまう。マザコンの主人公は，ゾンビ化していく母をかばいながら暮らすが，ゾンビ・ハザードは徐々に拡大していってしまう。ピーター・ジャクソンは『ロード・オブ・ザ・リング』で有名になる監督だが，1990 年代にはゾンビ映画を撮っていたのだ。また，彼の監督作『バッド・テイスト』のビデオに付属していたメイキング映像『グッド・テイスト』は後のクリエイターたちに大きな影響を与えている。また，『ボーンヤード』(1990) のようなごった煮ともいえるような作品も登場した。なんと，キョンシー，巨大ゾンビ，巨大プードルまで出て来て，その「なんでもあり」な世界観に驚く。

　1980 年代の末期の傾向を引き継いで，続編も多い。『ペット・セメタリー 2』(1992) や『キャプテン・スーパーマーケット／死霊のはらわた 3』(1993)，『バタリアン・リターンズ』(1993) などである。ただ，その中でも，オリジナリティの高い作品が生まれていることに注目しておきたい。ブライアン・ユズナ監督の『バタリアン・リターンズ』(1993) は，『バタリアン』シリーズの三作目だが，かなり異色の作品だ。ゾンビ・パンデミックが起こっていく様を描いているが，物語のメインは，若い男性と，徐々にゾンビ化していってしまうその恋人の逃避行である。カートは交通事故で恋人のジュリーを死なせてしまったが，『バタリアン』シリーズでゾンビ化の原因として登場する死体蘇生ガスを浴びせてよみがえらせてしまう。ジュリーは異常な空腹に見舞われ，人の脳を食べるようになる。カートとジュリーは軍から逃げ続け，その過程で何の罪もない人がまきこまれ，被害にあっていくのだ。ジュリーはゾンビになりかけながらも意識を完全に失っているわけではなく，ゾンビ化していく悲劇を描いている。

　1990 年代には，その後のゾンビ・コンテンツに多大な影響を与えた

出来事が起こった。1996 年に CAPCOM からゲーム『バイオハザード』
が発売されたのだ。本作は，アメリカやヨーロッパでも『Resident
Evil』というタイトルで発売され，ヒットする。本作品は日本製のゲー
ムだが，洋画を意識したつくりになっている。キャラクターの名前は基
本的に英語圏の名前であり，その風貌も洋画に登場するそれであった。
ゲーム内ではキャラクターはポリゴンで描かれたが，ゲーム冒頭に外国
人の役者が演じる実写映像が挿入され，プレイヤーを映画的な世界観に
いざなう役割を果たしていた。ゲームのラストシーンにも実写映像が流
れ，その後，エンディングの音楽とともに映画のエンドロールのような
スタッフロールが流れて，一本の映画を見たような演出がなされていた。
また，画面の切り替えも映画的なアングルを利用していたため，ホラー
映画のエッセンスが導入された作品だと言える。また，ゲーム 2 作目の
『バイオハザード 2』では，その CM 映像の制作をジョージ・A・ロメ
ロが務めた。
　ゲーム『バイオハザード』のヒットは，香港にも影響を与えた。ウィ
ルソン・イップ監督の『香港ゾンビ』(1998)[29] がそうだ。本作は，『バ
イオハザード』の香港での大ヒットの影響を受けて制作され，それまで
は宗教，魔術，迷信といった超自然的な題材を扱っていた香港ゾンビ映
画とは違った新しいスタイルのゾンビ映画であると言える（戸田 featur-
ing 合唱団 2003：162）。映像の面でも，突然ゲーム的な描写が挿入され
るなど，そういった意味でもゲーム文化の影響が強い。また，日本でも
『JUNK／死霊狩り』(1999) や『ワイルド・ゼロ』(1999) といったゾン
ビ映画が作られていた。
　こうしてみると，1990 年代は中盤にかなり本数を減らすものの，ジ
ャンルとして爛熟した中で，様々なゾンビ映画が現れていたことが分か
った。また，『ゾンビ』から影響を受けてはいるが，映画とは異なるメ

---

29.　原題は『生化壽屍（BIO ZOMBIE）』

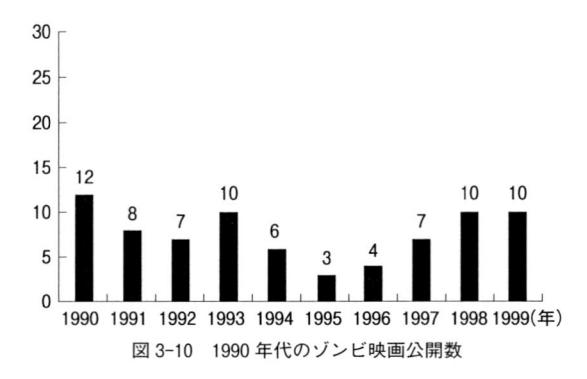

図 3-10　1990 年代のゾンビ映画公開数

ディアであるテレビゲームの作品『バイオハザード』が海を渡ってヒットした。それがきっかけで，香港でも，その影響を受けたゾンビ映画が作られるようになるとともに，香港でのゾンビ映画の内容面や表現面を変化させるに至ったことが分かる。

### 3-6　ランド・オブ・ザ・ゾンビ・コンテンツ：2000 年代〜

　実は，2000 年代は，ゾンビ映画史の中で，日本が注目された年代であった。たとえば，『ZME1』では，日本産のゾンビ映画としては，1992 年の『Living Dead in Tokyo Bay』（『バトルガール』（1991）のこと）のみが紹介されていたが，『ZME2』になると，2000 年の『Versus』，2003 年の『Battlefield Baseball』（『地獄甲子園』[30]のこと），2005 年の『Zombie Self-Defense Force』（『ゾンビ自衛隊』のこと），2008 年の『Onechanbara』（『お姉チャンバラ』のこと）など，計 18 作品に増加している。このことから，2000 年代に日本のゾンビ映画の注目度が高まっていることがわかる。さらに，1930 年代から，ゾンビ映画を 10 年刻みで整理した書籍『Zombie Movie：The Ultimate Guide』

---

30.　『珍遊記―太郎とゆかいな仲間たち』『ババアゾーン』などの代表作がある漫☆画太郎による漫画作品『地獄甲子園』を原作とした実写映画。

（Kay 2008）では，2000年代について次のような章タイトルをつけている。

The New Millennium: Japan Takes Center Stage, and the Big-Budget Zombie Arises

　日本語訳をすると，「新たな千年期：日本が主役の座に，そして，大型予算のゾンビが登場」とでもなるだろうか。『ゾンビ映画年代記』にも，同時期の日本についての記述がある。「〈日の出ずる国〉日本では，21世紀の夜明けと共にゾンビがメインストリームで跋扈するようになった」というのがそれだ（イングアンソ 2015：165）。日本のゾンビシーンに対する高い評価を見てとることができよう。

　さて，実際には全体でどの程度のゾンビ映画が製作されていたのだろうか。

　これを見ると，2000年代とはいえ，2000年から2002年までは，90年代の放映本数と大きくは変わらない。変化を見せるのは2003年で，ここで突然26本になる。過去，一年間の本数が20本前後なのは，1980年代のゾンビブーム末期の1987年〜1989年のみである。26本という数字は，年間のゾンビ映画公開数の中では，これまでで最高の数となっている。その後，2004年には28本，2005年には37本と増え続け，2008年に59本でピークを迎える。

　こう見ると，2000年代のゾンビ映画公開本数の急増は2003年から始まったことになる。この急増の背景には何があるのだろうか。これには，2002年に公開の映画『バイオハザード』が大きな影響を及ぼしていると考えられる。本作は，ゲーム『バイオハザード』の実写映画化作品である。ポール・W・S・アンダーソン監督[31]，ミラ・ジョヴォヴィッチ主演[32]の本作は，大ヒットし，シリーズ化した。2004年には『バイオハザードⅡ　アポカリプス』，2007年には『バイオハザードⅢ』が，2010

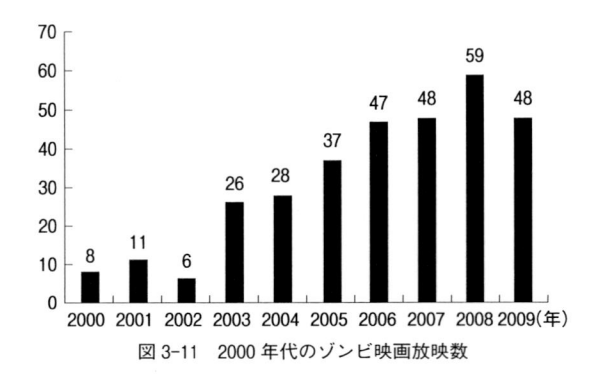

図 3-11　2000 年代のゾンビ映画放映数

年には『バイオハザードⅣ アフターライフ』，そして，2012 年には『バイオハザードⅤ リトリビューション』が公開された。2016 年 12 月には，第 6 作目『バイオハザード ザ・ファイナル』の公開が予定されている[33]。映画版『バイオハザード』は 6 作もシリーズ化されるほどの成功を収めた。バイオハザードシリーズは日本での上映館も多く，テレビでも放映されて人気を博している。『バイオハザード』の映画シリーズには，もう一つ，フル CG のシリーズがあり，『バイオハザード ディジェネレーション』(2008)，『バイオハザード ダムネーション』(2012) が公開され，2017 年には『バイオハザード ヴェンデッタ』の公開が予定されている[34]。

　2002 年には，内容面でこれまでのゾンビ映画に大きな変化をもたらす作品も公開された。『28 日後...』(2002 年) である。ダニー・ボイル

31. 他の監督作品に『モータル・コンバット』(1995)『イベント・ホライゾン』(1997)『エイリアン VS プレデター』(2004) など。

32. 他の出演作に『フィフス・エレメント』(1997)『ジャンヌ・ダルク』(1999) など。

33. 『バイオハザードⅣ』には，歌手で女優の中島美嘉が，渋谷のスクランブル交差点に現れたゾンビとして登場，『バイオハザードⅥ』には，タレントのローラが，「コバルト」という役名で登場する予定だ (中島は『Ⅴ』にも出演した)。

34. http://www.capcom.co.jp/bio_series/fullcgmovie.html (2016 年 10 月 2 日確認)

監督[35]の本作は，ロンドンを舞台に，人の凶暴性を発現させるウィルス「レイジ・ウィルス」の猛威を描いたものだ。2007年には続編の『28週後...』が公開されている。本作の特徴は，レイジ・ウィルスに侵された人間が全力疾走で襲い掛かってくることだった。2004年には，『ゾンビ』のリメイク作品『ドーン・オブ・ザ・デッド』（監督：ザック・スナイダー[36]）が公開される。『ゾンビ』のリメイクでありながら，こちらも全力疾走のゾンビが登場した。『28日後...』の世界興行収入は820万ドルであり，『ドーン・オブ・ザ・デッド』の興行収入は1億200万ドルであったという（イングアンソ 2015）。実は「走るゾンビ」については面白い現象が見られた。『28日後...』のダニー・ボイル監督は「〈感染者〉をゾンビに連なるものとしてイメージしたことは一度もないと断言している」というのだ（イングアンソ 2015）。『ナイト・オブ・ザ・リビングデッド』のグールが，監督にそのつもりがなかったにも関わらずゾンビイメージに回収されてしまったのと同じことが起こっているのである。怒りに支配され意識なく非感染者に襲い掛かってくる者たちを，多くの人々が「走るゾンビ」と感じたのだ。

　2007年にはスペインで『REC／レック』（監督：ジャウマ・バラゲロ＆パコ・プラサ）が公開された。本作にも走る感染者が登場したが，こちらは撮影方法も特徴的であった。『ブレア・ウィッチ・プロジェクト』（1999）や『クローバーフィールド／HAKAISHA』（2008）で用いられた主観撮影（POV）を用いたモキュメンタリータッチ（フェイクドキュメンタリー）の作品だったのである。『REC／レック』もヒットし，続編である『REC／レック2』（2009），『REC／レック3　ジェネシス』（2012），『REC／レック4　ワールドエンド』（2014）が作られた。また，

---

35.　他の監督作品に『トレインスポッティング』（1996年）『ザ・ビーチ』（2000年）『スラムドッグ＄ミリオネア』（2008年）などがある。

36.　他の監督作品に『300〈スリーハンドレッド〉』（2007）『ウォッチメン』（2009）『エンジェルウォーズ』（2011）『マン・オブ・スティール』（2013）などがある。

ハリウッドでリメイクされ『REC：レック／ザ・クアランティン』(2008)，『REC：レック／ザ・クアランティン2 ターミナルの惨劇』(2011) が制作された。走るゾンビは，幅広い支持を集め，様々な国で大量のゾンビ映画を量産した。

　一方で，2000年代においても，ゆったりした動きを守ったゾンビ映画が公開された。エドガー・ライト監督の『ショーン・オブ・ザ・デッド』(2004)，『ゾンビーノ』(2006)[37]，『ロンドンゾンビ紀行』(2013)[38]などは代表的だ。特に『ショーン・オブ・ザ・デッド』は，主人公たちがショッピングモールではなくパブに立てこもったり，銃社会ではないためクリケットのバットやレコードを投げつけて倒そうとしたりとロメロのゾンビ映画の設定とイギリス文化をうまく融合させたコメディとなっている。ロメロ自身は，走るゾンビには否定的で，この『ショーン・オブ・ザ・デッド』を高く評価した。ロメロは自身の新作『ランド・オブ・ザ・デッド』(2005) のエキストラに，監督のエドガー・ライトと共同脚本のサイモン・ペグを起用した[39]。『ランド・オブ・ザ・デッド』では，『死霊のえじき』の時よりも，さらに後の時間で，人々はゾンビがいることを前提に都市を作って暮らす様子が描かれた。都市の中は階級に分けられており，高層ビルに住む人々と，平地に住む人々には階級差がある。本作にも『死霊のえじき』のバブ同様，意思を持ち始めるゾンビ「ビッグ・ダディ」が登場する。ロメロはその後，『ダイアリー・オブ・ザ・デッド』(2008)，『サバイバル・オブ・ザ・デッド』(2010)を制作した。『ダイアリー・オブ・ザ・デッド』では，『REC／レック』同様POVを取り入れ，ゾンビ・アウトブレイク時に時間軸を戻し，ち

---

37．ゾンビを操る技術が開発された社会で，ゾンビは様々な仕事に従事させられている。

38．歩行器に頼って歩く老人と良い勝負になるくらいに本作のゾンビは遅い。

39．『ランド・オブ・ザ・デッド』では，ゾンビを背景に人間が記念写真を撮影するシーンがあり，その背景の二体のゾンビがこの二人である。

ょうどその時ミイラ映画を撮影していた大学生グループが撮影を続けながら移動していく様子を描いた。携帯電話で撮影した動画やネットにアップされた動画など，現代的なメディア環境でのゾンビ・ハザード発生が描写された。続く『サバイバル・オブ・ザ・デッド』では，『ダイアリー・オブ・ザ・デッド』に登場した州兵に焦点をあて，その後，プラム島にわたり，そこで二つの家族による対立に巻き込まれる様子を描いた。

　なかには，個性的なゾンビ映画も見られた。たとえば，『アンデッド』（2004）である。オーストラリア産のゾンビ映画『アンデッド』は，一風変わった作品だ。オーストラリアの田舎町バークレーに隕石が飛来し，その直撃を受けた人々がゾンビになり，人間に襲い掛かり始める。ゾンビと戦いながら逃げ続ける主人公たちの前に，UFO や宇宙人が現れる。オーストラリアでは UFO 目撃談が多いようで，ある意味自国の文化を取り入れたとも言えよう。監督はピーター＆マイケル・スピエリッグの兄弟。兄弟は，2010 年には『デイブレイカー』というヴァンパイア映画を監督している。本作では，人口のほとんどがヴァンパイアになってしまった近未来が舞台だ。人間の数が少なくなり，ヴァンパイアたちは食糧難に陥っていく。代替血液を開発すべく研究が進んでいるがうまくいっていない。ヴァンパイアはずっと血を飲まずにいたり，ヴァンパイアの血を飲んだりすると，サブサイダーと呼ばれるヴァンパイアにも襲い掛かる怪物になってしまい，それを避けるべく奮闘する物語だ。『アンデッド』同様，ジャンルムービーでありながら，設定に工夫がある。

　『ゾンビランド』（2009）も忘れてはならない 2000 年代のゾンビ映画だろう。ルーベン・フライシャー監督の本作の主人公は，引きこもりのオタク青年のコロンバスである。途中で出会ったマッチョなタラハシー，詐欺師の姉妹であるウィチタとリトルロックとともに，ゾンビがいないというパシフィックランドを目指す物語である。お互いに名乗っている名前は地名であり偽名だ。境遇も性格も大きく違う人々が偶然出会い，

匿名のコミュニケーションを経て，関係性を築いていく様子が描かれるロードムービー的な作品だ。

　2000年代は，ゾンビ映画バブルとでもいえるような，公開本数の急増を迎えた。その発端として，ゲームの実写化作品『バイオハザード』の公開とヒットが見られた。さらに，走るゾンビを定着させた『28日後...』『ドーン・オブ・ザ・デッド』『REC／レック』などの続けざまのヒットがあった。これらによって，ゾンビ映画は大量に制作，公開されるようになり，2008年に59本と頂点を迎える。一方で，走らないゾンビを扱った映画も継続的に作られ続け，ゾンビ・ハザードが進んだ後の世界を描いたり，自国の文化を反映させたり，人間同士の関係性を密に描いてみたりと，それぞれに新機軸を導入している。これらが重なりあって，2000年代のゾンビ映画放映数は史上最多となったのである。

### 3-7　グローバル＆ローカル・オブ・ザ・ゾンビ・コンテンツ　　　　：2010年代～

　それでは，2010年代のゾンビ映画はどうだろうか。ここまで参考にしてきた文献では2010年までしかデータが得られないが，2010年代も盛んにゾンビ映画が作られ，公開されている。2000年代後半にもすでに見られたが，様々な形でゾンビが描かれるようになり，また，アメリカ以外の国でも多くのゾンビ映画が作られるようになっていった。

　たとえば，ギリシャ産のゾンビ映画『ギリシャ・ゾンビ』（2005），『ヴァーサス・ゾンビ　時空を越えた生きる屍』（2009）[40]，フランス産の『ザ・ホード　死霊の大群』（2010），キューバ産の『ゾンビ革命　ファン・オブ・ザ・デッド』（2012），製作はイギリスだがアフリカの広大な大地が舞台の『ゾンビ大陸アフリカン』（2012），その続編でインドが舞台の『ザ・デッド：インディア』（2013）[41]などなど。まるで，「ご当

---

40.　『ギリシャ・ゾンビ』の続編

地ゾンビ映画」とでも言うべきゾンビ映画群である。様々な国でゾンビ
映画が作られていることがわかる。

　そのような中，強烈な印象を残したのがインド産のゾンビ映画『イン
ド・オブ・ザ・デッド』（2015）だった。原題は『GO GOA GONE』で，
コメディタッチのゾンビ映画だ。映画冒頭，主人公たちがぼんやり見つ
めるテレビには，明らかにミュージック・ビデオ『Thriller』のマイケ
ル・ジャクソンを意識した格好（赤のレザーの上下）の男を中心に集団
で踊る映画が映し出されている。また，作中で，目の前に現れた人を食
う存在が何者なのかを主人公の男性 3 人が議論し合うシーンがある。魔
女やヴァンパイアなど色々と可能性を話し合う中で，やはり「ゾンビ」
だという意見が出るが，「そんなわけはない」「ここはインドだ」と仲間
に反論される。それに対して，「グローバリゼーション」の影響だ，エ
イズがわたってきたのと同じように，ゾンビがわたってきたのだ，と言
ってみせる。まさに，ゾンビはグローバルに広がり始めたのだ。

　日本的なゾンビ映画もある。『シネマ歌舞伎　大江戸りびんぐでっど』
（2010）がそうだ。本作は，宮藤官九郎が作・演出を担当した歌舞伎の
舞台を撮った映画で，市川染五郎や，中村七之助，中村勘九郎（勘太
郎），中村獅童，中村勘三郎といった有名な歌舞伎俳優が出演した。く
さや汁を浴びた人がぞんびになるという設定で，ぞんびという名前は
「存鼻」と書き，くさ過ぎて鼻の存在が危ぶまれるという意味から来た
と説明される。本作が面白いのは，その「ぞんび」を人間の代わりに働
かせる「はけんや半助」という人材派遣会社を作るという設定だ。ゾン
ビを現代的な派遣労働者に位置づけてみせ，江戸時代を舞台としながら
も現代的な問題を扱っている。

---

41.　『ゾンビ大陸アフリカン』の原題は『THE DEAD: Africa』だった。その続編が
　　　『THE DEAD2: India』である。1 作目の邦題を原題から大幅に変更してしまっ
　　　た結果，『ザ・デッド 2』とするわけにいかなかったと思われる。そのため，邦
　　　題が『ザ・デッド：インディア』となった。

超低予算ゾンビ映画も出現した。『コリン　LOVE OF THE DEAD』(2011) は，なんと 45 ポンド（約 6,000 円）の制作費で作られた。本作は，ゾンビになってしまった青年の身に起こる出来事を描いた作品である。監督のマーク・プライスは，前述した『ブレインデッド』の監督であるピーター・ジャクソンの作品『バッド・テイスト』のメイキングビデオ『グッド・テイスト』に影響を受けて，映画を撮影したという。日本では，劇メーションという手法を用いて『燃える仏像人間』『TEMPURA』などの作品を世に出した宇治茶が，「『グッド・テイスト』の影響を受けた」[42]と述べている。「追加テクスト」は，コンテンツ体験者による作品内容の「意味付け」に作用する一方で，作品の作られ方，作り方を伝える役割も持っていることがわかる。いわゆる種明かしである。これによって，体験者側の創作意欲は刺激され，クリエイターを再生産する側面も持っているのだ。

　その他，ゾンビ男子と人間女子のラブストーリー『ウォーム・ボディーズ』(2013) や，マックス・ブルックスのヒット小説『WORLD WAR Z』を原作として，ブラッド・ピット主演で映画化した『ワールド・ウォーZ』(2013) が目立った。『ウォーム・ボディーズ』は，ゾンビ映画を敬遠してきたような層にも働きかけて，観客層を増やした。製作費 2 億ドルをかけて作られた超大型予算の『ワールド・ウォーZ』は，5 億 4 千万ドルを超える興行収入となった。こうして，裾野が広がったことで，2010 年代もどんどんゾンビ映画が作られ，公開され続けている。日本でも公開されているものでは，『ゾンビーバー』(2014)，『ライフ・アフター・ベス』(2014)，『ゾンビスクール！』(2016) などがある。

　また，2010 年にはドラマ『ウォーキング・デッド』が放映され，大ヒットする。本作は，ウォーカーと呼ばれるゾンビが出現した世の中で，生存者集団の移動を描いている。原作はロバート・カークマン，トニ

42.　宇治茶監督本人へのインタビュー

ー・ムーア，チャーリー・アドラードのグラフィックノベル『ザ・ウォーキング・デッド』だ。2016 年 5 月現在，シーズン 6 が終了し，スピンオフ作品の『フィア・ザ・ウォーキングデッド』もシリーズ化されている[43]。

　最後に，一風変わった作品として『キャビン』（2012）を挙げておきたい。『キャビン』は，「ホラー映画で描かれる世界」の存在をメタ的に説明してみせた作品である。ストーリーは，以下の通りだ。学生 5 人組（デイナ，ホールデン，マーティ，ジュールズ，カート）が，週末を森の中の小屋で過ごそうと出かける。この 5 人は，一人は金髪美女，一人は体育会系の男性，一人は清楚な女性……といった具合に，ホラー映画によく出てくる顔ぶれである。途中のガソリンスタンドで出会った男からは止められるが，一行は気にせず向かってしまう。山小屋（キャビン）に着くと，怪しげな気配を感じる。地下室を見つけた一行はその中で，日記を見つけて，それを読んでしまったことでゾンビのバックナー一家を復活させてしまう。一人，また一人とゾンビに殺されていく学生たち。ホラー映画やスプラッター映画にありがちな展開で話が進んでいくが，この様子を観察しつつ，介入する人々がいる。どこかの研究所のような施設でモニター越しに一行の様子を見ながら，様々な仕掛けを使って，一行をホラー映画のテンプレート通りの展開に誘導しようとする。こうした事態は世界中で起こっているようだ。中には日本の様子も映し出される。白装束で黒髪の幽霊が小学校の学級に現れ，子供たちを襲っている。これらは実は，太古の神に生贄をささげる壮大な儀式だったのである。つまり，世界中で作られているホラー映画のテンプレートを，「儀式」と解釈してみせ，大人たちは若者をテンプレート通りに殺し，神に

---

43. 『ウォーキング・デッド』および『フィア・ザ・ウォーキング・デッド』のストーリーや登場人物については，『海外ドラマ PERFECT GUIDE』（TJ MOOK 2016）に詳しい。

血をささげることで世界を保っているという設定にしてみせたのである。『バイオハザード』シリーズの中でも，劇中で，現実にある場所をコピーした空間とクローンを配置したゾンビ・ハザードのシミュレーションがなされる様子が描かれ，そこでは，あたかもゲームの世界であるかのように繰り返し同じことが起こっていく。このように，ゾンビ映画やゾンビゲームをメタな視点から見て描くような作品も登場した。

　グローバル化され，様々な国でゾンビ・コンテンツが広がりを見せるとともに，各国では，それぞれの文化的背景にローカライズされたゾンビが描かれた。デジタル機器の発達により超低予算で映画が撮られる一方で，超大型予算のゾンビ映画も登場し，多くの人々に見られる作品が増えてきた。また，ゾンビの存在やそういった作品群について，メタ的に説明してみせるような作品も見られた。「ゾンビ」が定番のネタとなり，それをベタに描いて見せるものはもちろん，メタ的に解釈して見せるものが出てきている。

　1930年代に映画の世界に登場したゾンビは，様々なメディアに登場しながら，国や地域を越えていった。そうして，その性質を少しずつ変えながらも，以前までの性質とも相互作用して，多種多様な展開を遂げてきた。特に，『ナイト・オブ・ザ・リビングデッド』や『28日後...』に起こったことは非常に興味深い。作り手自身にゾンビ映画を撮ったという自覚がないにも関わらず，それが社会的にゾンビ映画に組み込まれていったのである。ゾンビ映画は，作り手と受け手の相互作用の中で存在するものであると言えるのだろう。

第4章

# マルチメディア・ハザード
## ：メディアの発展とゾンビ・コンテンツ
### Multi-Media of the Dead

　現在，ゾンビ・コンテンツはさまざまなメディアにのって広がっている。そのメディアは説話や書籍，映画，テレビドラマ，テレビゲーム，スマートフォン，テーマパークなど多様だ。ここでは，それぞれのメディアについて，どのようにそのメディアが作り出され，社会に受容されていったのか，そして，ゾンビ・コンテンツはその中でどのように普及していったのか，あるいは，ゾンビ・コンテンツの中でメディアはどのように描かれていったのかについて論じたい。

## 4-1　声，文字，印刷と物語

　メディアの歴史には，様々な段階がある。一言でメディア史といっても，どこまでをメディアに含めるか，メディアのどのような側面を取り上げるか[1]，どこの国や地域に関するメディアを取り上げるか，といった様々な問題があり，それらを論じるだけで何冊もの書籍が出来上がってしまうほどだ[2]。ここでは，大まかに，声，文字，印刷，ラジオ，電話，スマートフォン，映画，テレビ，ビデオ，ゲーム，インターネットなどに注目したい。

　まず，人が人とコミュニケーションをする際の基本的なメディアとして，「声」を挙げることができる。声は，空気を媒体として，声帯で発生させた振動によって情報を他者に伝えている。声の情報は，録音機材

---

1．技術，産業，社会，文化，法制度など，様々なアプローチが考えられる。

などがない場合は，その場限りの情報となる。他者が声を聞いてそれを記憶しておかなければ，その情報が伝達されていくことはない。また，声を拡張するメディアがなければ，その情報が届く範囲も限定される。

次に，「文字」が挙げられる。紀元前3300年〜2900年頃には，メソポタミア文明で体系的な文字使用が確認されている。粘土板に書きつけられたその文字はウルク古拙文字と呼ばれるものだ（伊藤 2014）。文字およびそれを記録しておける物の登場で，情報は書きつけて保存することができるようになった。石碑などに彫られたものは動かすことはできないが，軽い紙に書きつけられたものは，持って動くこともできるようになった。文字を持たない文化と文字を持つ文化では，そのコミュニケーションの方法だけでなく，文化的な特徴や思考の方法についても異なった様相を見せる[3]。

声や文字を使って，人々は物語を作り出し，それを伝えていった。声や文字を持つほとんどの文化で，神話や昔話などが伝えられてきている。その中には，死体がよみがえる話や，死者と会話する話が数多くみられる。前章で1930年代から現代までを追うだけでも様々な変遷があったことを考えると，これらを現在のゾンビの原型とするのはあまりに乱暴な議論だと思うが，人間が古くから「死」や「よみがえり」に関心を持ち続けていたことは，今も「ゾンビ」が興味を持たれることと無関係で

---

2．メディアの歴史を整理した書籍は多数ある。注目している時代や視点なども様々であるが，例えば以下の書籍を紹介しておきたい。『図説日本のマス・コミュニケーション』（山本・藤竹 1980），『現代メディア史』（佐藤 1998），『図説 日本のマスメディア』（藤竹 2000），『日本新聞通史』（春原 2003），『メディア史を学ぶ人のために』（有山・竹山 2004），『図説 日本のマスメディア［第二版］』（藤竹 2005），『電子情報通信技術史』（電子情報通信学会「技術と歴史」研究会 2006），『音響技術史』（森 2011），『図説 日本のメディア』（藤竹 2012），『メディア技術史』（飯田（編） 2013），『メディアとコミュニケーションの文化史』（伊藤 2014），『音響メディア史』（谷口・中川・福田 2015）。

3．『無文字社会の歴史』（川田 1976），『声の文化と文字の文化』（オング 1991）。

はないだろう。

　実際には，声や文字だけでなく，ノンバーバルコミュニケーション（非言語コミュニケーション）と呼ばれる身振り手振りなども交えて，死体がよみがえった話について語り合ったと考えられる。シーブルックの『魔法の島』で披露されたエピソードなどは，まさにそうして伝わってきた話と言えよう。

　また，人から人へ，話が伝播していくものに「うわさ」がある。死体がよみがえった物語は「うわさ」として広まったこともあったかもしれない。「うわさ」がいかに広まっていくのか，どのように人々に作用していくのか，ということについては，フランスのオルレアンという都市における研究が有名だ。その成果は『オルレアンのうわさ』という書籍にまとまっている（モラン 1973）。あるいは，日本においては「学校の怪談」や口裂け女などの「都市伝説」が見られる（野村 2005，常光 2013）。このような形で，物語は人から人へ伝わり，その中で内容を変化させながらも拡散していく。

　物語などを書き付けたものは，印刷技術がない状態では，完全なコピーを作成することは容易ではなかった。同じ情報を持ったメディアを作成するためには，手書きでもう一部作るほかなかっただろう。文字による記録は，声による伝聞より情報の固定能力は強かったが，手書きによる複製（写本）の場合，写し間違いなどによる意味改変や意図的な意味改変が介在する可能性はある。その後，印刷技術が発明される。有名なのは，ヨハネス・グーテンベルグの活版印刷である。これによって同一の形式，内容のテキストを大量に作り出すことが可能になっていった。印刷技術が応用されたのは，贖宥状（免罪符），ラテン語文法書，暦やカレンダー，聖書であった（伊藤 2014）。

　小説におけるゾンビ・コンテンツであるゾンビ小説について整理した東雅夫は，世界でもっとも有名な「生ける死者」は誰か，と問いを立て，その答えとして新約聖書の「ヨハネの黙示録」に登場するラザロを挙げ

る（東 2003）。そして，もっとも人口に膾炙したゾンビ小説を，ゾンビ小説をいかに定義するかによるとしながら，W・W・ジェイコブズの『猿の手』（1902 年）に求める。本作は，死んだ一人息子を，三つの願い事を叶える呪力を持つ「猿の手」でよみがえらせてしまった老夫婦の話だが，よみがえった息子自体の様子を描写せずに，その恐怖を感じさせる作品と評価されている（東 2003）。文字による描写では，映像や音は実際には見えたり聞こえたりしない，そこには受け手側の想像力が必要となる。印刷技術によって，テキストそれ自体は変化しないものが生まれるようになり，多くの人に同様の情報が発信されるようになったが，そこからイメージされるものは個々によって異なりつつも重なり，そこから集合的なイメージが構築されていっただろう。

　印刷技術によって普及したものとして「マンガ」も挙げることができる。日本において，マンガが大衆化したのは，江戸時代だと言われている。もちろん絵画やマンガ的表現はそれ以前から登場したが，江戸時代に，木版画によって量産されたことによって多くの人々に読まれるようになったという（清水 1991，1999）。マンガには，文字だけでなく絵が付けられている。絵は，そのビジュアルイメージを，写真ほどではないにせよ，かなり正確に，しかも短時間に伝達する。形のないものに形を与えることのできるメディアであると言えよう。幽霊や妖怪の中には，説話の時点では明確な形を持っていなかったものが，絵やマンガに描かれることで形を成したものもある。

　さて，ゾンビ・コンテンツの中にも紙のメディアはよく登場する。たとえば，ゲーム『バイオハザード』を例にとってみよう。『バイオハザード』は，ゾンビをはじめとした敵キャラクターを倒したり避けたりして進めていくゲームだが，ストーリーを進めていくために，様々な謎解きをしなくてはならない。謎解きをするためには，ステージ内に散らばっている情報を集め，次にすべき行動を決定する材料とするわけだが，手紙や日記，メモ，新聞といった紙媒体が頻繁に登場する。

　ゾンビ・ハザードが起こってしまった世界では，電気などのインフラがダメージを受けてしまっていたり，マスメディアを含めたメディア産業が正常に機能していなかったりと，電子的なメディアが使えなくなる場合が多い。そのような時，紙メディアは情報を人に伝えられるツールとなる。電子メディアと比較した際の紙メディアの一つの利点はここにある。すなわち，コンテンツを再生するための特定のメディアが必要ない点だ。デジタルメディアとは異なり，メディアとコンテンツが一体化しており，メディア（紙）さえあれば，そこに書かれたコンテンツ（内容）が読めるからだ。

　また，雑誌の中にはゾンビ・コンテンツとかかわりが深いものがある。映画雑誌，ゲーム雑誌などはもちろんだが，特にゾンビ・コンテンツにとっての二次テクストとして存在感が強い雑誌として『映画秘宝』を挙げることができる。『映画秘宝』は 1995 年 6 月に第 1 号『エド・ウッドとサイテー映画の世界』が発行されて誕生した。その後，1999 年より大判化し，おおむね隔月刊のペースとなり，2002 年より月刊化した（洋泉社 MOOK 2015）。『映画秘宝』を読む，という行為それ自体がコンテンツの中に登場することがある。たとえば，映画『桐島，部活やめるってよ』の中では，ゾンビ映画好きの主人公，前田涼也が愛読しているのが『映画秘宝』である。また，大樹連司による小説『オブザデッド・マニアックス』（2011）でも，同じくゾンビ映画好きの主人公，安東丈二[4]が『映画秘宝』を読んでいる。

## 4-2　ラジオと電話

　人間の声は，放送技術や通信技術の発展とともに，より遠くまで届くようになっていく。それとともに，発信者の情報発信にかけるコストは少なくなり，多くの人が情報を発信できるようになっていく。ラジオと

---

4．ジョージ・A・ロメロから着想を得た名づけであろう。

電話に注目してみよう。

　ゾンビ・コンテンツの中では，ラジオがよく描かれる。たとえば，ジョージ・A・ロメロ監督の『ナイト・オブ・ザ・リビングデッド』では，冒頭のシーンから車載ラジオが映し出されるし，一軒家で籠城をしている際にも，ラジオが重要な情報源となっている。『ワールド・ウォーZ』でも，主人公はラジオから情報を得て行動していた。ゾンビ映画の中には，ラジオ局が舞台の作品もある。『レディオ・オブ・ザ・デッド』(2010) や『ON AIR オンエア　脳・内・感・染』(2011) がそうだ。『ON AIR』では，ある特定の言葉を聞くことによって人々がゾンビ化してしまうという設定である。

　言葉による対面のコミュニケーションは，ラジオというメディアで拡大する。特にラジオで可能になったのは一対多のコミュニケーションだ。放送局から発信される音声を，ラジオ受信機を用いて多くの人が聞くことができる。同じく放送であるテレビと大きく異なるのは，映像がないことだ。映像がないことは，一度に伝えられる情報量の観点からいくと，デメリットのようにも思えるが，そう単純ではない。ラジオはその視覚に依存しない情報受信の方法とポータブル性で，今でも重宝されている。たとえば，トラックやタクシーの運転手といった自動車の運転を行う人々にとって，あるいは，美容室や床屋などで働く人々にとって，ラジオは視覚を邪魔せずに情報が得られるメディアである。

　ラジオとゾンビ映画は相性が良い。まず，ラジオというメディアはうまく使えば予算削減や世界観構築に有効な手法なのだ。どういうことかというと，音声のみで観客に状況を伝えることができれば，ゾンビそのものを映し出すシーンを減らすことができる。たとえば，「東京がゾンビで埋め尽くされている」状況を説得力のある実写映像で見せようと思うと，かなりの数の特殊メイクを施したエキストラを準備するか，高度なCGを用いる必要が出てくる。たとえば，『ワールド・ウォーZ』では，フィラデルフィアの街に大量のゾンビが発生した様子や，壁に囲ま

れたエルサレムにゾンビの大群衆が押し寄せる様子を説得力のある形で描写してみせているが，こうした映像を制作する際には相当な資金と技術が必要である。とはいえ，ゾンビ・コンテンツに特有の終末観を観客に感じさせるには，ゾンビ・ハザードが局所的なものではなく，全国的，全世界的な現象であることを表現しなければならない。そうした時に，ラジオで報道される世界中の「惨状」は，世界観を押し広げる際に重要な描写となるのだ。また，ラジオは災害時にも用いることができるメディアであり，インターネットやテレビが機能しなくなった場合の代替手段としても用いられる。そのため，ラジオというメディアそのものが，緊急事態の雰囲気を盛り上げる効果も持っている。

　声を遠くまで届ける技術には電話もある。電話は，放送とは異なり，基本的には一対一の情報のやりとりであり，通信と呼ばれる。現在は，電話はモバイル化，パーソナル化が進み，携帯電話として，一人一人が所有するものになってきつつあるが，それまでの電話機は有線式で固定されていた。日本における電話の始まりは 1890 年で，電話機が渡来したのは，グラハム・ベルによって電話が発明された翌年の 1877 年と言われている（武田 2011）。その後，電話は，自動車電話や携帯電話といった形で，移動可能な通信手段となっていく。1979 年には，自動車電話（体積 6600cc，重量 7kg）が登場し，1985 年には軽量化された車載・携帯兼用型の自動車電話（ショルダーホン，重量 3kg）に発展していく。1987 年には，より小型軽量化された携帯電話（体積 500cc，重量 900g）が登場した（武田 2011）。こうしてみると，10 年もたたないうちに 7kg あった重量が 900g まで軽量化されており，技術の進歩の速さに目を見張る。

　ゾンビ・コンテンツでも電話はよく描かれる。ゾンビ・パンデミックの中，救助を求めるためや，相手の安否を確認するために電話をかけるのだ。『Ｚアイランド』では，固定電話から警察に 110 番するシーンが描かれる。島で起こっているゾンビ・パンデミックの様子を何とか伝え

ようと奮闘するが，「ゾンビ」と言ってしまったことでいたずら電話だと思われてしまう。いかに「ゾンビ」と言わずに事態を説明するかを工夫するが，登場人物はみな「ゾンビ」と言ってしまう。『ワールド・ウォーZ』では，衛星電話を通じて，主人公と妻が会話をするが，妻がかけた電話の音によってゾンビが迫ってくることになり，主人公たちは窮地に立たされてしまう。電話というメディアは，相手の都合にはお構いなしにかけられてしまうがゆえに，その内容や気持ちにかかわらず，相手の状況に「着信音」というノイズを挿入してしまうことがある。スティーブン・キングの小説『セル』では，携帯電話を通じて流された信号を聞いた人々がゾンビ化してしまう。ゾンビも様々なメディアを通じて，広がっているのだ。

### 4-3　インターネットとスマートフォン

　現代社会の情報の受発信やコミュニケーションのあり方を考えた時に，大きな存在感を持っているのは，インターネットとスマートフォンであろう。

　インターネットの技術的な起源として ARPANET が挙げられる（藤竹 2012）。アメリカ国防省の高等研究計画局（Advanced Research Projects Agency）によるもので，1969 年にアメリカの 4 つの大学と結んだコンピュータ・ネットワークであった。1986 年には，全米科学財団（National Science Foundation）が大学や研究機関と作った科学研究目的のネットワークである NSFNET に移行した（藤竹 2012）。日本においては，1984 年に東京大学大型計算機センター，慶應義塾大学理工学部，東京工業大学総合情報処理センターを結んだ JUNET（Japan University/Unix NETwork）という研究用コンピュータ・ネットワークが構築された（武田 2011，藤竹 2012）。現在のインターネットとは通信プロトコルが異なっているなど，違いはあるが，日本のインターネットの起源ということができよう。1989 年には JUNET は NSFNET に接

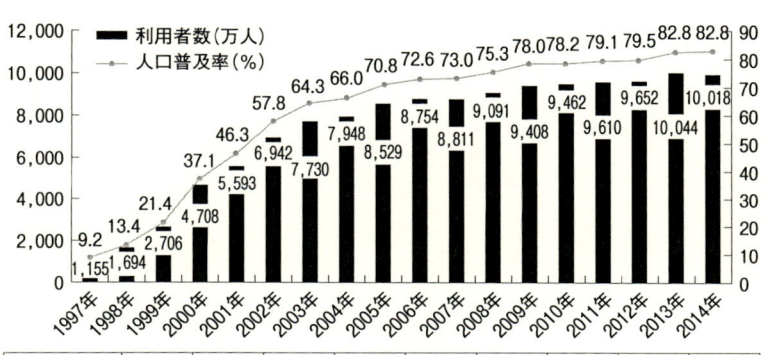

図 4-1　インターネットの利用者数と人口普及率の推移
総務省情報通信白書を元に筆者作成

| | 1997年 | 1998年 | 1999年 | 2000年 | 2001年 | 2002年 | 2003年 | 2004年 | 2005年 |
|---|---|---|---|---|---|---|---|---|---|
| 利用者数（万人） | 1,155 | 1,694 | 2,706 | 4,708 | 5,593 | 6,942 | 7,730 | 7,948 | 8,529 |
| 人口普及率（%） | 9.2 | 13.4 | 21.4 | 37.1 | 46.3 | 57.8 | 64.3 | 66.0 | 70.8 |

| | 2006年 | 2007年 | 2008年 | 2009年 | 2010年 | 2011年 | 2012年 | 2013年 | 2014年 |
|---|---|---|---|---|---|---|---|---|---|
| 利用者数（万人） | 8,754 | 8,811 | 9,091 | 9,408 | 9,462 | 9,610 | 9,652 | 10,044 | 10,018 |
| 人口普及率（%） | 72.6 | 73.0 | 75.3 | 78.0 | 78.2 | 79.1 | 79.5 | 82.8 | 82.8 |

続され，1990 年には，アメリカでインターネットの私的，商用目的の利用が可能となった。日本でインターネットの私的，商業的利用が始まったのは，1993 年である。

　その後，企業への普及ののち，個人への普及も広がっていった。インターネットへのアクセス端末としては，パーソナルコンピュータが主であったが，1999 年には携帯電話からインターネットに接続できるようになった。2000 年にはカメラ付き携帯電話が登場し，2001 年には第 3 世代携帯電話が登場したことで，携帯電話でも大容量，高画質のデータを送受信できるようになった（藤竹 2012）。同年には動画のサービスも開始されている。

　インターネットの利用者数と人口普及率の推移を見てみよう（図 4-1）。1997 年には利用者数が 1,155 万人，普及率は 9.2％だったが，2002 年には 50％を超えて 6,942 万人に達した。2013 年には，利用者数は 1

億人を超えて，普及率も8割を超えた。インターネットが普及していくにあたっては，制度や料金体系等の様々な複合要因があったが，携帯電話からアクセスできるようになったことは大きかったのではないだろうか。現に，1999年から2000年にかけての普及率の伸びは15.7%と大きい。

とはいえ，携帯電話（フィーチャーフォン）はインターネットへの接続端末としては不十分な点がいくつかあった。小さな画面はPC用に作られたウェブページの提示が難しく，文字の打ち込みもキーボードとは異なる携帯電話特有の打ち込み方だった。この状況を大きく変えたのが，スマートフォンの普及である。特に日本では，2007年にアップル社から発売されたiPhoneシリーズが，多くの人々にスマートフォンの存在を知らせ，スマートフォン市場を活性化させた。

2016年7月現在，鉄道に乗ると，多くの人々がスマートフォンに目を落としている様子が見られる。インターネットで何かを調べたり，twitterやFacebook，LINEなどのSNSで何かを発信したり，音楽を聴いたり映画を見たり，ゲームをプレイしたりといったコンテンツ体験をしている人も多い。この光景は，ここ何年かで一気に広がった印象だ。インターネットは様々なメディア産業とかかわり，既存のメディア産業のあり方や，メディア・コンテンツのあり方が変更を迫られている。例えばマンガだ。無料Webマンガにもゾンビ・コンテンツがある。たとえば，『On the way to Living Dead』（作：北大路みみ）は，無料でマンガや小説が読める「comico」というサービスで連載されている作品だ。通常の冊子体のマンガでは，ページ内のコマ割りがあるが，ウェブ版では，縦にスクロールさせて読むため，表現のあり方が異なっている[5]。

近年のゾンビ・コンテンツでは，インターネットやスマートフォンが

---

5. 2016年5月25日には『On the way to Living Dead』の単行本一巻が出版された。

よく描かれている。『ゾンビーバー』（監督：ジョーダン・ルービン）でも，携帯電話やスマートフォンが印象的に用いられる。本作は，汚染廃棄物に触れた野生のビーバーがゾンビーバーと化して，湖畔のロッジに遊びに来た大学生の男女に襲い掛かるというものだ。噛みつかれた人間は，ゾンビになる，かと思いきや，前歯が発達し尻尾が生えた「ゾンビーバー人間」に変異し，やはり人間を襲う。ゾンビとビーバーを掛け合わせているのは珍しいが，湖畔や山奥のロッジに若者集団が訪れて災難に合うというのはホラー映画でよくある設定だ。本作は，ゾンビーバーをマペットを使って撮影しており，どちらかと言うとギャグ要素が強い映画である。

　本作では冒頭に，トラックで何かを運んでいる二人の男性が映し出される。スマホに夢中のドライバーは前方不注意で鹿とぶつかってしまう。その衝撃で積み荷のドラム缶が川に脱落し，それが流れ着いた先のビーバーが凶暴なゾンビーバーとなる。そうとは知らず，メアリー，ジェン，ゾーイの女子大学生3人組が湖畔のロッジで休暇を過ごそうとやってくる。そこは，携帯電話の電波の届かない田舎であり，ゾーイは電波が通じないことに怒り出す。その後，メアリーの恋人トミー，ゾーイの恋人バック，ジェンの恋人サムが押しかけて来て，ゾンビーバーに襲われる。最終的には，ゾーイとメアリーが車に乗り脱出するが，メアリーはゾンビーバー化してしまう。唯一生き残ったゾーイが，走行するトラックを見て車道に出て手を振る。ところが，そのトラックを運転していたのは，冒頭にシカを引いた運転手たちであった。またもやスマホに夢中な運転手はゾーイに気づかず……，という結末だ。全編にわたってスマートフォンに気を取られ過ぎている人々を皮肉っていると考えることができる。

　具体的に見ていくと，トラックの運転手は，いわゆる「ながらスマホ」によって重大な事故を起こす。現実社会でも，「歩きスマホ」が問題になっている。歩きながら，あるいは自転車やバイク，自動車に乗りながらスマートフォンを見る行為である。移動中にもスマートフォンか

ら目を離せない人間は，情報に対する過度な集中という意味では，ある種のゾンビなのかもしれない。

電波が通じずに怒り出す学生はどうだろうか。スマートフォンによって，インターネットへの接続や知り合いとの通話がいつでもどこでも可能になった一方，そうした環境がなくなることに対する苛立ちや，そうした環境への依存が見られるようになってきた。これらは極端になると，ネット依存症，スマホ依存症と呼ばれ，社会生活に支障をきたすレベルになってしまう人々も出てきている。

週刊少年マガジンのスマートフォンアプリ「マガジンポケット」で連載中の『インフェクション』（作：及川徹）では，人々が持つ携帯電話のGPS機能を用いて，個人の居場所を特定するシステムが登場する。このシステムが面白いのは，保菌者（ゾンビ）と生者を「一定期間スマホが操作されていない」などのいくつかの条件で区別することだ。そのおかげで，主人公グループには救助の手が差し伸べられる。とはいえ，これは考えてみれば不気味なことでもある。

現実世界でもスマートフォンにはGPS機能がついており，マップなどでは，自分の位置を確認しながら，目的の場所に向かうことができる。このことは，実は画期的なことだ。これまで，どこか未知の場所に正確に向かうには，人から聞いたり，誰かに連れて行ってもらったりという方法以外では，地図というメディアを用いるのが主な方法であった。こうしたメディアは，自分の位置を直接的に示してはくれない。利用者は，地図に書かれている情報と自分の周りの環境を対照しながら，自分が今いる位置を推測しながら地図を見ている。ところが，GPS機能を搭載したスマホにより，マップ上に自分を表すアイコンが現れ，それがリアルタイムで動くことで，「自分の位置」までがマップ上に示されることになった[6]。

非常に便利ではあるが，これは，自分の位置情報がスマートフォンを通じて，読み取られる危険性も内包している。この「監視」の問題は，

GPS 機能に限ったことではなく，幅広く見られる（ライアン 2011）。例えば，ネット通販サイトの Amazon だ。Amazon で購入したり閲覧したりしたものは情報として蓄積され，購入履歴や閲覧履歴から「おすすめ」が表示される。私自身，とても便利に使っているサービスなのだが，これは私が何を閲覧したか，何を購入したかというプライベートな情報がサイトに蓄積され，活用されていることを意味している。

　また，スマートフォンを多くの人が持つことによって，次のような描写が見られるようになった。『ワールド・ウォー Z』や映画『アイアムアヒーロー』では，ゾンビ・ハザードの様子をスマホで撮影する人々が描かれた。スマートフォンには，写真およびビデオを撮影する機能が付いている。これは，一般の人々が放送機能を持ち始めたことを意味する。写真を撮影し，動画を撮影し，それを SNS やブログなどを通じて人々に発信できるようになったのだ。コンビニやファストフード店のアルバイトスタッフが，アイスケースや冷凍庫に入って涼む様子や，食品をおもちゃのように扱う様子などを当人たちが twitter に投稿し，それが拡散して問題になり，ネット上にアップされた様々な情報から，当人たちの顔写真や住所，通っている高校や大学などが割り出され，ネット上に発信されるという事態が起こった。この騒ぎで，閉店に追い込まれた店舗もある。バカッターやバイトテロなどと呼ばれた現象だが，これは，当事者が知らず知らずのうちに放送機能を手に入れてしまっていたことによる事故だったのではないだろうか。一度発信されてしまった情報は，本人がいくら元の情報を消したところで，デジタル情報ゆえにコピーされ，拡散していき，根絶は困難だ。まるでゾンビのようである。

　近年，テレビでも，視聴者が撮影した事件や事故，自然現象の映像が盛んに流される。画像，映像を撮影でき，インターネットにも接続でき

---

6．こうしたデジタル地図や GPS については，『地図の進化論』（若林 2018）に詳しい。

るモバイル・マルチメディア機器であるスマートフォンを多くの人々が手にしたことによって，どこにでもカメラがある状態が出現しているのだ。『ダイアリー・オブ・ザ・デッド』では，そうした映像を時折差し挟みながら，ゾンビ・パンデミックを描いて見せている。

### 4-4 映画，テレビ，ビデオ，ゲーム

コンテンツの中に，メディアの変遷が反映されることがある。藤田（2013b，2013c）は，フリードリヒ・キットラーによる著作『ドラキュラの遺言』をあげ，その中で，キットラーは『吸血鬼ドラキュラ』を分析した結果，「手書き文字」と「タイプライター（と，フォノグラフ）」の対立を読み解いたと説明する。手書きの速記が男性のものであった時代から，女性タイピストの集団が登場したことによるメディア状況の変化が，『吸血鬼ドラキュラ』の中に反映されているというのだ。それではゾンビはどうだろう。

映画を発明したのは，「シネマトグラフ」を完成させたフランスのリュミエール兄弟だと言われている。映画の元となった技術は写真だ。写真を撮影することは，現実の一部分をそのままの形で切り取る行為であると言えよう。写真を連続的に撮影し，連続的に表示することで動いているように見え，それが映画になるわけだ。原理的にはアニメと同じである。教科書の端にイラストを描き，ページをめくりながら，一枚一枚絵をずらして描いていき，連続的にめくると絵が動いて見える。いわゆるパラパラマンガだ。連続的に提示されるのが写真なのか絵なのかの違いである。写真は，現実空間の一部分を切り取って固定する。生きている世界を止めてしまうということは，これはすなわち「死」を意味するのではないか。映画が，それを再び動くようにしたメディアだとすれば，これは極めてゾンビ的である。映画の構造そのものがゾンビ的な存在だと言うことができよう。

日本では 1897 年に日本初の映画上映が行われた。1912 年には，日本

初の映画会社「日活」が設立された。日中戦争や太平洋戦争を経た1958年には，映画は黄金時代を迎える。映画館入場者数は11億人を突破，国民1人当たりの年間映画鑑賞回数は12.3回に達した（藤竹2012）。当時，公開作品の7割以上が国産映画だったというが，この後，映画館入場者数は，1965年には5億人を割り込んでしまい，斜陽産業と呼ばれるようになり，日本の映画会社は自社資金だけで映画を製作することが困難になっていく（藤竹2012）。その原因となったのは，テレビであった。

テレビ放送は1953年に始まったが，当初は映画産業はテレビを「電気紙芝居」と呼び，劇場用映画のテレビ放映許諾を出さない，所属俳優のテレビ番組出演を拒否するなどしていた（藤竹2012）。しかし，テレビは大衆の娯楽として広く普及していく。映画以外の娯楽も次々に登場し，映画館への来場者数はどんどん落ち込んでいく。テレビで映画が放映されるようになると，映画館に行かなくても視聴できるようになった。

とはいえ，当時のテレビというメディアには一回性やそのコンテンツ自体を説明する情報（二次的テクスト）の不足といった特徴があった。今でこそ，インターネットでコンテンツについて調べれば，その周辺情報が得られたり，場合によってはオンデマンド放送で，もう一度見ることができたりするが，そうではない場合，テレビで一度きりしか放送されないものを見ることになる。情報は，新聞のテレビ欄や雑誌，書籍といった別のメディアによってもたらされた。

映像を繰り返し見ることが可能になったのは，ビデオが登場してからである。1980年代には，日本国内でビデオデッキが普及した。映像をテープに保存する装置自体は1960年代から存在したが，ビデオテクノロジーの本格的な普及は，1970年代の「VHS／ベータ戦争」を経て，1980年代半ば以降に急速に普及した家庭用ビデオデッキによるところが大きい（溝尻2012）。VHS／ベータ戦争とは，ビデオカセットの規格争いのことだ。ソニーはベータマックスという規格，ビクターはVHS

という規格でそれぞれビデオカセットを売り出した。カセットテープの大きさはベータのほうが小さく，また，画質もベータのほうが勝っていた。それにもかかわらず，その後ビデオカセットの標準規格は VHS となった。なぜ，機能的には劣っていない規格が敗れたのか，それは，魅力的なコンテンツが VHS から出されたからである。当然だが，多くの人々はビデオカセットそのものを愛でたり，楽しんだりするわけではない[7]。ビデオカセットの中に記録されたコンテンツを楽しむのである。

同様のシェア争いは他の業界でも起こったことだ。たとえばゲーム業界を例にとってみよう。ゲーム業界では，プラットフォームの規格争いが繰り返された。家庭用ゲーム機はインターネットとの接続以前，ハードとソフトが別売りになっているのが通常であった。家庭用ゲーム機の代表格である 1983 年に発売された任天堂の「ファミリーコンピュータ」は，ファミリーコンピュータ本体（ハードウェア）を購入するとともに，ゲーム情報が入ったゲームカセット（ソフトウェア）を購入しなければ遊ぶことができなかった。それ以降，家庭用ゲーム機は基本的にこの販売方法を用いている。その中で，セガの「セガ・サターン」とソニーの「プレイステーション」などのシェア争いが行われた。そういった際には，いずれも，ハード購入者に対して，どれだけ魅力的なソフトウェアを提供できるかで，競争が行われた。

ビデオデッキの普及率の推移を見ると，1980 年代後半に普及率が急激に上昇しているのがわかる（図 4-2）。ビデオの登場によって，映画やテレビでは一回しか見られなかったものを，繰り返し，それも自分が見たいと思ったタイミングで視聴することができるようになった。また，巻き戻しや早送り，一時停止といった機能を持つようになり，視聴の仕方の随意性が増した。

---

7．もちろん，ビデオテープそのものに関心のある人々もいる。そういう人々にとってはテープそのものもコンテンツとなるだろう。

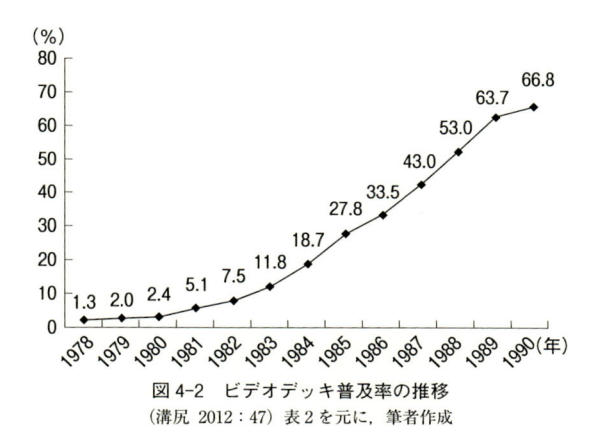

図 4-2　ビデオデッキ普及率の推移
（溝尻 2012：47）表 2 を元に，筆者作成

　ビデオデッキが普及していくと，そのメディアを活用したビジネスが登場する。レンタルビデオ店である。2016 年 7 月現在，レンタルビデオ店では DVD，Bru-lay ディスクがレンタルされており，ビデオを取り扱っている店舗はかなり少ないと思われる。また，レンタルビデオ業界は「TSUTAYA」（1,468 店舗，うち台湾 7 店舗：2013 年 12 月末時点[8]）および「GEO」（1,637 店舗：2016 年 3 月 31 日時点[9]）が多くの店舗を持っている状況だ。だが，1980 年代当初は，個人経営の店が多かった（中村 1996）。その当時の様子は，次のようにのべられている。

　　時は，ビデオ・バブル華やかなりし 80 年代後半。スプラッター・ブームに乗り，得体の知れないB級，C級のゾンビ映画が大量にビデオ・リリースされていた。ゲーセンや喫茶店が次々とレンタル・ビデ

---

8 ．　「CCC カルチュア・コンビニエンス・クラブ株式会社 | TSUTAYA」http://www.ccc.co.jp/showcase/sc_004049.html?cat=tsutaya（2016 年 7 月 3 日確認）

9 ．　「株式会社ゲオホールディングス | ショップデータ」http://www.geonet.co.jp/ir/financial/shopdata/（2016 年 7 月 3 日確認）

オ屋に鞍替えし，慣れない店主が訳も分からずにゾンビ映画のビデオを棚に並べていた。（伊東 2003：3）

　こうしたビデオや DVD，Bru-lay といったパッケージのコンテンツとして，映画は用いられる。インターネットでの配信も含めて，これはコンテンツの二次利用と呼ばれるものだ。映画は，その後に登場する様々なメディアと競合する一方，そのコンテンツとして重宝されても来た。

　さて，こうしたメディアはゾンビ映画にどのように登場しているだろうか。『バタリアン』の冒頭は，テレビで映画『ナイト・オブ・ザ・リビングデッド』が放送されている様子から始まる。これを見ながら，この映画は実話がもとになっている，と語りだすところから話が展開していく。アニメ『がっこうぐらし！』でも，映画にまつわる印象的なシーンがある。『がっこうぐらし！』は，ゾンビ・ハザードの中の女子高生たちの日常を描いた作品だが，学校から食料品や生活用品などを調達しにショッピングモールに向かうシーンがある。このショッピングモールには映画館があり，ドアのつっかえ棒を外して中をのぞくと，大量のゾンビたちがスクリーンに目を向けていた……。今となっては当たり前となった，郊外や都市部に作られた大型商業施設の中に映画館がある光景だが，このシネマ・コンプレックスという業態は，1980 年代にモータリゼーションが進んだアメリカで，都市郊外のショッピングモール内に展開されはじめたものだ（加藤 2006）。これは，一か所にスクリーンが複数ある映画館で，チケット売り場や飲食の売店，ロビーなどは共有できるため，スタッフ数を少なくできる（藤竹 2012）。かつては多くの映画館が繁華街や中心市街地に立地していたが，現在は多くの映画館がシネコンであり（図4-3），イオンをはじめとしたショッピングモール内にある。

　ビデオについて描いたゾンビ・コンテンツとしては映画『ゾンビデ

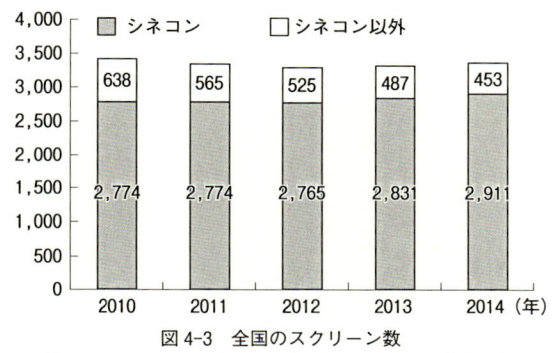

**図4-3　全国のスクリーン数**
（『デジタルコンテンツ白書 2015』図表4-3-5より，筆者作成）

オ』（監督：村上賢司）がある。本作は，作中で『ゾンビ学入門』とい
うゾンビに対応するためのハウツーが収録されたビデオ作品を見ながら，
実際に現れたゾンビに対処していくというものである[10]。ビデオなどの
パッケージは，今でも学校や教習所，企業の研修などで用いられている。
　自分が操作することで映像が変化するメディアがある。それがデジタ
ルゲームである[11]。電子的なゲームが一般に広く知られるようになった
のは，1983年に発売されたファミリーコンピューターの大ヒットによ
るところが大きいだろう。ゾンビゲームの歴史についてまとめた水野隆
志は，ゾンビをはじめとする生ける屍はゲームに描かれることが多かっ
たというが，その理由として「わかりやすさ」を挙げている。1980年
代の日本では，今ほど西洋風のファンタジー世界についての知識を持つ
人が少なかったことを指摘し，「動く死体」であるゾンビは，当時のス
プラッター・ホラーブームもあり，そのイメージのしやすさから，様々

---

10.　『ゾンビデオ』は，元々は『ゾンビ学入門』というタイトルで進められていたよ
　　うだ（伊東 2011）。
11.　デジタルゲームについては『それは「ポン」から始まった』（赤木 2005），『教
　　養としてのゲーム史』（多根 2011），『僕たちのゲーム史』（さやわか 2012），『日
　　本デジタルゲーム産業史』に詳しい（小山 2016）。

なゲームに登場したというのだ（水野 2009a, 2009b）。『魔界村』（1985年）や『スプラッターハウス』（1988年）といったアクションゲームに，序盤の弱い敵として登場した。特に，アーケードゲームの場合，あまりに序盤から難易度を高く設定してしまうと，継続してプレイしてもらうことができず，収益につながらない。その点，ゾンビであれば，「動きが遅い」という特性を持つため，最適なキャラクターと言えるのだ。ロールプレイングゲームにおいても，『ドラゴンクエスト』（1986年）には「くさった死体」というゾンビ的なキャラクターが登場する。テレビゲームの世界でも，ゾンビは様々なジャンルで登場しているのだ。

　『テラリア』や『マインクラフト』というゲームの中にも，ゾンビが敵キャラクターとして登場する。これらのゲームは，プレイの自由度が高く，『スーパーマリオ』や『ドラゴンクエスト』などのように，ステージやストーリーを進めていく必要もない。ゲームの中で，様々なものを作り上げることもできる。『マインクラフト』とゾンビには面白い関係がある。福岡県の糟屋郡志免町に，志免鉱業所竪坑櫓という遺構がある。国の重要文化財に指定されたこの建造物は，アニメ『スケッチブック〜full color's〜』（2007）やマンガ『武装錬金』（2003-2005）に背景として描かれた。『スケッチブック』の背景に描かれた志免鉱業所竪坑櫓が，「Anti Zombie Fortress」（対ゾンビ要塞）として，2011年ごろ海外の掲示板で人気を博す。様々なコラージュ画像が出回り，ゲーム『マインクラフト』の中で，志免鉱業所竪坑櫓を再現する人が現れたのである。虚構空間や情報空間を経ることによって，建造物が元の文脈や用途から離れてコンテンツ化した例として，興味深い。

　他にも，様々なメディアのゲームにゾンビは登場している（多田2011a）。コンピュータゲームで，植物を植えてゾンビを撃退するタワーディフェンスゲーム『Plants VS. Zombie』（PopCap），ウェブブラウザ用のゲームとしては『感染×少女』（AGE）が挙げられる。ゾンビ・ハザード下でゾンビに戦いを挑む少女たちを描いたアドベンチャーRPG

である。スマートフォン用アプリゲームでもゾンビをテーマにしたものが出ている（多田 2011b）。『デッドマンズ・クルス』（スクエアエニックス）はゾンビカードバトル RPG，『崩壊学園』（miHoYo）は爽快横スクロールシューティングゲーム，といった具合に様々なメディア，様々なゲームシステムにゾンビが登場している。

　テレビゲームはゾンビ映画に登場するだろうか。実は結構登場する。たとえば『ショーン・オブ・ザ・デッド』では，映画の冒頭と終幕に印象的にテレビゲームが出てくる。その際には，ゲームプレイヤーの「ダメ男」ぶりを表す道具として登場する。なぜテレビゲームが「ダメ男」ぶりを表す道具として機能するのか，それはテレビゲームが「遊び」であり，通常社会人が働いている時間帯にテレビゲームを延々とやり続ける生活は，労働市場からは外れた生活であるからだ。また，テレビゲームには没入感や依存性がある点も，「ダメ男」ぶりを表す行動に説得力を持たせているだろう。代表的なゾンビ映画である『ゾンビ』でも，ショッピングモールの中で，アーゲードゲームに興じる登場人物が描かれているが，彼は恍惚とした表情で画面に見入り，ゲームオーバーになってしまうと顔をしかめる。すぐにコインを入れてプレイを再開し，また恍惚の表情で画面に見入る。

　藤田直哉はメディアとゾンビの関係性として，興味深い説を唱えている。ゾンビは，「メディアが衝突する際に活発化し，新たなメディアに乗り移って感染し，増殖する，文化的遺伝子を持った生命体のようなものだ」というのである（藤田 2013a，2013b）。フィルムやビデオテープの中で描かれている時には，ノイズがあったり劣化していったりするものであるから，不潔さや腐食する性質，愚鈍さを持っていた。ところが，DVD に移行すると劣化やノイズはなくなる。ゲームというメディアでは，その機体性能の向上とともにゾンビの知性が増し，スマホゲームの中に移動した後は，デフォルメされ，カジュアルに，大量に街にあふれ出るようになったという。なるほど，コンテンツは，その内容的なあり

方について，メディアのあり方からも大きな影響を受けていると言える
だろう。

## 4-5　メディアとコンテンツ

ここまで整理してきた通り，メディアはデジタル化，ネットワーク化，
マルチメディア化，モバイル化が進んでいる。ここで，今一度，コンテ
ンツについて考えてみたい。

第2章でも確認した通り「コンテンツ」とは情報内容の意味だが，こ
の語が用いられるようになった背景として，デジタル化とネットワーク
が進展したことが挙げられる（長谷川・福冨　2007）。デジタル情報はコ
ピーが容易であり，それが，ネットワーク化されたメディア上を伝わっ
ていくことになる。そうすると，コンテンツはネットワークを通じて，
異なるメディア間を移動する。たとえば，書籍の場合は，その情報内容
（コンテンツ）を移動させるには，メディアそのものを持ち歩かなけれ
ばならない。ところが，書籍の内容が電子書籍としてデジタル化されれ
ばどうだろう。あるいは，書籍をデジタルカメラで撮影したりスキャナ
ーでスキャンしたりしてデジタルデータにすればどうだろう。これは，
簡単に複製ができ，ネットワークに乗るようになる。元の書籍を移動さ
せることなく，コンテンツだけが様々な場所に移動していく。

つまり，コンテンツとは，異なるメディア間を流通するようになった
情報内容を表現するための言葉なのだ。コンテンツの定義を試みている
田中（2003）では，コンテンツには，広義のコンテンツと狭義のコンテ
ンツがあり，広義のコンテンツはすなわち「情報財」のことであり，狭
義のコンテンツは，映画，音楽，テレビ番組，書籍雑誌などの「エンタ
ーテイメント系の情報財」のことであるとされている。また，水鳥川
（2005）では，コンテンツは，映画，アニメ，ゲーム，マンガ，音楽な
どの「情報」であるとしているが，さらに，「それ自身が人々の欲求の
対象になるようなもの，すなわち「最終消費財」として「価値ある情

報」」を指すとしている。また，これは田中の定義でも強調されているところであるが，コンテンツは人を楽しませるものであり，ニュースや知識などに比べて手段的側面は低い。さらに，出口（2009）の定義では，コンテンツは，「マンガや小説，音楽やドラマ，アニメやゲーム等多彩な領域の「作品」を括る用語であるとしている。他の様々な語の定義と同じく「コンテンツ」は，その時の議論に最適な形で定義されている。様々な論者によってコンテンツの定義がなされているが，それらに共通する特徴を整理すると「情報が何らかの形で創造，編集されたものであり，それ自体を体験，消費することで楽しさを得られうる情報内容」と言うことができよう。そして，それが現実空間上で結実すればアナログコンテンツとなり，情報空間上で結実すればデジタルコンテンツとなる（岡本　2013）。

　先ほどの定義の中でもってまわった言い方がある。「楽しさを得られうる」というところだ。これは，コンテンツの評価は単純には定まらないことを意味している。楽しさを得られるかどうかは，受け手によるところが大きい。例えば，時刻表や観光ガイドブックについて考えてみたい。これらはどちらかと言えば手段的側面の強い情報だ。とはいえ，時刻表それ自体をコレクションの対象にしたり，時刻表の情報を見て空想の鉄道旅行を楽しんだりする人もいる。観光ガイドブックにしても，実際にその場に行かずとも，ガイドブック自体を楽しんで読む場合があり得る。このように考えると，コンテンツそのものの性質のみではコンテンツか否かを単純に判断できないことが分かる。

　また，デジタル化，ネットワーク化，マルチメディア化，モバイル化が進むにつれて，商業的なコンテンツのみならず，コンテンツを作って発表する人々が増えてきたことも確認しておきたい。これらは CGM（Consumer Generated Media）や UGC（User Generated Contents）と呼ばれる。CGM とは，「個人が作成する，デジタル情報に変換可能な何か」のことだ（伊地知　2006）。CGM は個人による自由な創作であり，

デジタルメディアを通じてさまざまな人々に視聴される。そのため，多くの人々に楽しまれる作品ばかりが作られるとは限らない。とはいえ，これが CGM や UGC の面白いところで，商業的にはペイできないであろうニッチな作品が生み出され，狭い範囲で楽しまれることもある。一方で，商業的なコンテンツのすべてが体験者に受け入れられるかと言えば，決してそうではない。

　つまり，この「楽しさ」の部分については，その程度がコンテンツの体験者の評価によって定まるものであるとしておく方が，現実に即している。絶対的にコンテンツとそうでないものを区分するのではなく，コンテンツ体験者の評価によって変動するものとしておこう。

## 4-6　メディアとコミュニケーション

　メディアの発展とともに，我々のコミュニケーションのあり方には変化が生じている。本書では，現実空間，虚構空間，情報空間という三つの空間を前提として分析を行っているが，情報空間の存在感が増した今だからこそ，想定が容易な関係性がある。その一つが「インティメイト・ストレンジャー」だ（富田 2009）。

　「インティメイト・ストレンジャー」とは，「メディアの上だけで親しくする他者」のことで，この新たな他者の特徴は，「匿名性」と「親密性」の二つの性質を用いて次のように説明される。匿名かつ親密でない他者は「他人」であり，匿名でなくかつ親密な他者は「恋人」や「親友」などであり，匿名でなくかつ親密でない他者は「顔見知り」である。そして，これらいずれでもない新たな他者関係として，匿名かつ親密である「インティメイト・ストレンジャー」が現れたと言う。

　富田によると，こうした，これまで相容れなかったはずの「親密性」と「匿名性」が融合した他者関係がメディア上で見られる理由は，次の3点である。

　1点目は，「地理的な空間とメディア空間の違い」である。この違い

を説明する際に，富田は文通を例にとる。見知らぬ人と手紙のやりとりをし，「同世代の相手に共通する悩みを打ち明けたりする心の触れ合い」を主な目的とした文通では，相手が「すぐには会えないほど離れていることが重要な条件であった」としている。それは，手紙のやりとりを行う都合上，相手の住所や名前がわかっているからだ。住所や名前が明らかで，すぐに会えるような他者で，悩みを打ち明けたりするのであれば，それは「親友・恋人」に近い。紙メディアを用いているという点では交換日記と近いものになるだろう。ペンフレンドは距離的に離れていないと意味をなさない。一方で，「ベル友」や「メル友」の場合，相手がどこに住んでいるかは関係がない。それは，そもそも「ベル友」や「メル友」では，相手の住所や氏名がわからずともコミュニケーションが可能だからである。彼ら（彼女ら）は「地理的な空間とは別の空間，サイバースペース（電脳空間）の友」なのである。すでに確認したように2000年代後半の日本社会では，情報通信機器が発展，普及しており，広大な情報空間を想定することができる。その中では，地理的な遠近とは関係なく，親密性がはぐくまれる場が多数存在しうるだろう。

　二点目は，「日常のメディア・コミュニケーションの変化」である。通信メディアがパーソナル化し，モバイル化することにより，いつでもどこでも自由にコミュニケーションをとることができるようになっている。これはしかし，「コミュニケーション回路を自由に切断する道を開く」ことにもつながっているという。つまり，現状では機械的，そして，機会的には，特定の個人にいつでもどこでも自由にコミュニケーションをとることができるようになっている。それにも関わらず，情報通信機器に「誰からの連絡なのか」がわかる機能が搭載されていることによって，必要な時にはコミュニケーションに入り，そうでないときは，コミュニケーションを断つ，こうした態度が可能になっているのだ。この状況を，富田は，「メディアは，遠く離れた人との間をつないでくれるが，身近にいる嫌いな人との直接的な関係を切断してもくれる。私たちは，

通信メディアを利用して，身近な人との関係を「親密」にしたり「疎遠」にしたりし始めている」と指摘している。地理的な制約を超えて，他者とつながることを物理的には可能にしている情報通信機器の発展であるが，身近な人との関係性を自分で操作することにも使われるようになっているのだ。

　三点目は，「身近な人間との関係がメディアによって変容する時に生まれるストレンジャー感の変化」である。すでに確認したように，身近な人との関係性を情報通信機器によって自分で操作することが可能になっている。そこには，現代社会，特に都市空間で顕著な「匿名性」の社会が前提となっている。富田によると，そこでは「不特定の他者，多数の見知らぬ他者（ストレンジャー）との出会いと「匿名のコミュニケーション」が行われ，対面的なストレンジャー・ワールドが成立している」と言う。このように日常生活空間が「匿名化」してくると，情報通信機器を用いて，関係性をきっちりと管理しておかなければならなくなる。そうしなければ，「「トモダチ」という衣を着た他者が「私の世界」に土足で上がり込んでくる危険性がある」からだ。しかし，メディアの中のストレンジャーには，情報空間上で関係性を持っている限りは，その危険性はない。また，携帯電話やインターネットは個人同士をダイレクトにつないでくれるので，より強い「親密性」を生み出し得る。このような状況では，地理的に近接してはいるが危険性をはらんでいる身近な他者よりも，情報空間上の匿名空間のストレンジャーに対して「親密性」を求めることも不自然ではないだろう。

　「匿名性」を前提としたメディア上の親密な関係である「インティメイト・ストレンジャー」は，主に電話コミュニケーションの場で発見されたのだが，こうした他者関係は，インターネットを含めた情報空間上で一般的に起こることになっていると考えられる。これまでは，「親密性」と「匿名性」が同時に成立することは珍しいことであったが，情報通信技術が発展，普及した結果，情報空間が拡大し，それによって，こ

うした他者関係が以前に比べて頻繁に見られるようになっていると言えるだろう。

　情報空間の全面化により，ゾンビ・コンテンツの虚構空間内でも，情報空間での匿名のやり取りが描かれるようになった。マンガ『アイアムアヒーロー』では，現実にある電子掲示板「2ちゃんねる」に類似した電子掲示板が描かれる。そこでは，感染者のことを ZQN というスラングで呼んでいる。本作の 10 巻では，自分の部屋から出ずに，日々電子掲示板に書き込みをしながら生きながらえている 21 歳の江崎崇が描かれる。彼は，「深夜コンビニに行くぐらいしか外出しない」ひきこもりであったが，母親が ZQN 化し，自室のドアにタンスでバリケードをして閉じこもっている。部屋にある菓子などを食って生き延び，電子掲示板の閲覧や書き込みを続けている。電子掲示板のやり取りの中で，このまま生きていても仕方がないので，自殺しようという呼びかけが書き込まれる。カッターナイフで集団自決しようという書き込みに，江崎は自室の机の上にあったカッターナイフを取り出す。「みんな用意できたか？「せーの」でいくぞー！ｗ」の書き込みで，手首を切ろうとする江崎だったが，どうしてもできない。ふと画面を見ると「どう，死んだ？」「もうちょっと……いや，ウソｗ」「ムリムリ。メンドクセー」「痛いのヤダ」などと書きこまれている。「あぶねー」とつぶやく江崎。ネット上の匿名の集合的意見に個が影響され，行動に向かわせる様子が描かれる。実際に現実空間上でも，ネットを通じて知り合った見知らぬ者同士が集団で自殺する「ネット心中」が話題になった（渋井 2004）。

　メディアの発展と普及によって，我々の生活や社会は変化している。コンテンツの視聴の方法が変わったり，情報空間，虚構空間の存在感が増してコミュニケーションのあり方が変わったりしている。それは，ゾンビ・コンテンツの流通や体験の仕方を変えるだけでなく，ゾンビ・コンテンツの内実にも影響を与えていることが明らかになった。次章では，メディアの中でもゲームに着目し，我々とゾンビの関係性をより深く考

えてみたい。

第5章

# ゾンビとゲーム
Game of the Dead

　本章では，ゾンビとゲームの関係性について論じる。ゾンビはゲームにもよく登場する。ゾンビが主な敵キャラクターとして登場するものもあれば，プレイヤーに攻撃を仕掛けてくるキャラクターの一種類として登場するものもある。ゲームの中で，ゾンビはどのように描かれてきたのだろうか。それを検討することで，我々はゾンビという対象にどのように向き合い，ゾンビはどう作用しているかを明らかにすることができるだろう。

## 5-1　ゲームに登場するゾンビを分析する意味
　すでに見てきたように，『バイオハザード』をはじめとしたゲームメディアにおけるコンテンツとしてゾンビが描かれたことは，ゾンビ・コンテンツ史上重要な出来事であった。それに加えてここで確認しておきたいのは，ゾンビ・コンテンツは全般的に「ゲーム」的な要素が強いことだ。「ゾンビ化」という新たなルールが導入された世界の中で，人間は（あるいはゾンビは）いかに行動するかが描かれる物語が多いからである。たとえば，ゾンビに噛まれると体が不調をきたし，最終的にはゾンビになってしまうことから，噛まれないようにせねばならない。ゾンビは脳を破壊しない限り動き続けるため，頭から下の部分を攻撃してもなかなか倒せないが，頭を狙えば容易く倒せる。このように，ゾンビの出現およびその拡散によって，ゲームのルールや決まり事のような設定が生まれていく。ゾンビはゲームと相性が良い存在だ。

　ゾンビはゲームに様々なあり方で登場する。プレイヤーを邪魔する敵キャラクターとして登場するのはもちろんだが，その性質もいくつかある。さらに，場合によってはプレイヤーがゾンビを操作するものや，ゾンビを育てるものまで出てきている。ゲームは，プレイヤーがある程度操作可能なメディアである。そう考えると，ゲームに描かれるゾンビを分析することで，人間はゾンビという対象をどのように扱っているのかを明らかにすることができるだろう。

　ゲームに登場するゾンビについてまとめた書籍としてホビージャパンムックの『GAMES OF THE LIVING DEAD　ゾンビゲーム大全』がある。その中で，「ゲームゾンビの起源」として，その歴史が簡単にまとめられている（水野 2009a，2009b）。水野は時代を大きく二つに区分してみせる。「アンプラグド時代」と「電脳時代」だ。アンプラグドとは，音楽でよく用いられる用語であり，電子・電気楽器ではない楽器を用いて演奏することを指す。たとえば，エレキギターではなく，アコースティックギターを用いるという具合だ。つまり，この時代区分はデジタルゲームより前とデジタルゲーム以降を指している。当然，デジタル以前とデジタル以降でゾンビとゲームの関係性がドラスティックにすべて変わってしまったわけではない。また，現在でもアンプラグドなゾンビゲームは生まれ続けている。本書では，水野氏の分類を採用しつつ，時代区分については明確に行わずに，様々なゲームでゾンビはどのような存在として描かれているのかを分析していきたい。また，用語として，基本的にデジタル機器を用いずに行うゲームをテーブルゲームとし，デジタル機器を用いて行うゲームをデジタルゲームとして分析を進めていく。

　ゲームは，映画や小説などとは異なり，プレイヤーがプレイ中に，ある程度そのコンテンツの内容を変化させることができる「インタラクティビティ」（相互作用性）を持つメディアだと言える[1]。絵画や映画は，それを鑑賞している側が，鑑賞している最中にその内容を変化させることは基本的にはできないが[2]，ゲームはプレイヤーが何かをすることに

よって，ゲームの内容が変わっていく。もちろん，ゲームそのものの内容を変えたり，ルールに逸脱する行為を行ったりすると，それはゲームとして成立しないが，そうでない限り，ゲーム内ではプレイヤーは自由にふるまい，プレイされる内容は変化していく

　そもそも，テーブルゲームはプレイヤーがダイスを振ったり，コマを進めたり，発話したりせねばゲームが進まない。その際にプレイヤーが繰り出す手は，ルールなどの制約上有限であることも多いが多様ではある。複数人で同時にプレイするようなゲームでは，プレイヤーが「誰なのか」によっても内容が変わってくる。さらに，場合によってはゲームマスターなる，ゲームを進める役割を担う人がいなければゲームを遊べない場合もある。また，デジタルゲームにおいても，プレイヤーはコンテンツにある程度影響を与えることができる。『僕たちのゲーム史』（さやわか 2012）で提示されたデジタルゲーム[3]の定義「ボタンを押すと反応する」もの，というのは非常に明快だ。デジタルゲームは基本的に何らかのボタンを押すことで，画面の何かが反応するものである。

　なんとも単純な定義であり，つい，いくつかの要素を入れたくなってしまう。たとえば，定義に「物語があること」を持ち込みたくなる。し

---

1．この，映像と身体との「インタラクティビティ」については，『映像論序説』（北野 2009）で，詳細に論じられている。また，『日本サブカルチャーを読む』（押野 2015）の中に収録されている二本の論文「ドライビングゲームにおいて，いかにして「物語」はマウントされるのか，あるいはされないのか」（竹本 2015）および「物語としてのゲーム／テレプレゼンスとしてのゲーム―『バイオハザード』を例として」（榊 2015）も，ゲーム分析について丁寧な分析を行っている。

2．絵画の場合は上から色を描きたすことは可能だろうし，映画についても「ニコニコ動画」のように，映像の前面にコメントを書き込むシステムを使用すれば変化させることができる。現代アートや CGM の分野では，視聴者や鑑賞者とされていた人達を巻き込んだ形で作品が作られていくような試みもある。ここでは美術館で絵画を，映画館で映画を鑑賞する，といった状況を前提に述べている。

3．書籍の中では「コンピュータゲーム」と表現されている。

かし，そうすると，ある種類のゲームが除外されてしまうことに気付く。たとえば，初期のゲーム『ポン』に物語はあるのだろうか[4]。パズルゲームやソリティアなどにも，物語は不要だ。ちょっとした「設定」があるゲームは多いが，ゲーム中で物語がそれほど重要性を持っていないか，ほとんど語られない作品も多い。あるいは，物語の終わりが設定されていないようなゲームもある。『艦隊これくしょん』や『刀剣乱舞』といったブラウザゲームは，擬人化された戦艦である艦娘や，同じく擬人化された刀剣である刀剣男士を収集しながら育成，使役し，敵を倒していくゲームだ。それぞれに設定と物語は準備されているが，ゲーム自体の目的はどちらかと言うと主にキャラクターを収集，育成することにある。敵の戦艦や刀剣との戦闘時には，プレイヤーは戦闘に参加させる艦娘や刀剣男士を選択するだけで，特にやることがない[5]。逆に，物語をなぞるだけのゲームもある。ノベルゲームと呼ばれるもので，ゲーム的な要素としては，選択肢を選択して決定ボタンを押すことで，物語が変化することが挙げられる。しかし，ノベルゲームによっては，ほぼ分岐がなく，単線で，物語のテキストやイラストを見るためにボタンを押していくものもある。こうした様々なゲームを全て含みこんだ定義として，「ボタンを押すと反応する」もの，は実に最適なのだ。

　ゲームで描かれるゾンビを分析することで，プレイヤーは，ダイスを振り，コマを進め，ボタンを押すことで，ゾンビに対してどのような作用をするのかを整理していくことができる。それは，我々がそういったゲームの何に楽しみを感じているのか，を明らかにすることにつながる

---

4．詳細については，『それは『ポン』から始まった―アーケード TV ゲームの成り立ち』（赤木 2005）を参照。

5．この二つのコンテンツは，しかし，たくさんの「物語」を生み出す元になっていることには注意が必要だ。ファンによる同人活動が盛んで，この設定から，様々な物語や世界を生み出し，それに影響を受けた人がさらにそれを題材に作品を作り，発表していくサイクルが出来上がっている。

のだ。

## 5-2　テーブルゲームとゾンビ

　最近では「ゲーム」というと，デジタルゲームをイメージすることが多くなったが，ゲームの中には当然ながら現実空間上の盤を使用する「ボードゲーム」やカードを用いる「カードゲーム」，鬼ごっこやかくれんぼといった「体を動かして楽しむ遊び」も含まれる。

　テーブルゲームには，他にも「アナログゲーム」や「ボードゲーム」という呼び名があり，広く用いられている[6]。テーブルゲームの歴史は古く，紀元前7000年〜5500年頃の遺跡から，遊戯盤と思われる石板が発掘されている（増川 2010）。日本でも，その歴史は古く，7世紀初頭のものと思われる中国の史書に記録が残っている。それによると，囲碁や盤雙六，樗蒲（すごろくのような競争ゲーム）などが遊ばれていたという（増川 2012）。記録に残っていない時代にも，盤や札を用いた遊びやその原型はあっただろう。

　徳岡正肇は，テーブルゲームの歴史について，特に現代日本に注目して整理した（徳岡 2015b）。その記述を表にしたのが，表5-1である。

　ゾンビがゲームに登場し始めたのは，テーブルゲームからだと考えられる。テーブルゲームの中に，テーブルトークRPG（TRPG）というジャンルがある。これはその名の通りの対話を重視したロールプレイングゲームであり，決められたルールを元に，ダイスや紙，鉛筆などを使いながら進めていくものだ。TRPGの初期作品で大きなインパクトを残したといわれている作品が『ダンジョンズ＆ドラゴンズ』である。このゲームは1974年にアメリカでTSR社から発売された。日本における

---

6．呼び名も含めて，テーブルゲームについて概説した文献として，「ボードゲームからデジタルゲームを捉える」（デジタルゲームの教科書制作委員会 2010），「現実空間に置かれたゲーム」（徳岡 2015b）などがある。

表 5-1　テーブルゲームの歴史（現代日本）

| ～1970 年代 | 伝統ゲーム | 『囲碁』『将棋』『トランプ』『麻雀』を始めとした伝統ゲームに加えて、『人生ゲーム』のようなボードゲーム。 |
|---|---|---|
| 1970 年代～ | ウォーゲーム | アメリカから輸入されたウォー・シミュレーションゲーム。 |
| 1980 年代～ | TRPG | アメリカから輸入されたテーブルトーク・ロールプレイングゲーム。1989 年に『ソード・ワールド RPG』（グループ SNE／富士見書房）が発売されることで、爆発的な人気を得た。 |
| 1980 年代～ | キャラクターカードゲーム | これまで主にゲーム機能が重視されてきたカードに、キャラクター性を付与したゲーム。1988 年の『モンスターメーカー』（鈴木銀一郎／翔企画）がその皮切りとなる。 |
| 1995 年～ | トレーディングカードゲーム | アメリカから輸入された『マジック・ザ・ギャザリング』（Wizards of the Coast／Hasbro・1995）を中心とし、『ポケモンカードゲーム』（株式会社ポケモン／任天堂・1996）、『遊☆戯☆王オフィシャルカードゲーム』（コナミデジタルエンタテインメント・1999）、『カードファイト!! ヴァンガード』（ブシロード・2011）など、日本でも大きな成功を得た。 |
| 1995 年～ | ユーロゲーム | 主にドイツで製造・販売されているボードゲームが輸入され、高い評価を得て、一つのジャンルを形成した。『カタンの開拓者たち』が火付け役となった。 |
| 2000 年～ | インディ＆ミニマリズム | ユーロゲームが普及し、小規模ながらも自主制作ゲーム市場が生まれたことにより、テーブルゲームにおいてもインディゲームが急激に成長した。またその中で、「可能な限りシンプルなコンポーネントで、面白いゲームを提供する」という動きが、海外からも注目されている。 |

（徳岡『ゲームの今』p. 129 の記述を元に表としてまとめたもの）

TRPG ブームは，1989 年の『ソード・ワールド RPG』によってもたらされたというが，『ダンジョンズ＆ドラゴンズ』も日本に渡ってきている（黒田 1987）。ファンタジーの世界観を持ったゲーム『ダンジョンズ＆ドラゴンズ』にも，ゾンビは登場した。TRPG の目的の中心は，ゲームマスターと呼ばれる役割を担う人が創り出す世界観を，プレイヤーたちが楽しむことにあるため，ゾンビは，通常の敵キャラクターとは一風変わった存在として，場を盛り上げたのかもしれない。

　ゾンビをテーマにしたテーブルゲームもある。『GAMES OF THE LIVING DEAD　ゾンビゲーム大全』では，『ゾンビーズ!!!』『モール・オブ・ホラー』『ラスト・ナイト・オン・アース』『ゾンビ・タウン』など 17 作品が紹介されている（ホビージャパンムック 2009）。こうしたテーブルゲームの中では，ゾンビの性質やゾンビ映画で見られるシチュエーションが明確に数値化されている。たとえば，人間キャラクターはダイスを振って出た目の数だけコマを移動できるが，ゾンビは 1 コマしか移動できないというルールがある。これは，ゾンビの動きが遅いことを意味している。あるいは，ゾンビに対して攻撃を仕掛ける際にダイスを振り，出目によって攻撃の当たり外れが決まったり，当たった際に与えるダメージが変化したりする。これは，ゾンビを攻撃した時に，そもそも攻撃が当たらない場合があることや，当たった時にそれが体なのか，頭なのかによってその効果が変わることを表現している。中には，人間側だけでなく，ゾンビ側を操作するものもある。最近では，走るゾンビに対応しているものもあり，ゾンビの進行速度も種類によって速いものと遅いものがあるなど，工夫が凝らされている。

　キャラクターカードゲームやトレーディングカードゲームにもゾンビは登場している。また，近年では，こうしたキャラクターカードゲームやトレーディングカードゲームをデジタルで実現したようなスマートフォン用のゲームも登場している。たとえば，スマホゲーム『デッドマンズクルス』は，様々な歴史上の偉人や物語世界のキャラクターたちがゾ

ンビ化したものを集めて，それを育成，使役して戦うゲームシステムを取っている。

　ゾンビは，眼前に現れると，我々に対処を求める存在であり，また，その対処は様々な結果を生み出しえるものだと言えよう。そして，コレクションや育成の対象にもなり得ることが分かった。

### 5-3　RPGとゾンビ

　TRPGの『ダンジョンズ＆ドラゴンズ』からゾンビが登場していたが，デジタルゲームの世界にもゾンビというキャラクターが導入された。RPGと言えば，現在でもシリーズが継続しており，新作が発売されている人気シリーズ『ドラゴンクエスト』や『ファイナルファンタジー』を思い浮かべる人が多いだろう。その『ドラゴンクエスト』は，1983年に発売された任天堂のファミリーコンピュータというゲームハードのソフトとしてエニックスから1986年に発売された作品だ。シリーズ3作目の『ドラゴンクエストⅢ』は発売時に行列ができ，社会現象にもなった。TRPGのいわばデジタルゲーム版と言うことができ，ゲームマスターの役割をコンピュータが担ったため，一人でRPGを遊ぶことができるようになった。この大ヒットRPG『ドラゴンクエスト』にも，ゾンビが登場する。

　1986年の『ドラゴンクエスト』発売から25周年を記念して発行された『ドラゴンクエスト　25thアニバーサリー　モンスター大図鑑』（スクウェア・エニックス　2012）を見てみよう。本書にはシリーズに登場したモンスターが掲載されている。収録作品は，『ドラゴンクエスト』（1986年）から『ドラゴンクエストⅨ　星空の守り人』（2009年）までのメインシリーズはもちろん，『トルネコの大冒険〜不思議のダンジョン〜』（1993），『剣神ドラゴンクエスト　甦りし伝説の剣』（2003），『スライムもりもりドラゴンクエスト　衝撃のしっぽ団』（2003），『ドラゴンクエスト　モンスターバトルロード』（2007-2008），『ドラゴンクエスト　あるく

んです』(1998) といった派生作品シリーズも含め，全 34 作品におよび[7]，約 1600 種類のモンスターが紹介されている。

　『ドラゴンクエスト』シリーズにおいて，ゾンビをモチーフにしたモンスターは「くさった死体」である。『モンスター大図鑑』では，「スライム」「ドラキー」「メタルスライム」に続いて 4 番目に紹介されている。約 1600 種類中の 4 番目というだけで，ドラゴンクエストシリーズの中でどれだけよく登場するモンスターかということはわかるのだが，比較対象がなくては全体の中での位置がわかりにくい。おそらく，ドラゴン

---

7.　具体的な収録作品は以下の通り。『ドラゴンクエスト』『ドラゴンクエストⅡ 悪霊の神々』『ドラゴンクエストⅢ そして伝説へ…』『ドラゴンクエストⅣ 導かれし者たち』『ドラゴンクエストⅤ 天空の花嫁』『ドラゴンクエストⅥ 幻の大地』『ドラゴンクエストⅦ エデンの戦士たち』『ドラゴンクエストⅧ 空と海と大地と呪われし姫君』『ドラゴンクエストⅨ 星空の守り人』『トルネコの大冒険〜不思議のダンジョン〜』『ドラゴンクエスト・キャラクターズ トルネコの大冒険2〜不思議のダンジョン〜』『ドラゴンクエスト・キャラクターズ トルネコの大冒険2アドバンス〜不思議のダンジョン〜』『ドラゴンクエスト・キャラクターズ トルネコの大冒険3〜不思議のダンジョン〜』『ドラゴンクエスト・キャラクターズ トルネコの大冒険3アドバンス〜不思議のダンジョン〜』『ドラゴンクエスト 少年ヤンガスと不思議のダンジョン』『ドラゴンクエストモンスターズ テリーのワンダーランド』『ドラゴンクエストモンスターズ2 マルタのふしぎな鍵 ルカの旅立ち／イルの冒険』『ドラゴンクエストモンスターズ1・2 星降りの勇者と牧場の仲間たち』『ドラゴンクエストモンスターズ キャラバンハート』『ドラゴンクエストモンスターズ ジョーカー』『ドラゴンクエストモンスターズ ジョーカー2』『ドラゴンクエストモンスターズ ジョーカー2プロフェッショナル』『剣神ドラゴンクエスト 甦りし伝説の剣』『ドラゴンクエストソード 仮面の女王と鏡の塔』『スライムもりもりドラゴンクエスト 衝撃のしっぽ団』『スライムもりもりドラゴンクエスト2 大戦車としっぽ団』『スライムもりもりドラゴンクエスト3 大海賊としっぽ団』『ドラゴンクエスト モンスターバトルロード』『ドラゴンクエスト モンスターバトルロードⅡ』『ドラゴンクエスト モンスターバトルロードⅡレジェンド』『ドラゴンクエスト モンスターバトルロードビクトリー』『ドラゴンクエスト あるくんです』『ドラゴンクエスト あるくんです2 そして，しあわせに…』『ドラゴンクエスト あるくんです リターンズ』。

140

**図5-1　くさった死体**
（筆者私物を撮影）

クエストシリーズにおいてもっとも有名なモンスターは「スライム」である。実際，スクウェア・エニックスがドラクエ25周年を記念して出した『モンスター大図鑑』の装丁も随所にスライムがあしらわれている。この「スライム」は，シリーズ中29作品に登場している[8]。それでは「くさった死体」はというとシリーズ中24作品に登場する。関連モンスターとして「グール」や「リビングデッド」がいる。「ゾンビ」という名前の敵キャラクターはいないが，「くさった死体」「グール」「リビングデッド」は明らかにゾンビだ。RPGの代名詞ともいえるドラゴンクエストシリーズにもゾンビは登場し，活躍しているのである。

　『ドラゴンクエスト』に代表されるRPGでは，基本的にはプレイヤーのターンと敵キャラクターのターンがわかれている。現実場面での戦闘や闘争とは異なり，こちらが行動を決定し，入力するまで敵キャラクターは行動をしない。こうしたゲームシステムの中でゾンビを登場させた場合，ゲームの中でどのような役割を持つだろうか。「くさった死体」について分析してみよう。『モンスター大図鑑』のキャラクター説明を見てみると，以下のように書かれている。

　　邪悪な魂が宿って動き出した死体。くさっているからか，体内には

---

8.　これは，「スライム」として登場している作品の数である。ドラゴンクエストシリーズには，「メタルスライム」や「スライムベス」といった亜種の他，「バブルスライム」「ホイミスライム」「スライムつむり」「キングスライム」「スライムエンペラー」「スラッピー」「スラブラスター」「スライムナイト」などのスライムをモチーフにしたモンスターがたくさん登場する。

毒がたくわえられており，くさった死体にひっかかれたり息を吹きかけられると毒に冒されてしまうことも。また，『DQ V』では舌でなめまわしてきたり，『トルネコ』シリーズでは盾をサビさせる液体を吐いたりと，冒険者を弱らせる攻撃も得意。ゾンビだけにしぶとく，仲間を呼んだりすることもあるので，旅になれない冒険者は苦しめられる。（スクウェア・エニックス 2012）

ゾンビ化の原因としては，「死体」に邪悪な魂が宿ることで動き出す，という説明がなされている。原因を「魂」としており，ヴードゥー的な設定である。さらに，人間や盾に効果がある「毒」を持ちプレイヤーを弱らせる。そして，「ゾンビ」であり「しぶとく」，「仲間」を呼ぶという性質を持つ。「仲間」を呼ぶ，というのは，ゾンビが噛みついて「増殖」していく様子や，続々と現れてくる様子，一体一体の能力は低いがいつのまにか複数体に囲まれてしまっている様子を表現していると思われる。

また，その他「くさった死体」の説明ページには「HP のわりに守備力は低め」「もう死んでるからザラキは効かないよ」「生前の記憶をもつものも !?」と書かれている。

HP とはヒットポイントの略で，RPG では一般的に使用される単位だ。HP は，そのキャラクターの体力を指し，通常，この体力（HP）がゼロになるとそのキャラクターは死亡，あるいは行動不能に陥ってしまう。つまり，「くさった死体」のステータスは，体力数値が高いが，守備力の数値は低いということだ。これは，攻撃があたりやすく損傷しやすいが，なかなか行動不能に陥らない「ゾンビ」の性質をうまく数値化している[9]。

次に，ザラキとは，ドラゴンクエストの世界の魔法の名称であり，唱えると一定確率で相手を死亡させる呪文である。「くさった死体」はすでに死んでいるので，殺人の呪文の効果がないというわけだ。RPG に

おいて，キャラクターを一瞬で死亡させる呪文はプレイヤーにとって極めて恐ろしい効果を持っていると言える。それというのも，ルール上，プレイヤーが操作するキャラクターの HP がすべてゼロになるとゲームオーバーになるため，プレイヤーは経験値をためてレベルを上げることで，HP の最大値を上げたり，戦闘などで減少した HP をアイテムや魔法によって回復させたりしてプレイを続ける。あるいは，レベルの上昇や道具の使用によって防御力を上げたり，素早さを高めて，相手からの攻撃によって受けるダメージ数値を減らしたり，攻撃を無効化したりして対処する。レベルを上げるために敵キャラクターとの戦闘を繰り返して経験値を積み，金銭を手に入れてより強い防具や道具を購入するのだ。敵キャラクターは，物語が進むにつれてどんどん手ごわくなっていくので，何らかの方法で操作キャラクターは敵のモンスター以上の「強さ」を手に入れないとゲームを先に進めることができなくなる。そのため，RPG をプレイする場合は，この「経験値（や金銭）を稼いでレベルを上げる」という行為が必要になることが多く，これには相当時間がかかる。つまり，HP や防御力を上げるために，プレイヤーは時間をかけている。ところが，ザラキという呪文が効力を発揮してしまうと，いかに HP が高かろうが，どれだけ防御力が高かろうが，一撃で死に至ってし

---

9． こうした「くさった死体」についてのゲーム上のパラメータとゾンビ表現の関係性については，さやわか氏の研究で，以下のように指摘されている。「『『ドラクエⅡ』だと，くさったしたいにはデルコンダル地方などワールドマップ上の数カ所で遭遇するが，同じエリアに登場するモンスターと比較して一・五倍から二倍近い体力を持っている。死体のくせに体力があるというのもおかしな話だが，これはつまりプレイヤーの攻撃に対する耐久力が高いということである。さらに攻撃力と素早さは同じエリアに登場するモンスターの中で最低であり，守備力は半分以下である。このパラメーターによってくさったしたいは，並み以下の運動能力でありながら身体を傷つけても痛みを感じず捕食対象にゆっくりと迫り続ける，ゾンビに似つかわしい特徴を与えられている。」（さやわか 2013）

まうわけだ。こつこつと積み上げてきたものが一瞬にしてゼロになる。これは，先に確認したRPGのゲームシステムを考えた時に，プレイヤーにとってかなり厳しいルールであることが分かるだろう。ところが，この「くさった死体」には，それが無効だというのだ。RPGのファンタジー世界の中でも，ゾンビは「動く死者」であり，その世界のルールをねじまげる存在として描かれていると言えよう。

　さらに，まれに生前の記憶をもつものもいるという。通常「くさった死体」は敵キャラクターであり[10]，戦闘シーンにしか登場しないが，この「記憶をもつくさった死体」については，以下のようにストーリー上にエピソードとして登場する。「謎の病気で命を落とした灯台守のスミスは，「くさった死体」としてよみがえり，理性と記憶をなくしてしまったとスミスの恋人であるマチュアは言う。主人公たちがギスヴァーグというモンスターを倒し，その後スミスをマチュアに会わせると理性と記憶が戻って，主人公の仲間になる」というエピソードである。

　通常の敵キャラクターとしての「くさった死体」は，原因こそ「魂」とヴードゥーゾンビ的な設定であるが，その他の「死者」「毒」「増殖」「丈夫さ」といったロメロ以降のスタンドアローン型ゾンビの特徴が色濃く出ている。その一方で，エピソードに登場する「記憶をもつくさった死体」については，原因は「謎の奇病」であるため，スタンドアローン型ゾンビの性質を持ちながら，その「可逆性[11]」から，ヴードゥーゾンビ的な一面を持ち合わせていると言えよう。このように，ゾンビの様々な特性がRPGというゲームシステムの中にも反映されていることがわかる。

---

10.　シリーズの中では，倒したモンスターを仲間にできるものもあり，その場合は，「くさった死体」も仲間になりえる。

11.　ゾンビになると人間には戻れないことが多く，不可逆である。ところが，このエピソードでは人間に戻っているので可逆性がある。

### 5-4　バイオハザード・ショック

　1996 年に PlayStation 用ソフト『バイオハザード』が CAPCOM から発売され，ヒットし，2000 年代以降のゾンビブームの端緒となったことは，すでに書いた通りだ。

　『バイオハザードぴあ』（2016）によると，一作目の『バイオハザード』だけでも，2015 年 12 月 31 日時点の累計販売本数は，プレイステーション版で 275 万本，ゲームキューブ版で 135 万本，HD リマスター版で 120 万本に上る。

　これほどの人気を博した『バイオハザード』だが，本作は，ゲーム上でのゾンビの描かれ方を大きく変えるきっかけとなった作品であると考えられる。RPG にしても，アクションにしても，立体感を持って描かれたゾンビが，リアルタイムでプレイヤーに近づいてきて，プレイヤーは各種武器でそのゾンビと戦うというゲームはこれまでになかった。これが実現されたのにはゲームハードの性能向上があっただろう。ゲームに登場するゾンビはリアルタイムで動き回り，プレイヤーに襲い掛かってくるようになった。また，プレイヤーは，そのゾンビに対して，様々な武器を駆使して戦ったり，逃げたりといった現実の対処に近い操作が可能になったのだ。

　また，『バイオハザード』では，動きの遅いゾンビも登場するが，素早く動く「クリムゾンヘッド」や，ウィルスによってさらに異形化した「リッカー」，人間以外の生物がウィルスや実験によってモンスター化したクリーチャーが登場する。ゲームの難易度を徐々に上げていく上で，こうした存在が必要であったと考えられる。

　『バイオハザード』の登場とそのヒットにより，ゾンビだらけの世界の中でサバイバルを行うゲームが多数発売され，人気を博した。ゲームハードの性能はさらに上がり，一画面に登場するゾンビの多さも増え，また，同時に複数人でプレイすることができるようなものも出始めた。さらに，ゲームハードにインターネットに接続する機能が搭載されたこ

表 5-2 1996 年から 2016 年のバイオハザードシリーズ一覧

| No. | 発売年 | 月日 | ソフト名 | ゲームハード |
|---|---|---|---|---|
| 1 | 1996 年 | 3 月 22 日 | バイオハザード | PlayStation |
| 2 | 1997 年 | 7 月 25 日 | バイオハザード | セガサターン |
| 3 | | 9 月 14 日 | バイオハザード | パソコン |
| 4 | | 9 月 25 日 | バイオハザード ディレクターズカット | PlayStation |
| 5 | 1998 年 | 1 月 29 日 | バイオハザード 2 | PlayStation |
| 6 | | 8 月 6 日 | バイオハザード ディレクターズカット デュアルショック Ver. | PlayStation |
| 7 | | 8 月 6 日 | バイオハザード 2 デュアルショック Ver. | PlayStation |
| 8 | 1999 年 | 2 月 19 日 | バイオハザード 2 | パソコン |
| 9 | | 9 月 22 日 | バイオハザード 3 LAST ESCAPE | PlayStation |
| 10 | | 12 月 22 日 | バイオハザード 2 バリュープラス | ドリームキャスト |
| 11 | 2000 年 | 1 月 27 日 | バイオハザード ガンサバイバー | PlayStation |
| 12 | | 1 月 28 日 | バイオハザード 2 | NINTENDO64 |
| 13 | | 2 月 3 日 | バイオハザード—CODE：Veronica— | ドリームキャスト |
| 14 | | 11 月 16 日 | バイオハザード 3 LAST ESCAPE | ドリームキャスト |
| 15 | 2001 年 | 3 月 22 日 | バイオハザード—CODE：Veronica—完全版 | ドリームキャスト／PlayStation2 |
| 16 | | 11 月 8 日 | ガンサバイバー 2 バイオハザード—CODE：Veronica— | PlayStation2 |
| 17 | 2002 年 | 3 月 22 日 | バイオハザード | ニンテンドーゲームキューブ |
| 18 | | 3 月 29 日 | バイオハザード GAIDEN | ゲームボーイカラー |
| 19 | | 11 月 21 日 | バイオハザード 0 | ニンテンドーゲームキューブ |
| 20 | 2003 年 | 1 月 23 日 | バイオハザード 2 | ニンテンドーゲームキューブ |
| 21 | | 1 月 23 日 | バイオハザード 3 LAST ESCAPE | ニンテンドーゲームキューブ |
| 22 | | 2 月 13 日 | ガンサバイバー 4 バイオハザード HEROES NEVER DIE | PlayStation2 |
| 23 | | 8 月 7 日 | バイオハザード—CODE：Veropnica—完全版 | ニンテンドーゲームキューブ |
| 24 | | 12 月 11 日 | バイオハザード アウトブレイク | PlayStation2 |
| 25 | 2004 年 | 4 月 9 日 | バイオハザード 3 LAST ESCAPE | パソコン |
| 26 | | 9 月 9 日 | バイオハザード アウトブレイク FILE2 | PlayStation2 |
| 27 | 2005 年 | 1 月 27 日 | バイオハザード 4 | ニンテンドーゲームキューブ |
| 28 | | 12 月 1 日 | バイオハザード 4 | PlayStation2 |

| 29 | 2006 年 | 1 月 19 日 | バイオハザード デッドリーサイレンス | ニンテンドー DS |
|---|---|---|---|---|
| 30 | | 5 月 31 日 | バイオハザード Wii エディション | Wii |
| 31 | 2007 年 | 6 月 7 日 | バイオハザード 4 | パソコン |
| 32 | | 11 月 15 日 | バイオハザード アンブレラ・クロニクルズ | Wii |
| 33 | 2008 年 | 7 月 10 日 | バイオハザード 0 | Wii |
| 34 | | 12 月 25 日 | バイオハザード | Wii |
| 35 | 2009 年 | 3 月 5 日 | バイオハザード 5 | PlayStation3／Xbox 360 |
| 36 | | 9 月 17 日 | バイオハザード 5 | パソコン |
| 37 | 2010 年 | 1 月 14 日 | バイオハザード／ダークサイドクロニクルズ | Wii |
| 38 | | 2 月 18 日 | バイオハザード 5 オルタナティブ エディション | PlayStation3 |
| 39 | 2011 年 | 6 月 2 日 | バイオハザード ザ・マーセナリーズ 3D | ニンテンドー 3DS |
| 40 | | 9 月 8 日 | バイオハザード リバイバルセレクション | PlayStation3／Xbox360 |
| 41 | 2012 年 | 1 月 26 日 | バイオハザード リベレーションズ | ニンテンドー 3DS |
| 42 | | 4 月 26 日 | バイオハザード オペレーション・ラクーンシティ | PlayStation3／Xbox 360 |
| 43 | | 6 月 28 日 | バイオハザード クロニクルズ HD セレクション | PlayStation3 |
| 44 | | 7 月 26 日 | バイオハザード オペレーション・ラクーンシティ | パソコン |
| 45 | | 10 月 4 日 | バイオハザード 6 | PlayStation3／Xbox 360 |
| 46 | 2013 年 | 3 月 22 日 | バイオハザード 6 | パソコン |
| 47 | | 5 月 23 日 | バイオハザード リベレーションズ アンベールド エディション | PlayStation3／Xbox 360／WiiU／パソコン |
| 48 | 2014 年 | 11 月 27 日 | バイオハザード HD リマスター | PlayStation3／Xbox 360 |
| 49 | 2015 年 | 1 月 20 日 | バイオハザード HD リマスター | PlayStation4／Xbox One／パソコン |
| 50 | | 3 月 19 日 | バイオハザード リベレーションズ 2 | PlayStation3／PlayStation4／Xbox 360／Xbox One／パソコン |
| 51 | | 9 月 17 日 | バイオハザード リベレーションズ 2 | PlayStation Vita |
| 52 | 2016 年 | 1 月 21 日 | バイオハザード 0 HD リマスター | PlayStation3／PlayStation4／Xbox 360／Xbox One／パソコン |
| 53 | | 1 月 21 日 | バイオハザード オリジンズコレクション | PlayStation4／Xbox One |
| 54 | | 5 月 12 日 | バイオハザード アンブレラコア | PlayStation4／パソコン |

（『バイオハザード ぴあ』pp. 24-25 の表から筆者作成）

とで，ネットワークを通じて別の場所にいる人々が同時に同じゲーム世界を体験することができるようにもなった。『バイオハザード』後には，『デッドライジング』『Left 4 Dead』『お姉チャンバラ』『ロリポップチェーンソー』『デッドアイランド』『ラスト・オブ・アス』といった，主人公を操作しながらゾンビ・ハザードが起こった世界でゲームを進めていくものが数多く発売され，人気を博した。

ゾンビは，数値や設定，ビジュアルのみならず，「動き」も伴って向かってくるようになった。それに対して，プレイヤーもまた，ダイスを振ったり何かを選択して決定するといった「結果」を導くための間接的な動作ではなく，リアルタイムで対処する操作が可能になった[12]。

### 5-5　シューティング・オブ・ザ・デッド

ゾンビを的にしたシューティング・ゲームが登場する。このシューティング・ゲームで重要なのは，「ヘッドショット」という要素だ。たとえば，前述のドラゴンクエストなどでは，攻撃の際，敵のどの部分を狙うかを選択することはできず，ゾンビの特徴である「頭に攻撃を受けると動きが止まる」というアクションをリアルタイムで再現することは困難だった。

そのような状況を変えたのは，セガの『ザ・ハウス・オブ・ザ・デッド』（1997）であった。本作は，ゲームセンターに置かれている筐体ゲームである。銃のようなコントローラーを画面に向け，引き金を引いて，向かってくるゾンビや怪物を撃つゲームである。アーケードのシリーズは四作目まであり，さらに『愛されるより愛シタイ〜THE HOUSE OF THE DEAD EX〜』（2009）なるポップな雰囲気の番外編もある。実写映画も『ハウス・オブ・ザ・デッド』（2003），『ハウス・オブ・ザ・デ

---

12.　とはいえ，それはコントローラーのボタンを押したり，バーを操作するといった，やはり間接的な操作であることに違いはない。

ッド2』（2005）の二作がある。本ゲームシリーズの中では，特に
『ザ・ハウス・オブ・ザ・デッド2』の人気が高かった。

　アーケードゲームをデザインする際，初心者プレイヤーのプレイ時間
が三分程度になるようにするという（小山 2016）。それは，プレイヤー
に，プレイ料金を「もったいなかった」と思わせない程度にプレイを楽
しませ，さらにお金をかけて挑戦したくなる程度に満足させることがで
きるからであり，三分という時間は，可能な限り客の回転を高めること
を考えた最適な長さと考えられているのだという。このことを考えると，
ゾンビは，アーケードゲームにはもってこいの存在であると言えよう。
ゾンビ自体の動きの速さ，そして，一体ごとの耐久力，個体の量によっ
て，難易度を調整できるからだ。また，ゾンビという肉体的には弱い存
在であることは，「もう少しでクリアできたかもしれない」とプレイヤ
ーに思わせるのにも一役買うかもしれない[13]。アーケードゲームのデザ
イン的な観点からも，ゾンビは最適な特質をそなえていたと言えるだろ
う。

　『ザ・ハウス・オブ・ザ・デッド』の開発者よると，本シリーズは，
作品を追うごとにマシンスペックが上がっていき，次のような変化があ
ったという。一画面中に数少なく素早いゾンビが出てくるものから，ゆ
っくりとこちらに近づいてくる大量のゾンビが登場するものへの変化だ
（ホビージャパンムック 2009）。このゾンビのスピードの変化は，第3章
で確認した映画のゾンビのスピード変化とは逆の方向性であり，興味深
い。こうした，「ゾンビを銃で撃つ」という，ゾンビ映画の世界では当
たり前のように行われて来た行動を，プレイヤーがその身体動作として
も行うことができるようになったことは，ゾンビ映画の世界の臨場感を

---

13.　とはいえ，『ザ・ハウス・オブ・ザ・デッド』シリーズはボスキャラクターが強
　　く，ボスキャラは必ずしもゾンビではないので，ボス戦でゲームオーバーになっ
　　た時はその限りではない。

より味わえることにつながった。

　また，『ザ・ハウス・オブ・ザ・デッド』のグラフィックを用いた別ジャンルのゲームも登場した。『ザ・タイピング・オブ・ザ・デッド』（2000年）である。本作は，タイピングゲームだ。タイピングゲームとは，パーソナルコンピュータを操作する際に用いるキーボードの入力操作の練習用ゲームのことである[14]。『ザ・タイピング・オブ・ザ・デッド』は，主に『ザ・ハウス・オブ・ザ・デッド2』に登場するゾンビやクリーチャーのビジュアルの前面に表示された文字や文を，制限時間内にキーボード入力して倒すゲームである。ゲームセンターの筐体にはキーボードが設置され，プレイヤーはキーボードを打鍵してゾンビを倒す。『ザ・ハウス・オブ・ザ・デッド』が，銃のトリガーを引く，という，直感的な操作であったのとは対照的に，キーボードを打鍵することで言葉を打ち込む，という，ゾンビに対して行う現実的な行動とは言い難い行為でゾンビを倒すゲームとなっている。とはいえ，グラフィック上はゾンビがこちらに襲い掛かってくるため，襲われる前に打鍵せねばならず，強い緊張感があった[15]。また，キーボードという，本来はテキストやコマンドを打ち込んで，コンピュータを操作するために作られたインターフェースをゲームのコントローラーとして用いており，この点も興味深い。コンピュータが普及し始め，それなりに多くの人がキーボードを打鍵してテキストを打ち込むことに習熟していないと，本ゲームは難易度が高すぎて簡単には遊ぶことができないゲームになっただろう。ゲームは，他のメディアの発展，普及状況とも分かちがたく結びついていることがよくわかる。

---

14.　「練習用」としたが，もちろんそれ自体を楽しむゲームでもある。
15.　筆者のタイピング技術は，この『ザ・タイピング・オブ・ザ・デッド』のプレイで鍛えられた部分が大きい。

### 5-6　救出系ゾンビゲーム

　ゾンビが蔓延した世界で，生き残った人々を救出することが目的となるゲームもある。『THE ゾンビ V.S. 救急車』（2006 年，Play Station2）というゲームはその一つだ。タイトルから内容を想像するのは少し難しいが，ゲーム内容は次のようなものである。プレイヤーが操作する主人公は「新興都市サンライトシティに住む医大生の青年」という設定だ。突然の大地震が起こった後，ゾンビ・ハザードが起こり，彼は生き残った人々を救うべく救急車に乗り込み，街を探索する。救急車は改造が可能で，ゾンビにぶつけて攻撃することができる。煽り文句は「ホラーとドライブゲームのコラボレーションが奏でる恐怖の多重奏にキミは耐えられるか？」とある。

　こうした設定のゲームにゾンビが用いられているのは，人間を対象にしてしまうとレーティングの問題が出てくるからでもあるだろう。どのような物語や設定にしても，人間を跳ね飛ばしながら自動車で疾走するゲームを全年齢に遊べるようにするのは難しい。人の形はしているものの，もはや人間ではない，ゾンビだからこそ可能な設定となっている。ゾンビは，体の良いやられキャラとしての役割を担っているのだ。また，本ゲームが面白いのは，救出した生存者も，あまり長い時間救急車内に残していると死亡し，救急車の中でゾンビ化して，プレイヤーを妨害してくる点だ。ゾンビ・ハザード下の世界では，人間は救うべき対象でありながらリスクでもあるのだ。ゾンビが元々人間であることをうまく使ったルールである。

　一方で，救出系ゾンビゲームの中で，ゾンビは倒すことができない障害物として扱われているものもある。『The Last Guy』（2008 年，Play Station3）は，ゾンビが徘徊する世界で，街に取り残された人々を救い出しに行くゲームだ。Google Earth のような，実在の町を俯瞰した衛星写真をステージにして，屋内で救助を待つ人々を助けて安全地帯まで引き連れていくゲームである。生存者がいる建物の入り口付近に行くと，

生存者を自動的に救出でき，救出された生存者は，主人公が操るキャラクターであるラストガイの後ろに並ぶ。生存者が増えていくと 2000 人を超える大行列になることもある。ステージをクリアするには，決められた数以上の人数を安全地帯まで送り届けなければならない。その上で高得点を狙うには，できるだけ多くの人数で行列を作って安全地帯に導く必要がある。

　ステージ上には，凡ゾンビ，ゾンビ走り虫，触手ゾンビ，バッファローゾンビなど，プレイヤーの邪魔をする様々な特徴を持ったゾンビが点在している[16]。ラストガイが，これらのゾンビに触れると即ゲームオーバーだ。行列がこれらのゾンビに触れると，ゾンビが触れたところから後ろの行列は瓦解し，生存者は近くの建物の中に散らばって隠れてしまう。行列が長くなると，当然コントロールは難しくなり，ゾンビに触れてしまうリスクが高くなる。とはいえ，一定数以上の人数を制限時間内に救助せねばならず，高得点を狙うなら，できる限り長い行列を作らなければならない。ジレンマを含んだゲームシステムである。

　『The Last Guy』の場合，ゾンビはほとんどこちらからの作用を受け付けない存在だ。たとえば，ゾンビ走り虫は一定の速度で同じコースを走り続けている。こちらの動きを感知して動き出したり，目隠しをする胞子を吐き出したり，といったアクションを行う種類のものもいるが，その動きはかなり単純なルールに従ったものである。こちらから攻撃をすることはできない。ゾンビは戦ったり作用したりできる相手ではなく，プレイヤーはただ逃げるほかない。

　ここでは，ゾンビの両義性が確認できた。ゾンビは，体の良いやられ役であり，銃で撃たれたり，救急車に轢き殺されてしまったりする。もちろん上記のやられ役であっても何もしないわけではない，放っておく

---

16.　一般的なゾンビのビジュアルではないものも多いが，設定上「ゾンビ」と呼ばれているので，ここでもそのように呼ぶ。

と攻撃を加えてくる。ゾンビは，救うべき人間が変化して出現するものでもあるため，場合によってはゲームの目標にもなり，リスクにもなる。そして，一方で，人間とは全く異なる存在として出て来て，こちらからのどのようなアクションも受け付けない障害物として描かれることもあった。ゾンビは被害者でも加害者でもあり，また，弱くも強くもある。このように立場を変え，能力を変え，様々な役割を果たすことができる存在なのである。

### 5-7　ゾンビゲームの憂鬱

　ゾンビゲームは，ゲームが人々に悪影響を及ぼすと言われる時に，格好の材料となってしまうことが多い。たとえば，前述したゾンビを車で轢く，ということについても例外ではない。米国では，1976年に発売されたアーケードゲームの『デスレース』で，「ゾンビを車で轢き殺す」表現が残酷だと問題になったという（小山 2016）。

　他にも，ロシアのモスクワでは，2006年1月11日に酒に酔った20歳の男が，ナイフを振り回して8人に怪我を負わせたが，そのことについて『プラウダ』という新聞は以下のように伝えているという。

　　「アレクサンドル・コプツェフは，家を出てモスクワ中心部のシナゴーグへ向かう前に，「ポスタル2」というゲームをしていた。このゲームは，登場人物が街の通りで，できるだけたくさんの人を殺すよう設定されている……。この青年をゾンビにしたのは，彼がプレイしていたゲームである。彼は破壊と殺人を行うようプログラムされてしまった。最近まで，こうした精神障害は空想小説や物語にしか登場しないはずだった。しかし，コンピューターゲーム依存症の人々は，しばしばいわゆるゲームてんかん症候群に苦しんでいる。…（中略）…このゲーム症候群をわずらうと，いとも簡単に台所の料理包丁をつかみ，仮想現実を離れ，現実の犠牲者を探すようになる。」（カトナー＆

オルソン　2009）

　この記事では，比喩的に「青年をゾンビにした」と書かれており，その原因がゲームだという。カトナー＆オルソン（2009）によると，この記事は間違いであり，コプツェフはモスクワ警察で自供した際に一切ゲームのことには触れず，ユダヤ人の生活レベルの高さをうらやみ，「自殺願望」があったと供述したのだという。この事件自体の真相はわからないが，同様の事例は日本でも見られる。2008 年に起きた秋葉原通り魔事件においては，その原因として様々なコンテンツがマス・メディアによって挙げられていた。

　ここからは，実際にコンテンツが人々にどのような影響を与えるのかを考えてみたい。様々なメディアの中でも，特に，テレビゲームの場合は，テレビや映画とは異なる特徴を持っている。プレイヤー自身の操作によって画面内のキャラクターを動かすことができる相互作用性を持つ点や，暴力的なゲームの場合，その暴力行為に対して点数がつくなどして報酬が与えられる点などだ（坂元 2000）。坂元は，「暴力的テレビゲームと攻撃性の問題は社会的な注目を浴びており，その解決が求められている」が，実証研究の量が不足しており，明らかにすべきことが多いと主張し，「他にも多くの問いがあるであろう」としつつも，以下の四つの問題を提示する。一点目は，「テレビゲームは本当に攻撃性に影響するのか。それは，短期的な影響だけでなく，長期的な影響，更には，人格的な影響にまで成り行くのか。その影響は深刻なレベルと言えるか」という問題。二点目は，「どのような要因が，テレビゲームの影響を規定するか。どのような内容のゲームで影響が大きいのか。どのような使い方をしたときに影響が大きいのか」という問題。三点目は，「テレビゲームが攻撃性に影響する過程は何か。相互作用性はどのようにそれに関連するのか」という問題。四点目は，「テレビゲームの悪影響を避けるためには，どのような介入が効果的か」という問題である。

　こうした背景から行われた実証研究の中で，ゾンビ・コンテンツを実験刺激として用いた研究がある。湯川・吉田（2001）と山下・Ahmad（2007）がそうだ。湯川・吉田（2001）では，以下の二つの仮説を検討するために，ゾンビに関連するゲームを用いている。一点目の仮説は，「役割同化性の顕著なゲームの方が刺激反応性の顕著なゲームよりも攻撃行動を促進しやすいだろう」というもので，二点目の仮説は，「プレイする方が観察するよりも攻撃行動を促進するだろう」というものだ。この仮説を検討するために，「刺激反応性」のゲームと，「役割同化性」のゲームについて，そのゲームをプレイする場合と，それをただ観察している場合の，攻撃行動および認知や情動を分析している。この際，「刺激反応性」のゲームと「役割同化性」のゲームが具体的に何なのかが重要だろう。その選択の方法は以下の通りである。まず，12のゲームについて，25名の調査対象者に対して，以下の11項目の質問紙調査を行う。①ストーリー性がある，②活動性（活発な動き）がある，③キャラクターの行動を選択できる，④反射神経が必要である，⑤思考することが必要である，⑥コントロール技術が必要である，⑦キャラクターと同一化（シンクロ）しやすい，⑧アクションを含んでいる，⑨感情移入しやすい，⑩集中力を必要とする，⑪アドベンチャー性がある，の11種類である（湯川・吉田 2001）。この調査の結果から，刺激反応型ゲームとして『レイストーム』が，そして，役割同化型ゲームとして『バイオハザード2』が，非暴力的（統制）ゲームとして『ぷよぷよSUN決定盤』が選択されている。結果としては，先行研究から導き出された仮説1も仮説2も共に棄却されている[17]。そして，今後の研究課題として，年齢や性別の差などを加味した分析が必要になると述べられている。

　次に，山下・Eibo（2007）では，2006年6月に開始されたテレビゲ

---

17.　仮説を検証するために実験を行ってデータを取得し，統計的分析を行ったが，仮説が真であると言える統計的な優位差が得られなかったことを意味する。

ームのレーティングの年齢区分であるＺ区分（18歳以上）に該当するテレビゲームが，他のゲームと比べて，実際に心理的な影響に差があるのかについて検討するために，ゾンビに関連するゲームを用いている。Ｚ区分に該当する『グランド・セフト・オート』（カーアクション系），『THE お姉チャンバラ』（剣劇アクション系），『キラー7』（ガンアクション系）と，ゲームシステムが類似しているがＺ区分ではない『クレイジータクシー』（カーアクション系），『鬼武者3』（剣劇アクション系），『バイオハザード4』（ガンアクション系）を比較している。結果としては，Ｚ区分に該当するゲームのほうが，Ｚ区分指定以外のゲームに比べて，「怒り─敵意」「疲労」得点の増大に有意差が見られ，「緊張─不安」「抑うつ─落込み」「混乱」得点に増大傾向が見られ，そのことから，攻撃的思考や不快感情思考が活性化されたとし，Ｚ区分指定が心理学的にも妥当であると結論づけている。

　ただ，注意しておきたいのは，この研究ではＺ区分のゲームをなくすべきという主張をしていないことだ。実験結果で不快感をもたらすとされたゲームは，実社会で敬遠されるわけではなく，むしろヒットしているものもあることから，「人を惹きつける何かをもっているのだろう」と結論付けている。加えて，実験の限界点として，「テレビゲームプレイ直後の心理的影響」を調べたものであり，長期間にわたってプレイする場合の心理的影響，プレイ前の心理状態の影響，などについては今後の課題となると指摘している。本書においても，このゾンビ・コンテンツが持つ「人を惹きつける何か」とは何か，ということは中心的な問題として捉えたい。これらの研究は，現状ではまだ多くの課題が残されている研究群であると言える。どのようなゲームが，誰に対して，どのような影響を，どの程度，どれくらいの期間でおよぼすのか，について，今後も詳細かつ慎重な議論が積み重ねられるべきであろう。

　新しいメディア，新しいコンテンツに対する警戒心はいつの時代にもある。これまで言われてきたメディアに対する悪影響論がすべて真実だ

とすれば，現代の人間は全員頭が悪く，凶悪で，殺人や喧嘩ばかり起こしていることになる。実際にそうだろうか？ 様々な事件のニュースがメディアでよく流されるため，そういったイメージを抱いてしまうかもしれないが，自分の周りを見渡せば，そんな人々ばかりではないことなどすぐにわかるだろう。

確かにメディアが人々の行動に影響を与えることは事実だ。インターネットや携帯電話がなかった時代には起こりえなかった行動を，今我々はとっている。そうした影響をつぶさに研究していくことそれ自体は重要だが，メディアの力を信じすぎてはいけない。ある技術が原因となって社会や人間を変化させるとする主張を「技術決定論的主張」と言うが，過度な技術決定論は危険なのだ。

大衆文化に見られる暴力描写を中心に研究を行ってきたハロルド・シェクター博士（ニューヨーク市のクイーンズカレッジの英語教授）は印象深い言葉を残している。

　「いまから50年後の親たちは，ホログラフィーのゾンビの頭を噴き飛ばし，実際に返り血を体感できるバーチャルリアリティーの銃乱射ゲームをする子どもに，ガミガミと小言を言い，「バイオハザード」や「グランド・セフト・オート」など，害のないマンガのような娯楽を楽しんでいた，のどかな2004年ごろの暮らしをうらやむに違いない。最新の娯楽は，過去に例を見ないほどの刺激とリアルな暴力シーンを提供しているが，いま振り返ると，過去の大衆文化はどれも無害で古くさく見える。」（カトナー＆オルソン 2009：32）

2016年現在，バーチャルリアリティ（仮想現実）技術が注目を集めている[18]。実際に，家庭用ゲーム機PlayStation4の付属システムとしてバーチャルリアリティが体験できるPlayStation VRが，2016年10月13日に発売された。『バイオハザード7』は，本機に対応したソフトと

して，2017 年 1 月 26 日に発売予定となっている。これらのことを考えると，シェクター博士が予想した現実は，もっと早く訪れるかもしれない。

### 5-9　ゾンビゲームの爽快

　面白い現象がある。インターネットやデジタルゲーム全盛の 2000 年代に入ってから，「ヒューマン VS ゾンビ[19]」なるゲームが誕生した。アメリカ合衆国のメリーランド州ボルチモア郊外のガウチャー大学で当時学生だったブラッド・サピントンとクリス・ウィードによって考案されたゲームである。いったいどんなゲームなのか。一言で表すと，ゾンビ役と人間役に分かれた鬼ごっこである。デジタルゲームの世界でも，ゾンビを相手に大立ち回りを演じたり，逆にゾンビになって人間を襲う体験ができたりするようになってきた。このご時世に，なぜわざわざ現実空間上で「ゾンビごっこ」をせねばならないのだろうか。

　日本でも，類似の事例は見られる。ゾンビランと呼ばれるイベントが実施され，ハロウィンのコスプレでゾンビの恰好をして出歩く様子も見られる。こうした現象も，「ヒューマン VS ゾンビ」が流行することと，無関係ではないのだろう。実際にその場に赴いて謎解きをし，脱出する「リアル脱出ゲーム」（SCRAP）と呼ばれるイベントが人気を博したり，ライブやミュージカルにファンが集まったりすることともその根本ではつながっているように思われる。現実空間上における人と人の相互作用は，やはりどこかで求められているということなのだろうか。

　地域振興の場面でも，広島市では 2015 年に横川ゾンビナイトというイベントが開催された。ハロウィンの時期に開かれたこのイベントは，

---

18.　バーチャルリアリティに関心がある読者は『バーチャルリアリティ学』（舘ほか 2010），『「VR」「AR」技術最前線』（IO 編集部 2015），『VR ビジネスの衝撃——「仮想世界」が巨大マネーを生む』（新 2016）などを参照のこと。

19.　「Humans vs. Zombies」https://humansvszombies.org/

2016 年も開催された。地域振興の文脈では，観光客はどうしても「お客様」であり，地域住民は迎える側というふうになりがちである。一方で，観光客の中には，ただのお客様ではなく，より地域に深くコミットすることを望む人もいる。そんな時に，ゾンビという存在は，すでに確認した通り，極めて役割の流動性が高い存在であり，かつ，匿名的な存在でもある。みんながゾンビ，と言う状況は，観光者と地域住民の境界を曖昧にするとともに，地域住民同士においても，誰でもない自分になることができる無礼講の場を準備するのかもしれない。

　しかし，この「場」は，一つ間違うと恐ろしい場に変容する。ユニバーサル・スタジオ・ジャパンのイベントであるハロウィンホラーナイトでは，ゾンビメイクをした大量のスタッフがパーク内を徘徊する。数年前のイベント時に，来場者がゾンビメイクをしたスタッフに対して暴行を加える場面があったという。これはまさに，映画の中でも描かれる人間によるゾンビいじめを実際にやってしまった例と言えるだろう。

　ここまで，ゾンビのゲームにおける役割を見てきたが，ゾンビは様々な役割を担ってくれる存在であることが分かった。我々がゾンビをどのように扱うのか，それは，我々が「他者」をどう扱うのかを浮き彫りにしてくれる。ゾンビは，人間の写し鏡として，常に隣にたたずんでいるような存在と言えるだろう。

第6章

# 日本ゾンビ文化考：りびんぐでっど in 日本
## JAPAN of the Dead

　ゾンビ映画を中心にしながら，メディアを横断して，ゾンビ文化がどのように広がっていったかを見てきた。第3章で確認した通り，日本産のゾンビ映画がその数を増やしたのは1990年代以降である。また，日本産のゲーム『バイオハザード』がゾンビ映画全体に大きなインパクトを与えていた。では，それまで日本でゾンビは知られていなかったのだろうか。本章では，日本という場所に注目して，ゾンビ文化の受容のされ方や展開を中心に見ていきたい。

### 6-1　マンガとゾンビ：コミック・オブ・ザ・デッド

　近年，日本においてゾンビマンガが多数出版されている。特に『アイアムアヒーロー』については，2016年3月時点で累計発行部数600万部を超える人気作品となっている[1]。『アイアムアヒーロー』は，正統派ゾンビ・パンデミックものだ。他にも『学園黙示録 HIGH SCHOOL OF THE DEAD』（2006-）や『ブロードウェイ・オブ・ザ・デッド女

---

1. 　単行本各巻オビの記載は以下の通り。5巻「累計100万部突破!!」，6巻「累計160万部突破!!」，7巻「累計180万部突破!!」，8巻「累計220万部突破!!」，9巻「累計240万部突破!!」，10巻「累計270万部突破の大ヒット作最新刊！」，11巻「累計300万部突破!!」，12巻「累計330万部突破!!」，13巻「累計360万部突破!!」，14巻「累計400万部突破!!」，15巻「累計400万部突破!!　映画化決定」，16巻「累計450万部突破!!　映画2016年公開!!」，17巻「累計500万部突破!!」，18巻「累計500万部突破!!」，19巻「累計600万部突破作品!!」，20巻「累計600万部突破作品!!」。

ンビ─童貞 SOS ─』（2011-），『東京サマーオブザデッド』（2011-2012），
『アポカリプスの砦』（2011-2015），『Ｚ 〜ゼット〜』（2013-2015），『学
園×封鎖』（2014-），『インフェクション』（2016-）といった作品が発表
された。通常のゾンビ物もあれば，『戦国ゾンビ』や『姫路城オブザデッ
ド』『幕末ゾンビ』のように，日本の過去を舞台にした歴史物のゾン
ビ・コンテンツもある。その他，『BL・オブ・ザ・デッド』（2016）や
『不良のはらわた YANKEE OF THE DEAD』（2016-）など，多岐にわ
たっている。

　また，枢やなによる人気マンガ『黒執事』の中でも，死体に処置をす
ることによって再度動き出すゾンビ的な存在が描かれた。とはいえ，ス
トーリーのメインはゾンビ・ハザードへの対処ではない。物語の場所は
英国，表の顔は玩具・製菓メーカーの社長だが，裏の顔は女王の番犬と
して，超法規的活動を行なうシエル・ファントムハイヴは 12 歳。若く
して重要な地位についている彼は，幼少期に両親が謀殺され，自身も瀕
死の重傷を負う。その時，現れたのは「悪魔」。「悪魔」の好物は人間の
魂であり，シエルの強烈な復讐心に惹かれて訪れた悪魔は，生き返らせ
る代わりに復讐が果たされた暁には魂を差し出すよう契約を迫る。契約
を受け入れたシエルは一命をとりとめ，悪魔はファントムハイヴ家の執
事セバスチャンとなり，シエルと様々な事件を解決していく。『黒執事』
の世界の設定では，人間は死ぬ時に人生の記録であるシネマティックレ
コードが停止する。このシネマティックレコードを解析する存在として
「死神」がいる。死神は，全員メガネをかけ，さらに，デスサイズと呼
ばれる魂を回収する道具を持っている。通常，デスサイズといえば大き
な鎌だが，本作では芝刈り機やチェーンソーなど，様々な形をしたもの
がある。死神は職業として魂の回収を行なっており，悪魔は魂を食らう。
そのため，死神と悪魔は犬猿の仲だ。シエルは女王からの命を受け，事
件の解決に乗り出す中で，悪魔や死神たちと関わりながら，様々な謎を
解き明かし，謀殺を図った相手に復讐を完遂しようとする。

　こうした物語の中にゾンビが登場する。アンダーテイカー（葬儀屋）という存在がおり，彼が実験と称して出現させた存在がゾンビ的なのだ。彼は，シネマティックレコードが切れてしまった死体に，でたらめのレコードをつなぐ実験を行なった。すると，死体は再度動き始めた。しかし，人間的な記憶や魂は失われているため，生きている人間の魂を渇望しており，生者に襲い掛かる。本作のゾンビはアンダーテイカーの施術によって生み出される存在であり，ヴードゥーゾンビ的である。伝染性はない。これを不死身の兵士として売り出そうと目論んでいる。

　伊藤計劃の小説『屍者の帝国』は，こうした目論見が全面化した世界を描いた作品と言えよう。本作の舞台は 19 世紀末の世界だ。ヴィクター・フランケンシュタインによって死体を蘇生させる技術が見いだされ，死体に疑似霊素をインストールすることで再び動き出す屍者が社会の中で用いられており，戦争は屍者同士の戦いとなった。主人公はロンドン大学の医学生のワトソン，物語の中には，ヴァン・ヘルシング教授やノーチラス号も登場する。

　最近のマンガや小説にも主役，脇役で登場するゾンビだが，日本のゾンビマンガの歴史はそれなりに古い。日本におけるゾンビマンガの嚆矢としては，平井和正原作，桑田次郎作画による『デスハンター』（1969）と，小室孝太郎の『ワースト』（1969）が挙げられる（大西 2011）。『デスハンター』の原作者である平井和正は，小説『死霊狩り―ゾンビー・ハンター』（1972）の作者でもある。『死霊狩り―ゾンビー・ハンター』はマンガ化もされている。『ワースト』では，冒頭で世界中に雨が降る。この雨に当たった者は高熱を出して死に，死後は「ワーストマン」に変異する。ワーストマンは，はじめは人間の外見をしていながら意識はない様子で，とにかく人に襲い掛かる存在だ。とはいえ，ゾンビとは異なる存在でもある。それというのも，時間が経過すると，人間の外皮はひび割れ，中から怪物が登場するのだ。

　マンガ評論家の米沢嘉博はこの『ワースト』を次のように評価する。

　「侵略ものだが，親子孫三代に渡る進化する侵略者との闘いは，受け継がれていくというその点で新しかった。それは果てしなく変貌していく世界の中で日常を取り戻そうとする闘いの変貌を捉え，二重のダイナミズムを持っていた。しかも，生と死の誕生をリアルに描いて，少年たちの冒険世界にリアリティを与え，さらに未来をも予感させたのである。」（米沢 2008）

　日常が，「ワーストマン」という新たな存在によって非日常化されていく物語であり，主人公の息子，孫世代にわたって「ワーストマン」と戦っていくという大河作品でもある。『ワースト』の出版は，ジョージ・A・ロメロ監督による『ナイト・オブ・ザ・リビングデッド』の公開より後であり，その影響を受けている可能性も排除できないが，どちらかというとロメロも影響を受けたリチャード・マシスンの『地球最後の男』に影響を受けているのではないだろうか。それというのも，『ナイト・オブ・ザ・リビングデッド』は日本では劇場未公開作品だったからだ。また，『ドラえもん』や『パーマン』『キテレツ大百科』などの作者として有名な藤子・F・不二雄も，『地球最後の男』に影響を受けたと思われる短編「流血鬼」を 1978 年に発表している。ストーリーの大枠が類似していることからも影響は明らかだが，よりはっきりした根拠がある。作中では，ウィルスによって人々が風邪症状を起こした後に死亡し，その後吸血鬼となってよみがえる。そのウィルスの研究者を「リチャード・マチスン博士」としているのだ。とはいえ，ただの真似ではなく，藤子・F・不二雄流の新たな解釈が加えられている。1987 年には仁木ひろしが，単行本『いつも心にバスケット・ケース』の中で「FLESH よもう一度」を発表し，1989 年には雑誌『ロリポップ』で「高速弾で脳を撃て！」というゾンビマンガの連載を開始している。
　こうした，ゾンビ・パンデミック的なゾンビ・ハザードを描く作品が出て来る一方で，ゾンビをキャラクター的に描く作品も出てきた。玉井

たけしの『魔界ゾンべえ』(1987) は，子供向けギャグマンガの世界にゾンビを登場させた作品である。月刊の別冊コロコロコミックで発表された。魔界から来たゾンビのこども「ゾンべえ」が，人間界を訪れる物語で，人間の少年「岡留戸マン太（おかるとまんた)」の家に居候し，そこで巻き起こるドタバタを描いている。タイトルに「魔界」，少年の苗字に「オカルト」と入っていることからわかるように，ゾンビはかなりオカルト系，ナンセンス寄りに描かれている。「ゾンべえ」やその家族はどれだけ体がばらばらになっても死ぬことはない。また，普通に人語を話すゾンビである点からも，リアリティ路線は取っていないことがわかる。

　ちなみに，「ゾンべえ」の家族は「パパンバ」「ママンバ」「オジンジ」「オバンバ」である。「オバンバ」は，後述するように『バタリアン』(1985) に登場するゾンビの和名だ。日本で『バタリアン』が公開されたのは 1986 年であり，時期的にも本作の影響を受けていることは明らかだろう。また，第 1 話「ゾンビが町にやってきた」では，魔界を旅立つゾンべえにパパンバが警告する。「体をけっして水でぬらさぬこと！必ず守れ！」「もしぬらせばたいへんなことになるぞ！」と。結局間違って雨に打たれてしまったゾンべえは，突然背中がほこほこと波うち，そこから大量のゾンべえが生み出される。体が濡れると背中から同一種が生み出される設定は，おそらく映画『グレムリン』の影響を受けている。本作は 1984 年に公開されたジョー・ダンテ監督作品である[2]。『グレムリン』自体はゾンビを扱ったものではなく，謎の生物「モグワイ」を飼育する少年に降りかかる騒動を描いたものだ。怪しげな骨董店から父親がクリスマスプレゼントに購入したペット「モグワイ」にギズモと名付け，かわいがる少年だったが，ひょんなことからギズモが濡れてし

---

2．ちなみに，ジョー・ダンテは，近年ゾンビ映画『ゾンビ・ガール』(2014) も監督している。

まい，その背中から凶暴な「モグワイ」が生まれてしまう。この「モグワイ」たちはもう一つの禁忌である「真夜中に食べ物を与えてはいけない」を自分たちでおかし，二足歩行の爬虫類のような見た目の「グレムリン」に変貌し，人々に襲い掛かる。公開時期などを考えても，本作の影響も受けていると考えられる。

　こうした，子供向けコミックスや解説本が，当時の子供たちにゾンビコンテンツの存在を普及させるのに果たした役割は小さくなかっただろう。オカルトブーム期に，超能力がテレビで，ツチノコが少年マンガで，ノストラダムスの大予言が雑誌記事で，それぞれ広がっていったことからも，このことが推測できる（初見 2012）。『魔界ゾンべえ』的なマンガとしては，現在，月刊コロコロコミックにて連載中のながとしやすなり『ゾゾゾゾンビーくん』（2012-）やキヨミズリュウタロウ『雨のち晴れゾン日和』（2015-2016），二宮香乃『小学生ゾンビ・ロメ夫』（2015）などが挙げられるだろう。

### 6-2　映画宣伝の時代：邦題のえじき

　洋画のタイトルの中には，邦題と呼ばれるものがつけられている場合がある。たとえば，『ゾンビスクール！』の原題は『Cooties』である。本作の内容は異物が混入した給食のチキンナゲットを食べた少女がゾンビ化し，次々に子供たちが感染し，小学校の教師たちがそれに立ち向かう物語だ。元のタイトル『Cooties』から，この内容を想像するのは難しい。『ゾンビスクール！』の方が，日本人にとってはわかりやすいだろう。このように，わかりやすさを重視するために邦題がつけられることがある。一方，『ゾンビマックス！　怒りのデス・ゾンビ』の原題は，『Wyrmwood: Road of The Dead』である。全く違うが，これはなぜだろうか。これは，販売戦略のための邦題だ。2015 年に公開されたオーストラリア映画『マッド・マックス　怒りのデス・ロード（Mad Max: Fury Road）』（監督：ジョージ・ミラー）にあやかったタイトルである。

図6-1　『ワールド・ウォーZ』ポスター

本作は，核兵器による世界的な戦争の後，環境が汚染された世界を舞台とした作品だ。作中では，文明は崩壊し，水や食べ物，物財等を奪い合う社会が現出しており，人々は改造車を駆り，それぞれに大切なものを希求して戦う。本作は大ヒットし，第88回アカデミー賞で10部門にノミネート，6部門を受賞した。『Wyrmwood』も『マッド・マックス』同様にオーストラリア映画である点や，荒廃した世界でプロテクターに身を包み，改造車で走る展開がある点などから，邦題がつけられ，「生きるために狂え！」「『マッドマックス』ミーツ『ゾンビ』」と煽り文句がつけられた。

　また，宣伝方法にも様々な工夫がある。『ワールド・ウォーZ』が日本で公開された時，ポスターに「ゾンビ」の文字はどこにもなかった。ブラッド・ピットが炎上する大都市を空中から見つめるビジュアルに「その時，守るのは家族か，世界か」「全人類に告ぐ，8月10日（土）"Zデー"に備えよ」と書かれていた。これは，「ゾンビ」という言葉を出したとたんに，客を選ぶという判断がなされたと考えられる。実際，筆者が観に行った劇場では，普段ゾンビ映画を見に行く時には出会わない，初老の夫婦や親子連れを見かけた。映画が終わって劇場が明るくなると，そこかしこから「ゾンビだった」というつぶやきが聞こえてきた。

　この「邦題」と「宣伝」は，日本のゾンビ映画シーンにとって必ず触れなければならない話題と言っても過言ではない。『映画宣伝ミラクル

ワールド』では，1977年に公開された『サスペリア』の様々な宣伝活動が紹介されている（斉藤 2013）。そもそも『サスペリア』はダリオ・アルジェント監督の作品である。ダリオ・アルジェントと言えば，ジョージ・A・ロメロの『ゾンビ』に出資した人物である。『サスペリア』の広告には，ヒッチコックの『サイコ』の日本公開時の惹句「この映画の謎を決して話さないでください」からインスピレーションを得て「決してひとりでは見ないでください」という惹句が添えられた。さらに，「ショック映画」という独特のジャンルをうたった。それは，『サスペリア』公開の3週後から『エクソシスト2』が公開されるからであった。ホラー映画の大ヒット作の続編とぶつかるため，差別化を図って独特のジャンルを作り出したという。さらに，ターゲットも女性層にアプローチしている。漫画家の萩尾望都[3]，映画評論家の渡辺祥子，女優の竹下景子，岡田奈々，タレントの羽仁未央といった，女性を中心に得たコメントを新聞広告に出した。その際には「虹色に彩られた，恐怖のオートクチュール。いま，全女性はこの衝撃のモードにつつまれる！」という言葉が添えられている。分かったような分からないような，それでいて何かすごいことが起こりそうな言葉である。さらに，特殊な音響システムとして「音響立体移動装置　サーカム・サウンド」や，女性入場者に対して1000万円の「ショック保険」をつけるといった宣伝もなされた。『サスペリア』は公開されてからも，話題宣伝がうたれた。試写会で作品を見てショックのあまり倒れる女性を仕込みで入れておき，医師の格好をした男性と，看護師スタイルの女性を待機させておく。試写会では仕込みの女性が倒れ，医師や看護師が駆けつける。これをスポーツ新聞の記者が記事にし，それが宣伝になるというのだ（斉藤 2013）。現在のメディア環境であれば，ホームページやSNSを使った宣伝も打てるだろうが，そのようなものがない時代に，とにかく人々に映画館に足を運

---

3．少女漫画家で，吸血鬼ものの『ポーの一族』（1972-1976）を発表している。

んでもらうために，様々な工夫がなされていたことが分かる。

　1979 年の『ゾンビ』公開時の日本における惹句は「地獄の底から這い出して，ゾンビが食う，人間を食う！　残酷映画史を真紅の血糊で塗り替えた驚異のスーパー残酷！　肉をくれ！　もっと若い肉を！」であった。「残酷」という言葉は，1962 年に公開された『世界残酷物語』（監督：グァルティエロ・ヤコペッティ）をはじめとする「モンド映画」で用いられた言葉だ。このころ，日本で海外の映画を放映する場合，オリジナルの邦題がつけられることが多かった。『The Texas Chain Saw Massacre』は『悪魔のいけにえ』(1975)，『The Evil Dead』は『死霊のはらわた』(1981) といった具合に，翻訳とは言いがたいが，インパクトのある邦題がつけられた。死霊，悪魔，地獄といった言葉の後に，いけにえ，はらわた，えじき，したたり，墓場等の言葉が付く邦題の作品が山のようにある[4]。『サンゲリア』の原題は『ZOMBI 2』なので，これも邦題だ。配給会社の東宝東和の宣伝部には，「邦題会議」なるものがあったそうである（斉藤 2013）。良いアイデアがでるまで2時間でも3時間でも続いたと言われるこの会議を経て，血の滴を意味するカクテルの名前からとった『サンゲリア』が採用されたという。宣伝部の松本勉は「必ず邦題には，"ン" と濁点を入れるべし」と述べていたそうで，確かに『サンゲリア』もそうなっている。『サンゲリア』では，マスコミに配布する試写状を「死写状」として配布した。招待状送付用の封筒を印刷したインクには，映画評論家のおすぎの血を採取して混ぜたものを使用したという。そして，『サスペリア』の 1000 万円ショック保険を，今回は男性も対象に実施。さらに，ハワイのオアフ島に墓地を確保するといった手の込みようだ（斉藤 2013）。確かに『サンゲリア』のパンフレットを確認したところ，墓地を確保してあることが書かれてい

---

4．ちなみに，『死霊の盆踊り』という邦題がついた映画がある。この映画の買い付けや上映経緯については，江戸木（1993, 1995）に詳しい。

た。映画はその登場当初から「見世物」的な部分があったが，こうした広告努力にも多分に「見世物」的な側面が感じられる。

### 6-3　バタリアンとオバタリアン：日本独自の展開

　ジョージ・A・ロメロ監督の『ナイト・オブ・ザ・リビングデッド』に触発された『The Return of the Living Dead』（1985）の邦題は『バタリアン』だ。Battalion の意味は，大部隊，大勢，大群といったものである。確かに大量のゾンビが現れるので，映画の内容も表している。

　1989 年には「オバタリアン」という言葉が流行語となった。「オバタリアン」とは「おばさん」や「おばはん」という中年女性を意味する言葉と，『バタリアン』を合わせた言葉である。堀田かつひこによるマンガ作品『オバタリアン』で作り出された造語だ。『オバタリアン』第 1 巻の背表紙では，オバタリアンは次のように説明されている。

オバタリアン症候群　OBATALIAN SYNDROME
1960 年代後半あたりから猛威を振るうようになった，女性特有の新種の奇病。感染することからウイルス説もあるが，原因は不明で，効果的な治療法は未だ発見されていない。"ずうずうしくなる""羞恥心がなくなる""自分を正当化する"などの独特の症状がみられるが，決して死んだりなんかしないノダ‼（傍点ママ）

　マンガの内容は，中年女性の様々な行動を面白おかしく描いたものであり，直接的にはゾンビは描かれない。中年女性によくみられる行動を「奇病」と風刺し，その原因は「不明」だが，「ウィルス」説があり，症状が「感染」し，効果的な治療法が未発見で，「死なない」という説明からもわかるように，『バタリアン』をはじめとしたゾンビ・コンテンツを意識したものであることは疑いない。単行本の表紙の題字も，明らかにバタリアンを意識したものとなっている。

図6-2　『バタリアン』のパンフレット（左），『オバタリアン』のコミックス表紙（右）

　元になった映画『バタリアン』は，ゾンビ映画とはいえ，コミカルな描写が多い。日本における宣伝のされ方，放映のされ方を見ても，ゾンビ映画の「終末観」や「怖さ」は強調していない。本作に登場するゾンビは人の脳を食らい，発話し，脳をつぶしても死なず，全力で走る。これは，当時のゾンビ映画で一般的に描かれるものとは異なる性質だ。あえてゾンビの性質を外してみせることによって笑いを喚起するものとなっている。日本語字幕では，さらに，各種ゾンビに「タールマン」「オバンバ」などと特徴のある個体に名前をつけていた[5]。

　ちなみに，この「オバタリアン」という言葉は政治家の土井たか子が日本社会党の全国女性議員団結成総会における挨拶の中で使い，1989年に発行された『月刊社会党』407号「「オバタリアンの反乱」を成功させよう」という記事として残されている。「オバタリアン」という語は，それなりに市民権を得ており，2014年に至っても『オバタリアン教師から息子を守れ』（おおた 2014）なる新書が発売されるなど，なか

---

5．作中の英語を聞く限り，特にゾンビに固有名詞は準備されていないようである。

なか死なずに生き残っている[6]。元々コメディ色の強いタイトルをもじっていることや，堀田の描き方が秀逸であったことなど，おそらく複数の要因によってだろうが，人口に膾炙し，おばちゃんの図々しさやしぶとさを感じさせる言葉として長く使われている。

### 6-4　オタクの登場とメディア：偏見と「萌え」

　1980 年代には，コンテンツの消費者としてオタクが注目される。オタクの誕生やその展開経緯に関しては，様々な文献で繰り返し述べられているが，『族の系譜学』によく整理されている（難波 2007）。オタクの誕生については，多くの論考で 1983 年であるとされている（難波2007，吉本 2009）。『漫画ブリッコ』の 1983 年 6 月号に掲載された中森明夫による「「おたく」の研究①　町には「おたく」がいっぱい」によって「おたく」という語がはじめて使われたとされる。この中森の記述と『漫画ブリッコ』の 1983 年 7 月号に掲載された中森明夫による「「おたく」の研究②　「おたく」も人並みに恋をする？」の記述を，吉本は次のように要約している。「コミケにいる，普段は運動ができず，クラスの中でも日陰者で，ファッションに気を配らない人々。アニメ映画の初日に並ぶ人々。ブルートレインを撮ろうとして轢かれそうになる人々。SF を集めて悦に入る人々。こういう人々は以前はネクラやマニアと呼ばれていたが，「おたく」と呼ぶことにする。彼らは互いを「おたく」と呼び合っていて，コミュニケーション能力が低い。また男性的能力が欠如していて，女性に積極的にアプローチすることができず，当然彼女もできない。そこで二次元の世界に逃避している」（吉本 2009：173）。このように定義された「おたく」であるが，注目しておくべきなのは，

---

6．『オバタリアン教師から息子を守れ』は，内容は全くゾンビと関係がない。「体罰ではないけれど，限りなくクロに近いグレーな指導法を用いて子どもたちを支配する年配の女性教員」を「オバタリアン教師」と定義して，その特徴や対策法について書かれている教育書である。

コミュニケーション的側面にその焦点があたっていることであろう。

　次に，難波（2007）では，「おたく（族）」が思い入れるメディアとして，1960 年代から 1980 年代のメディア史をたどる。1960 年代の SF 小説からはじまり，ビデオゲームやアニメ，テレビ番組やコミックマーケット，雑誌，パソコン，ビデオデッキの発達などが挙げられている。特にビデオについて興味深い記述がある。1983 年末には，日本初の OVA（Original Video Animation）作品『ダロス』が発売され，その翌年には 6 本の OVA 作品が，そして，1987 年には年に 84 本もリリースされるようになったという。ビデオデッキの普及に伴い，テレビアニメとして放映するにはニッチな作品が，OVA という形でリリースされ，コアなアニメファンはそうしたコンテンツをどんどん体験していった。

　そして，1988 年から 89 年にかけて起こった連続幼女殺人事件によって，おたく族は社会問題化した。事件を起こした宮崎勤の自室からはコレクションである大量のビデオソフトが見つかった。これによって，ホラービデオやロリコンマンガがバッシングされることになった。そして，1990 年代以降は，デジタル化が進展した結果として，「族としての，ユース・サブカルチャーズとしての「おたく」は，90 年代以降，それ以前にみられた強度を失った」と指摘している（難波 2007：259）。

　1990 年代以降のオタクの消費行動やオタクが消費する作品を分析することでポストモダン的特徴を見出した批評家に東浩紀がいる。東浩紀は『動物化するポストモダン』において，オタクを「コミック，アニメ，ゲーム，パーソナル・コンピュータ，SF，特撮，フィギュアそのほか，たがいに深く結びついた一群のサブカルチャーに耽溺する人々の総称」とした（東 2001）。つまり，趣味の対象物を挙げることによってオタクを定義したのである。オタクの定義はさまざまだ。好む対象物を設定した定義もあれば，行動様式や容姿を含むものなどもある。しかし，難波（2007）で指摘されていたように，1990 年代を過ぎると，「族」としての一体感は消失していく。また，「今や，オタクは若者たちの間では，

まったく一般的な現象である」（大澤 2008：86）という記述も見られる。つまり，以前に比べると，そのあり方が，一般化しつつ多様化している。そうした際には，対象を極端に限定した定義を設定して，それによって分析をするよりも，好む対象物を設定する程度の定義から始める方が妥当であろう。

　オタクの誕生経緯は前述してきた通りであるが，現代にいたるまでに性質や規模が変化していることを見てきた。東（2001）では，それを前提とし，オタクの世代分類が行われている。まず，第1世代は，「六〇年前後生まれを中心とし，『宇宙戦艦ヤマト』や『機動戦士ガンダム』を一〇代で見た」世代である。次に，第2世代は，「七〇年前後生まれを中心とし，先行世代が作り上げた爛熟し細分化したオタク系文化を一〇代で享受した」世代である。そして，第3世代は，「八〇年前後生まれを中心とし，『エヴァンゲリオン』ブームのときに中高生だった」世代である。

　この第3世代には二つの特徴がある。一点目は，情報通信機器の利用との親和性が高いことだ。第3世代はインターネットが普及するころに10代を過ごしている。そのため，情報発信や情報編集をウェブサイトやCG制作で行っており，それより前の世代とは流通経路や表現形式，および消費やコミュニケーションの様態が大きく変化している（東2001：14）。二点目は，この第3世代の行動がポストモダン的特徴を如実に表しているとされていることである。東は，このポストモダン的特徴を示す消費行動として「データベース消費」を提示し，それを行うオタクのコミュニケーション形態に「動物化」の特徴が見られることを示した。「データベース消費」とは，「単純に作品を消費することでも，その背後にある世界観を消費することでも，さらには設定やキャラクターを消費することでもなく，そのさらに奥にある，より広大なオタク系文化全体のデータベースを消費する」ことである（東 2001）。これはオタクの「キャラ萌え」から見出された。この「キャラ萌え」とは，萌え要

素の集積であるデータベースから抽出された「要素の組み合わせ」によってキャラクターに「萌え」るというものだ。他者とのコミュニケーションに関しては情報交換的であり，特定の情報への関心のみが社交性を支えており，また，そのコミュニケーションからはいつでも離脱可能であるという，こうした消費形態から，「動物化」の特徴が指摘された。動物化とは，「各人それぞれ欠乏―満足の回路を閉じてしまう状態の到来」である（東 2001）。つまり，何らかの欠乏を感じた時，他者の存在や他者との交流なしに個人的に満足に向けて行動し，それを手に入れるという行動様式が広がっているという主張である。

　コンテンツの体験者に向けられた言葉である「おたく」について整理してきたが，ビデオやインターネットとのかかわりが確認できるとともに，コミュニケーションについても特徴が見られた。また，その欲求対象として「萌え」という価値観があることも分かった。

### 6-5　日本産のゾンビ映画
#### ：アングラ・Ｂ級からドラマ・劇場公開映画へ

　2000 年代は，ゾンビ映画史において，海外から日本が注目された年代だった。そこでは，「日本が主役の座」「ゾンビがメインストリームで跋扈」といった言葉が躍っていたが，実際には，日本においてゾンビ映画がメインストリームになったという感覚は，2000 年代では，まだなかったように思う。

　邦画のゾンビ映画は，どちらかというとアングラ感のあるコンテンツが多かった。カワノコウジ監督の『女子競泳反乱軍』や，友松直之監督の『君はゾンビに恋してる』や『レイプ・ゾンビ』などは，低予算映画で，アダルトなシーンが含まれる作品だ。どちらかというと，メジャー感よりマイナー感，Ｂ級感の強い作品である。

　放映の形態としても，全国のシネコンなどで一般向けに上映されるのではなく，DVD リリースの作品が多い。映画館で上映されたとしても，

小さな劇場で短期間上映されるものが多かった。リリースの状況として
は，海外の作品であっても同様のゾンビ映画は多い。劇場公開なしで，
パッケージのみのリリースやレンタル市場へのリリースといった作品も
ある。ここで強調しておきたいのは，こうしたB級作品の中にも，非常
に面白い作品があることだ。とはいえ，意識的に情報を得ようとしない
と，マイナーな作品の情報は得られない。

こうした中，積極的に劇場未公開作品を公開していこうとする動きが
ある。2012年から西澤彰弘をチェアマンとして始まった「未体験ゾー
ンの映画たち」という未公開作品を集めた特集上映である[7]。様々なジ
ャンルの未公開映画を上映するのだが，その中にほぼ毎年ゾンビ映画が
含まれている。『カウボーイ＆ゾンビ』『スリーデイズ・ボディ──彼女が
ゾンビになるまでの3日間』『最強ゾンビ・ハンター』『ザ・デッド：イ
ンディア』や『アフターデイズ・ボディ──彼女がゾンビと化した世界』
『ゾンビマックス！　怒りのデス・ゾンビ』などは，この取り組みで上
映された。「未体験ゾーンの映画たち 2016」では，邦画のゾンビ映画
『血まみれスケバンチェーンソー』も上映された。毎年実施されている
本企画は徐々に上映作品を増やしている。東京のヒューマントラストシ
ネマ渋谷，および，大阪のシネ・リーブル梅田で映画館上映されるとと
もに，2016年からはオンライン上映も始まった。この試みは，映画公
開の新たなあり方として引き続き注目していきたい。

一方で，ベタなゾンビ映画としてではないが，ゾンビ映画が作中に登
場する作品が見られた。沖田修一監督の『キツツキと雨』(2012)，吉田
大八監督の『桐島，部活やめるってよ』(2012)がそうだ。『キツツキと
雨』では，小栗旬演じる気弱な新人映画監督の田辺がゾンビ映画を撮影
するためにロケ地の山村を訪れ，そこで出会った役所広司演じる木こり

---

7．東京テアトル株式会社『未体験ゾーンの映画たち the history from 2012
through 2016』を参照。

の岸との交流が描かれた。『桐島，部活やめるってよ』では，神木隆之介演じる前田涼也は高校の映画部であり，『生徒会・オブ・ザ・デッド』というゾンビ映画を撮影している。いずれも，さえない主人公を表現する際に小道具としてゾンビ映画が使われているが，この二作品はそれまでの邦画ゾンビ映画の扱いを示していて興味深い。つまり，若手の新人監督や映画部のアマチュア監督によって撮影されることが多いイメージなのである。

　日本において連続ドラマとしてゾンビがテレビに登場することはこれまであまりなかった。ただ，アメリカでヒットを飛ばしたドラマ『ウォーキングデッド』に影響を受けてか，日本でもテレビで毎週放映されるゾンビドラマが製作されるようになった。『セーラーゾンビ』（2014），『玉川区役所 OF THE DEAD』（2014），『ワーキングデッド』（2014）がそうだ。深夜帯に放映されたため，知名度はそれほど高くないが，それぞれに工夫が凝らされた作品である。

　特に『ワーキングデッド』については，オリジナリティが高い。タイトルは『ウォーキングデッド』をもじったものだが，内容はまるで違う。『ウォーキングデッド』が，シリアス系のゾンビ・コンテンツの王道的展開であるのと対照的に，本作は，報道番組やドキュメンタリー番組のようなスタイルを取っている。司会を古舘寛治とホラン千秋が務め，毎回，職場で問題を起こす社員「ワーキングデッド社員」の特徴を紹介していく。たとえば，「婚活し過ぎデッド」，「さとり世代 dis りデッド」，「修造もどきデッド」，「東大卒拘り過ぎデッド」といったゾンビが紹介される。会社内での困った上司や部下，同僚を戯画化して描いているのだ。主にオフィスビル内を舞台に，ゾンビメイクをした役者が，周囲の社員に様々な迷惑をかけている様子が VTR で映し出され，それに対して，勝間和代や萱野稔人，田北百樹子，常見陽平などのゲストコメンテーターが，実社会の状況などと絡めて解説する，という展開だ。いわばフェイクドキュメンタリーである。本作は書籍でも展開しており，『ワ

ーキングデッド─ブラック社員との付き合い方』が出版されている
（WAVE 出版）。

　こうした中，2010 年代に入って，邦画のゾンビ映画の中にも，それ
なりの規模で上映される作品が出てき始めた。2011 年には『ヘルドラ
イバー』，2014 年には『ヌイグルマー Z』，2015 年には『新選組オブ・
ザ・デッド』，『Z アイランド』，2016 年には『血まみれスケバンチェー
ンソー』と，邦画のゾンビ映画が映画館で上映された。そして，2016
年 4 月には，花沢健吾の同名マンガ作品を実写映画化した『アイアムア
ヒーロー』が，イオンシネマやユナイテッド・シネマ，TOHO シネマ
ズなどを中心に，全国 288 館の映画館で公開された[8]。佐藤信介監督の
『アイアムアヒーロー』は，大泉洋，有村架純，長澤まさみといった知
名度の高い俳優が出演しており，テレビや雑誌への俳優の露出も多く，
テレビ CM も打たれ，宣伝も大がかりであった。

## 6-6　萌えとゾンビ：美少女・アイドル・ダンス

　日本特有のゾンビ・コンテンツとして，「萌え」とゾンビを掛け合わ
せたものが挙げられる。美少女が登場するゾンビ・コンテンツだ。具体
的には『さんかれあ』や『りびんぐでっど！』『がっこうぐらし！』『ゾ
ンビチャン』『ゾンビが出たので学校休み。』『詩音 OF THE DEAD』
などが挙げられる。これらは，オーソドックスなゾンビ物とは異なった
展開を見せる。

　『さんかれあ』（はっとりみつる）は，社会的にゾンビ化現象が蔓延す

---

8．　映画『アイアムアヒーロー』公式サイト。2016 年 5 月 1 日確認。上映館数につ
　　いては，サイトの「上映劇場一覧」に掲載されている館をカウントした（2016
　　年 4 月 21 日時点の情報）。ただし，2016 年 4 月 14 日に熊本地震が起こったた
　　め，熊本県内の映画館 5 館については，「地震の影響で営業を中止しています。
　　営業再開につきましては劇場ホームページをご確認ください」と表示されてい
　　た。

るのではなく，薬の力によって，猫と女子高生がゾンビ化してしまう，という展開である。どちらかというとラブコメ的要素が強いが，ゾンビ化が進行していくと，食人嗜好が進んでいく，というシリアスな設定もある。タイトルはゾンビ化してしまう少女，散華礼弥（さんかれあ）からとられているが，この不自然な名前は『サンゲリア』のオマージュである。主人公の男子高校生の名前は降谷千紘（ふるやちひろ）であり，こちらは『サンゲリア』の監督，ルチオ・フルチからとっている。降谷千紘は，ゾンビ映画が大好きだという設定で，死んでしまった飼い猫を生き返らせるために蘇生薬を作り出す。誤ってそれを飲んだ散華礼弥がゾンビとなってしまうという話だ。これまでにあった様々なゾンビ映画からのオマージュが注ぎ込まれているとともに，ゾンビ映画オタクと生身のゾンビ美少女とのかかわりが描かれている。極めて日本的な作品であると言えよう。

　『りびんぐでっど！』については，理由は不明であるが，一度死んだ女子高校生が復活し，生前恋心を寄せていた男子宅に住み着く。こちらは当初からふとした瞬間に肉を食べたくなる性質を持っており，体がもろく各部が取れてしまう。そうした性質も含めてギャグマンガとして描かれている。『がっこうぐらし！』では，日常系と呼ばれる美少女アニメ『らき☆すた』や『けいおん！』に登場しそうな萌え要素を持ったキャラクターたちが，ゾンビ・ハザード下で日常を送る様子が描かれている。こうした「萌え」を含んだ作品は，海外では見られない。日本独特の進化を遂げたゾンビ・コンテンツであるといえよう。

　日本独特のゾンビ・コンテンツとして『セーラーゾンビ』も紹介しておきたい。本作はメディア・ミックス展開がなされており，ドラマ，マンガ，ゲーム作品がある。ここで取り上げたいのはゲーム『セーラーゾンビ』である。本作は，アイドルグループ AKB48 のメンバーが登場するアーケードゲームである。ゲームジャンルは「2人協力　ガンゲーム×リズムアクション」だ。本ゲームを紹介するウェブサイトには「撃ち

図6-3 『セーラーゾンビ』プレイ画面（左：ガンゲームパート　右：リズムアクションパート）。バンダイナムコエンターテインメント公式サイトより。

ぬけ愛のワクチン弾！」「ゾンビとなった AKB48 メンバーを救うのは君だ！」とある。ストーリーは次の通りだ。

AKB48 メンバーが特別公演中の事故でゾンビに！
襲ってくるゾンビと化した AKB48 をワクチン弾で撃って救え！
音楽がかかると AKB48 メンバーが歌っておどる
「怖カワイイ」新感覚の「2 人協力　ガンゲーム×リズムアクション」
だ!!

　このゲームを理解するためには，様々な知識や設定が必要になる。そもそも AKB48 というアイドルグループを知っている必要がある。このアイドルグループには数多くのメンバーがいて，それぞれにたくさんのファンがいる。公演と呼ばれるライブを行う存在であることも知っておかなければならないだろう。それとともに，ゾンビの知識も必要である。『ハウス・オブ・ザ・デッド』のようにゾンビを撃って倒すゲームがあることを承知していないと，このゲームスタイルを理解するのは難しい。さらに，AKB48 メンバーやファンがゾンビになってしまっているのだが，それはどうもウィルスの影響のようである。それゆえに，ワクチンを撃ち込むことが，相手を救うことになるということも理解できないといけない。『セーラーゾンビ』を楽しむためには，日本における様々な

コンテンツ文化の背景知識がなければならないことが分かる。

## 6-7　ゾンビの出版事情：翻訳・ライトノベル・マニュアル

　日本では，ゾンビにかかわるどのような出版物が出されているだろうか。まず，海外のマンガの翻訳版として，『マーベルゾンビーズ』，『ヴィクトリアン・アンデッド』，『ロボット vs ゾンビ』，『ウォーキング・デッド』が日本でも出版されている。海外の小説の翻訳版としては，ジェイン・オースティンの『高慢と偏見』のパロディである『高慢と偏見とゾンビ』や，『WORLD WAR Z』，『ぼくのゾンビ・ライフ』，『ゾンビ・ハンター　アシュリー・パーカー』などがある。

　日本の小説でも，『これはゾンビですか？』シリーズや，『妹がゾンビなんですけど！』，『オブザデッド・マニアックス』，『奥ノ細道・オブ・ザ・デッド』，『斬られて，ちょんまげ―新選組!!!幕末ぞんび』，『FAKE OF THE DEAD』，『玉川区役所 OF THE DEAD』，『丸ノ内 OF THE DEAD』，『ゾンビのあふれた世界で俺だけが襲われない』といった，多種多様な作品が出版されている。中には，笑いをとってゾンビを倒して生き残る「美少女×お笑い×ゾンビのハイブリッド活劇！」とうたわれた『デッドマンズ TV』なる作品まである。

　もし，ゾンビが発生したらどうなるか，あるいは，ゾンビが発生した時のためにどのような準備が必要か，といったことを大真面目に語る趣向の書籍もいくつかある。東京ゾンビ研究会による『ゾンビ大事典―VS ゾンビ生存マニュアル』，『ゾンビ解体新書ゾンビハザード究極マニュアル』，『ゾンビ大事典Ⅱ―生き残るための五二のルール』がそうだ[9]。実際にゾンビが発生することをゾンビ・ハザードと呼び，どのように被害が拡大していくかに関するシミュレーションを行い，それに対する備

---

9．この3冊は，書店でも流通したが，コンビニエンスストアの雑誌や書籍のコーナーでも見かけた。

えをどのようにするべきか，ということが，ゾンビへの対処法，防災グッズの備え，そして，体力づくりにいたるまで事細かく書かれている。こうしたアプローチの書籍が出版されているのは日本だけではない。『The Zombie Survival Guide』（Brooks 2003）がそれである。ゾンビの性質や武器，格闘術，防御方法，乗物など詳細にわたって解説がなされている。本書を執筆したマックス・ブルックスは，その後『WORLD WAR Z』を執筆する。さらに，『U.S. Army Zombie Combat Skills』（Department of the Army and Cole Louison 2009）では，ゾンビに対抗するための格闘術などが紹介されている。

　さらに，逆に，自分がゾンビになったらどうするか，という趣旨のマニュアル本も出されている。ジョン・オースティンの『ゾンビの作法——もしもゾンビになったら』である。翻訳され，日本語版も出ているこの書籍は，ゾンビになりたての新米ゾンビ向けに，ゾンビの体の仕組みや，人間の捕まえ方，身の危険をどのように回避するかなど，社会人一年目の新入社員への教則本のように丁寧に説明をしてくれている。

　ゾンビは，出版メディアとしても，マンガのみならず，翻訳版のマンガや小説，様々な設定の小説やマニュアル本といった形で，日本文化を形成している。

### 6-8　ポップでカワイイ，ゾンビたち：きもかわとハロウィン

　フィギュア『フルーツゾンビ』や『うっかりゾンビ』，そして，『ゾンベアー』などのキャラクターなどは，どことなくカワイイビジュアルのゾンビたちだ（図6-4）。カワイイ存在の代表であるキティちゃんがゾンビ化したフィギュアも登場した。ゲーム作品でも『Plants VS. Zombies』，『ゾンビファーム』，『ゾンビライフ』，『ぞんびだいすき』では，デフォルメされ，ファンシーで親しみやすいゾンビ像が描かれていることが指摘されている（藤田 2013a，2013b）。ゾンビはなぜ，かわいくなっていったのだろうか。

図 6-4　「フルーツゾンビ」
（筆者私物を撮影）

　ここからは，日本におけるポップでカワイイゾンビカルチャーについて考えておきたい。そもそも，かわいいという言葉はどのような対象について投げかけられる言葉だろうか。子供や小動物，ぬいぐるみなどを見て「かわいい」という感想が出てくるのは理解しやすい。しかし，ゾンビに対して「かわいい」とは言い難いだろう。『サンゲリア』に登場する腐乱ゾンビを見て「かわいい」というリアクションをとる人は少数派だろう。むしろゾンビは身体損壊を含んだグロテスクな風貌である。

　「かわいい」に対して正面から論じた書籍がある。四方田犬彦の『「かわいい」論』がそうだ（四方田 2006）。本書では，「かわいい」という言葉に対して多角的に迫っているのだが，その中で「きもかわ」という言葉に関する考察がなされている。「きもかわ」とは，気持ち悪さと同時にかわいさが感じられる様子に対する名づけである。四方田によると，この言葉は 2000 年前後のどこかの時点で，都会の女子高生によって考案されたものと推測されている。「気持ち悪い（グロテスク）」と「かわいい」は一見すると正反対の言葉のように思えるが，これらは両立可能なのだ。それどころか「あるものが「かわいい」と呼ばれるときには，そのどこかにグロテスクが隠し味としてこっそりと用いられている」ことを意味する（四方田 2006）。

　「きもかわ」はお笑いコンビの「アンガールズ」に対して投げかけられることが多い言葉だったが，その後，この言葉は様々な変化を遂げて

今でも生き残っている。グロテスクでかわいい「グロカワ」や，怖くてかわいい「コワカワ」などが登場している。現象としても，怖い表情の動かない鳥「ハシビロコウ」や，グロテスクな相貌の「ダイオウグソクムシ」が人気を博したのは記憶に新しい。

こうした「グロカワ」や「コワカワ」は，自己表現としても取り入れられている。近年急速に日本に根付き始めたハロウィンがそうだ[10]。日本では，特に「仮装」の部分がクローズアップされ，多くの人々が10月31日前後に実践しはじめた。2015年10月31日には，東京の渋谷交差点に仮装をした人々が多く集まり，その様子がテレビの情報番組などで大きく取り上げられた。ショッピングモールなどでは，ハロウィンに合わせて仮装グッズやハロウィン仕様のパッケージやカボチャ味の菓子や食品をコーナーを作って販売していた。記念日文化研究所によると，2015年のハロウィン市場は，1220億円となり，過去にこの数字を出した記念日は「クリスマス」と「バレンタインデー」だけだというから驚く。同研究所によると，ハロウィンは2011年の推計市場規模は560億円だったそうなので，急速に規模を拡大したと言えよう[11]。そのような風潮を受けてか，主婦の友社から発行されているファッション雑誌『S Cawaii!』のムック本である『S Cawaii! Beauty』のVol. 2（2014年9月29日発売）では，「ゾンビメイク基本のき」という特集が組まれた。煽り文句としては，「誰でも簡単！　血のりメイク」とある。まさに「カワイイ」と銘打った雑誌において，ゾンビメイクの解説がなされている。

ハロウィンのイベントとして，大阪にあるテーマパーク「ユニバーサル・スタジオ・ジャパン（USJ）」では，パーク内に大量のゾンビが登

---

10.　ハロウィンについて，その起源や歴史的展開については『ハロウィーンの文化誌』（モートン 2014）を参照のこと。

11.　『一般社団法人日本記念日協会』「2015年の「ハロウィン」の推計市場規模は前年比11％増の1220億円」2015年10月12日の記事（http://www.kinenbilabo.jp/?p=406 2016年7月3日確認）。

場するイベント「ハロウィーン・ホラー・ナイト」が開催され大人気だ（宮嶋 2013）。本イベントは 2011 年から行われているとのことで，発想としては「ゾンビは何体雇っても設備投資は必要ない」「人（ゾンビ）こそ最強のアトラクションになるはず」というものだった（森岡 2014）。ゾンビは低予算の取り組みの味方である。（株）ユー・エス・ジェイのCMO である森岡毅は「ゲスト（特に女性）がゾンビに遭遇して思い切り「キャー！」と叫べる空間を作ったのです。いわば，パーク全体をお化け屋敷にするようなものです。お化け屋敷が大好きな多くの日本女性に，これは当たると直感しました。」「昼間の明るく楽しいパレードとは対照的な，夜のダークサイドな「コワ楽しい」体験でハロウィーン・シーズンに来場する消費者の理由は確実に強くなるだろうと思いました」とつづっている（森岡 2014）。ここでも「コワ楽しい」という，本来であれば対極に位置しそうな言葉が並列されている。2014 年 10 月 31 日には，事前に公募した 2,000 人の参加者がゾンビに扮してマイケル・ジャクソンの『スリラー』に合わせて踊るイベントも開催された。この「スペシャル・ゾンビ・モブ」は 2015 年も実施され，3,000 人が集まったという。

　ハロウィンと『スリラー』の組み合わせは，カワイイ文化の担い手である「きゃりーぱみゅぱみゅ」によっても実践されている。2015 年 9 月 2 日に発売された 11 枚目のシングル『Crazy Party Night〜ぱんぷきんの逆襲〜』がそうだ。振付の中に，『スリラー』のダンスの一部に影響を受けたと思われる部分がある。きゃりーぱみゅぱみゅは正式な芸名を「きゃろらいんちゃろんぷろっぷきゃりーぱみゅぱみゅ」と言い，ファッション雑誌のモデルであり，歌手だ。彼女のカワイイの中には，すでにふれた「きもかわ」「グロカワ」「コワカワ」が積極的に位置付けられており，ファッションモデルでもある彼女の実践は，ハロウィンの仮装などにも影響を与えているだろう。

　以上，見てきた通り，アメリカから渡ってきたゾンビは，日本のメデ

ィア状況，コンテンツ状況，社会・文化的状況の中で独特の進化を遂げ
ている。

第7章

# ゾンビの特徴とその進化
## Character of the Dead

　本章では，ゾンビの生態（死態）についてまとめておきたい。ここまで，ゾンビ，ゾンビと書いてきたが，ゾンビとはいったいどのような特徴を持つもののことを言うのだろうか。そして，それは時間の経過とともに，どのように変化してきただろうか。これが整理されることによって，ゾンビ・コンテンツの分析すべき点が見えてくる。

### 7-1 「ゾンビ」とはどのような存在なのか
　本章では，「ゾンビ」とはどのような存在なのかを考えていきたい。まず確認しておきたいことは，ゾンビの特徴については，コンテンツによって様々であり，統一され，確立された「決まり」はないということだ。「ゾンビ」は，第1章で整理したように，様々な事象を意味する言葉である。ハイチのヴードゥー教で見られる現象として，哲学的な概念「哲学的ゾンビ」として，政治や経済，コンピュータなどについて述べる際の比喩的な意味として，そして，コンテンツで描かれる存在として。本書は主にコンテンツについて分析を行っていくので，コンテンツに登場するゾンビを対象領域としたい。

　とはいえ，コンテンツで描かれるゾンビも，その性質は単一ではない。第3章で確認したように，ゾンビ映画の歴史をたどってみると，ゾンビという言葉が指す存在の特徴は，徐々に多様化していた。『ホワイト・ゾンビ』に登場するゾンビのように，ハイチのヴードゥー教で見られる現象に近い性質のもの，『ナイト・オブ・ザ・リビングデッド』，『ゾン

ビ』,『ショーン・オブ・ザ・デッド』などに見られるような,死してなおよろよろと動き続け,生きている人間に噛みつき,食らおうとしてくるもの,基本的にはそれと同様の性質だが『バタリアン』や『ブレインデッド』に登場するような人間の姿や物理的限界から大きく逸脱してしまっているもの,『28日後…』や『ドーン・オブ・ザ・デッド』『REC』などに登場する全力疾走型のものなど,ゾンビは様々な性質のものを内包していた。

そうはいっても,全てがゾンビ・コンテンツである,と言ってしまっては何も語っていないのと同じだ。何らかの特徴群を持った作品がゾンビ・コンテンツであることは間違いない。ゾンビの生態に統一された決まりはないとはいえ,大まかな特徴は把握することができよう。

ゾンビの特徴を整理していこうと思うが,ここでは二つの時間軸を追うことで,その目的を達成したい。一つは虚構空間の時間軸,一つは現実空間の時間軸である。虚構空間の時間軸で考えると,ゾンビという存在を考える最初の段階として,まずは,ゾンビ化の原因がある。次に,ゾンビ化の進展が挙げられる。ゾンビになってしまったらどうなっていくのか,ということだ。意識の有無や移動速度,食人行動などが挙げられる。そして,最後に,ゾンビはその後どうなるのか,という点だ。虚構空間上での時間の流れに沿って考えてみたい。

そして,この各々の段階について,現実空間上の時間軸も導入して考えていこうと思う。つまり,作品内で描かれるゾンビが,時代とともにどのように変化していくのか,という点だ。こうしたアプローチを用いたものとして『UFOとポストモダン』という書籍がある。これは,UFOや宇宙人の目撃談やコンテンツ内での描かれ方に焦点をあて,それが時代とともに変化していく様を追ったものだ(木原 2006)。あるいは,『少女と魔法』という書籍では,魔法少女物のアニメについて,時代を追って作品を分析し,その変遷を明らかにしている(須川 2013)。ゾンビも,描写のされ方が時代を経て変化している。ここでは,その変

遷を追うことでその意味を考えたい。この二つの軸から，ゾンビの特徴
を整理していこう。

### 7-2　ゾンビ化の原因

　まずは，ゾンビ化の原因について考えてみよう。ゾンビ化の原因とし
て，「呪術」や「魔法」「薬」といった秘術的なものが挙げられることが
ある。ゾンビの起源は現実世界に存在するヴードゥー教の呪術であった。
映画に取り入れられた際も，『ホワイト・ゾンビ』では，ベラ・ルゴシ
演じる呪術師によってゾンビが作り出され，ゾンビは，術者の意のまま
に操られる存在として描かれていた。人を食うことはなく，ゾンビ化は
自動的には拡散していかない。術者が術をかけた者たちがゾンビになる
のみだ。呪術や魔法，薬などが原因であるゾンビ・コンテンツの特徴は，
「術」や，その術をかけた「術者」が存在することである。術者を倒す
ことでゾンビの存在が消えてしまう場合や，対抗する術を正しい手順で
履行したり，ゾンビ化を打ち消す薬物を使用したりすることによってゾ
ンビの活動を止められる場合がある。

　ただ，「人を食う」という特徴については，原因が呪術的なものであ
っても，持っている場合がある。たとえば，前章でも触れた蘇生薬で生
み出されたゾンビを描いているマンガ『さんかれあ』[1]では，ゾンビ化し
てしばらくは生前と同様にはっきりした意識を持ち，食人嗜好もないが，
しばらくすると意識が混濁し，食人衝動に突き動かされるようになる。
『ゾンビ・ガール』（監督：ジョー・ダンテ）で，より呪術的な「魔人ジ
ーニーの像への願いごと」によってゾンビになった女性エブリンも，
徐々に食人衝動に突き動かされるようになった。「食人」という特徴に
ついては，当初は呪術的なゾンビには付与されてこなかったが，時代が

---

1．　本作では，この蘇生薬については科学的に研究が進んでいるという設定であり，
　　解明不能な呪術や魔術ではないことになっている。

進むにつれて食人の特徴を持ったゾンビが主となり，そうしたゾンビの原因として呪術や魔法，薬なども用いられるようになった結果，原因が呪術的なものの中にも食人の特徴を持つものが出て来たと考えられる。

　こうした呪術的原因を持つゾンビの物語は，ゾンビ・ハザードが広がっていくのが防がれる場合や，そもそも術者近辺にしかゾンビは現れず，全面化していかない場合が多い。術者の術や，呪い，魔術，特定の人しか作り方を知らない薬品によってなされるゾンビ化は，対象が限定されていることが多く，また，その性質が伝播していかないことが多いのだ。

　これを大きく変化させたのが，ジョージ・A・ロメロの『ナイト・オブ・ザ・リビングデッド』だった。はっきりした原因は不明だが，人間が死亡すると死亡した後に他者に食らいつく存在としてよみがえってくる「ゾンビ」を描いた。これによって，術者の存在が不要になり，誰かに命令されて動くゾンビではなく，個体それぞれが動きまわるスタンドアローン型のゾンビが登場する。そして，襲われた人間もまた同じ状態となってうろつきまわる。個々にうろつくという性質と，襲い掛かって性質を伝播させていくという性質が付け加えられたのだ。つまり，ゾンビ化の原因として「死亡すること」と「ゾンビに傷つけられること」が付け加わった形だ。これによって，どのような原因であれ死んでしまうとゾンビになり，生きていてもゾンビに襲われることでその性質が伝播していくことになった。続く，『ゾンビ』に登場するゾンビも，スタンドアローン型で，ゾンビ化の原因は不明である。このゾンビたちは『ナイト・オブ・ザ・リビングデッド』と同様に人を食おうとし，その性質は伝染していく。

　ロメロの作品においては，ゾンビ化の原因は作中で客観的には説明されない。特に理由は提示されず，とにかく人間が死んだ後に再び起きあがり，歩き回って，生きている人間に食らいつくようになる。物語世界の中では，登場人物が「地獄がいっぱいになってしまったので」「人工衛星の墜落で」「ウィルスだか細菌だかで動いている」などと述べるが，

その原因が決定打であるという描写や説明はない[2]。ロメロ監督のゾンビ映画シリーズ三作目の『死霊のえじき』では，地下にこもった研究者がなんとかこの現象を解明しようと様々な実験を行っているが，ゾンビの脳の状態が解明されたり，ゾンビに対して報酬を与えることによって調教を行うことに成功したり，といった成果は挙げているものの，ゾンビ化の原因や根本的な解決策は見つからないままである。

　一般的に，人間を襲う存在（サメやクマなどの生物，エイリアン，殺戮マシーン，殺人者など）が出てくる映画では，その存在と対決して打倒したり，その存在を完全に葬り去ったりすることが目的になることが多い。ところが，ゾンビ化の原因が不明なゾンビ・コンテンツの場合は，ゾンビと対決するシーンは多く出てくるものの，現象それ自体が全面的に解決するものはあまりない。

　ロメロのゾンビ映画六作品のラストシーンでゾンビ現象がどのようになったか，それぞれに見てみたい。『ナイト・オブ・ザ・リビングデッド』では，舞台となった一軒家に逃げ込んだ人間は物語が終わる際には全員死亡してしまったが，ゾンビ現象自体がどうなったかは不明だ。『ゾンビ』では，生き残った二人はヘリコプターで脱出するが，やはりゾンビ化現象が解決した描写はない。それ以降の『死霊のえじき』，『ランド・オブ・ザ・デッド』，『ダイアリー・オブ・ザ・デッド』，『サバイバル・オブ・ザ・デッド』も同様で，ゾンビ化現象自体が収束した描写はない。

　ゾンビ映画において，ゾンビ化の原因が明示されるものの中では，呪術以外に，様々な理由が用意されてきた。ゾンビ化現象に対して科学的

---

2．ただし，日本で1980年10月16日（木）に東京12チャンネル（現・テレビ東京）でテレビ放映された『ゾンビ』は，『衝撃SFサスペンス　ゾンビ　地球SOS　死者が甦った日』と銘打たれ，冒頭に惑星が爆発するシーンが挿入された。惑星イオスが爆発したことで特殊光線が地球に作用したため，と理由が説明されている（伴 2014）。

な根拠が示される場合もあった。ここでいう科学的根拠に基づいた説明とは，もちろん現実世界の科学的根拠とは異なるが，科学的な装いのある理屈で説明される理由という意味だ。人工衛星や惑星の爆発，宇宙からの怪光線や隕石，芝刈り機が発する超音波，放射能，化学物質や毒ガス，細菌など，様々なものが，「それらしい」理由として語られてきた。『ON AIR』という作品では言葉が原因であった。これらも，その設定如何によって，現実の科学に近いものから，秘術・オカルトに近いものまで，様々である。また，ギャグなのか，シリアスなのかといった作品のトーンによっても「らしさ」の程度は変わってくる。たとえば，『バタリアン』では，トライオキシンという毒ガスによって人々がゾンビ化するという設定だ。何らかの化学物質ではあるようだが，作品のテイストからも，現実感は乏しく，理由としてとりあえず設定されているという程度である。

なかでも，ゾンビ化の原因としてジャンル全体に大きなインパクトをもたらしたのは，ウィルスであった。ウィルス感染によって，ゾンビ現象が発生し，広がっていくという設定である。近年のゾンビ映画でゾンビ化の理由として挙げられる科学的な仕掛けとして多いのはウィルスだ。ゾンビ化現象をもたらすウィルスに感染することで，ゾンビ的な性質を持つ存在になる。これも，厳密に実際の科学的根拠としてどうかと言うと，疑問符はつくだろうが，ある状態が人に伝染していく際に，何らかの科学的説明を用いる上で，我々にとって実感を伴って理解されやすい概念としては最適なものであろう。インフルエンザが人から人に感染することは実体験がある場合も多く，また，メディアではエボラ出血熱などの症状としてウィルスによって激しく出血するという情報が流れている。そして，エイズウィルスは人の免疫系を破壊するなどの人体の機能を変化させる症状を引き超すことが知られている。『28日後...』や『バイオハザード』，『ワールド・ウォーZ』などは原因をウィルスに求める作品だ。

　ここには，これまでのゾンビの感染と決定的に違っていることがある。ゾンビに噛まれるという直接的な接触なしにも感染しうること，そして，ウィルスは生きた状態の人間を，場合によっては「死」を経ずにゾンビ的な性質に変容させてしまうこと，である。ゾンビ化現象の原因として「ウィルス」が発明されたことはこのジャンルを広めるのに大きく貢献している。

### 7-3　ゾンビと意識・感覚・感情

　ゾンビになってしまったら，どうなるのだろうか。意識や感覚はあるのだろうか。ゾンビは死んでいることが多い。ウィルスの場合は感染者ではあるが，感染前の人格などはないことが多く，また治療不可能で可逆性がないこともあり，その場合は人間としての生は終えていると考えられる。

　死んでいるのになぜ動くかという問題にもかかわってくるが，脳の何らかの機能によって体が動いていることは確かなようだ。それというのも，体の各部を銃で撃たれたり，刃物で突かれたりしても動きを止めないが，脳を破壊されると行動が停止する設定のものが多いからである。逆に脳を破壊されない限りは，動き続ける。首から上だけになっても目玉や口が動き続けているゾンビや，首の皮一枚で体とつながっていても体を動かしたゾンビ，鼻から下が全てなくなってしまっても，目が動き続けるゾンビも出てきたりするので，そういう意味では，人間よりも丈夫かもしれない。ただし，筋肉は自由に動かせるわけではないようで，歩き方はぎこちなく，いくつかの関節が曲がらない様子も見られる。

　光や音に対する反射や定位反応は残っていることが多い。たとえば，『ランド・オブ・ザ・デッド』では，ゾンビの気をそらすために，物資を調達する人間たちは花火を打ち上げる。花火の音と光にひかれたゾンビたちは，花火を見つめて動きを止めてしまう。『Ｚアイランド』でも，音はゾンビを引き付けていた。ゾンビたちには，視力が多少残っている

ものの，方向を決めるのは音の聞こえる方，という説明がなされた。

　また，生きている人間に向かって移動してくる走人性[3]が見られる。とはいえ，意識はあるように見えないことが多い。人間であったころの記憶はほとんど残っていないようで，肉親や友人，恋人などのゾンビ化前に親しかった人のことを区別できている様子はない。また，そういった生前良い関係だった人に対してプラスになる行動（見逃したり，他のゾンビから守ったり）をすることもない[4]。むしろ，生活空間が近いことや，生前の姿をしているため生者側がゾンビ化した知り合いに近づいていき襲われる悲劇が多い。

　ただし，動作や習慣については，記憶の残存が見られる。『ゾンビ』では，ゾンビたちは生前の習慣に動かされてショッピングモールに集まってくる。ゾンビたちの移動のモチベーションは人間なのだが，主人公たちがそこに行く前から，ゾンビたちは，もはや生きている人間がいなくなったショッピングモール内をうろついていたことを考えると，これはやはり生前の習慣を引きずっているのだろう。実は，ここで，ゾンビたちは再び何かに操られる存在として描かれていると言うことができる。操っているのは，呪術師や魔法使いといった個人ではない。『ゾンビ』のゾンビはスタンドアローンで自立しているように見えるが，消費社会という社会構造に動かされていると見ることができる。消費社会に突き動かされ，消費の場に自らを導く，そして，その行動パターンを増殖させていく。

　人間らしい感情や思考力はほとんどなく，「人を食う」という行為をただ繰り返す。ゾンビ化すると誰彼かまわず襲い掛かり，噛みつき，食

---

3．ガなどの昆虫が光に群がる「走光性」にヒントを得て，走人性とした。筆者の造語である。

4．これにも例外は存在する。『死霊のえじき』のリメイク『デイ・オブ・ザ・デッド』には，バドというゾンビが登場し，人間を守って他のゾンビから攻撃されてしまう。『ウォーム・ボディーズ』でも，ゾンビ「R」はジュリーを守る。

おうとする。ゾンビ化した者の肉親や友人，恋人などが犠牲になることが多いが，これはゾンビがわざわざ見知った人間を狙っているというよりも，生前の知り合いは，相手がゾンビ化していることに気付かず接近してしまったり，たとえゾンビ化していることが明確であっても，知っている人間の形をしたものを殺すことに躊躇したりしやすいからであろう。

　ただし，ゾンビ歴が長くなると，思考力や感情を取り戻したように見えるものが出始める。『死霊のえじき』に登場するバブというゾンビは，ローガン博士の教育の成果により，むやみに人を食おうとせず，また，ひげそりを手に取ってひげをそるそぶりを見せたり，受話器をとって電話をかけようとしたり，ヘッドホンで音楽を聴くと反応したり，軍人を見て敬礼をしたりした。また，博士が促すことで「ハロー，アリシア」と聞こえなくもない程度の言葉を話した。最終的には拳銃で人を狙って打ち，敬礼してみせることもできるようになった。感情面でも，教育をした（報酬を与えた）ローガン博士が死亡した際には，雄叫びを上げて暴れ，悲しそうな態度を見せた。

　『ランド・オブ・ザ・デッド』では，楽器を演奏しようとしているゾンビや，男女が手をつないだカップルだったものと思われるゾンビなどが見られた。中でもビッグ・ダディというゾンビは，他のゾンビへの気遣いを見せたり，他のゾンビが人間に倒されるのを見て悲しむ様子を見せたり，リーダーシップを発揮して他のゾンビを引き連れて人間を襲撃したりした。その際，掘削機や，マシンガンなども使いこなしている。ビッグ・ダディは，生前ガソリンスタンド店員だったので，掘削機やマシンガンを使用したことがあったかどうかは疑問だ。また，ガソリンを自動車にふりかけ，そこに火のついた缶を転がして引火させることで，人間を爆死させた。『サバイバル・オブ・ザ・デッド』でも，ゾンビ歴が長くなったと思われるゾンビの中には，自動車のエンジンをかけて動かすゾンビ，郵便ポストに郵便を入れる行動を繰り返すゾンビ，農機具

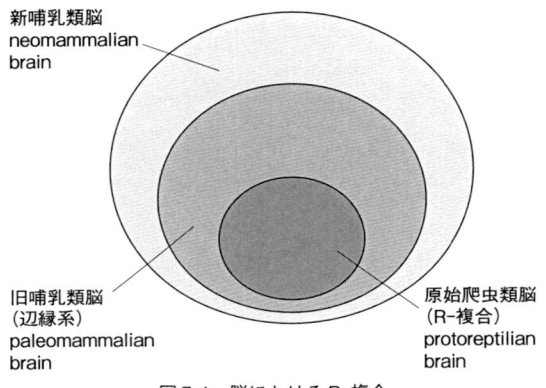

図 7-1　脳における R-複合
（堀 1991）を元に筆者作成。

を押すゾンビ，薪割り行動をするゾンビ，馬に乗るゾンビなどが見られる。生前の経験，行動を元に新たな行動を学習している可能性がある。

　これらの事から考えると，ゾンビは死者の脳のある部分だけが再活性化されたものと言えそうだ。しかし，その際に高次の精神機能をつかさどる脳内の前頭葉は何らかの理由で機能を停止している。『死霊のえじき』の中で，ローガン博士は腐敗や損傷などで脳の高次機能が停止し，脳の中心部にある R-複合が活性しており，攻撃性のみが残り，人を襲うという仮説を立てている。R-複合とは，ポール・マクリーンの三位一体脳説における脳の中心部の名称だ（堀 1991）。堀によると，マクリーンは，「比較解剖，生理，行動科学や神経化学，進化論に基づき，恒温（温血）動物の脳は三つの型の系から階層性に構成される」と考えたといい，そのうちの一つが原始爬虫類脳と呼ばれる R-複合である（図7-1）。R-複合は脳の内部側であり，低次の機能，すなわち，生殖や攻撃，捕食，をつかさどっている。

　確かに，前述した，バブもビッグ・ダディも外部から見える頭部の損傷は少ない。また，教育を行ったり，時間が経過すると思考力や感情を

少しずつ取り戻したりするということは，脳各部の機能代替が起こっている可能性も指摘できる。

### 7-4 ゾンビの食べ物

ヴードゥー型ゾンビの場合，何を食べているかは不明である。呪術の力によって死体が動いているので，特に何かを食べる必要はないのかもしれない。『ホワイト・ゾンビ』に登場するゾンビは，何かを食べている描写はなく，呪術師の命令に従って黙々と働いていた。ウェイド・ディヴィスの記述によると，塩を食べるとゾンビ化の術が解けるというケースもある。

一方，スタンドアローン型ゾンビの場合，基本的には人肉を食べている。これには例外も存在する。たとえば『ナイト・オブ・ザ・リビングデッド』では，ゾンビが昆虫を口にする描写があるし，『ブレインデッド』や『ゾンビーバー』では，犬を食っていた[5]。また，『サバイバル・オブ・ザ・デッド』や『ウォーキング・デッド』では，ゾンビは馬を襲い，その肉を食らっていた。ゾンビ側は，相手がゾンビであるか人間であるか，生きているか死んでいるかの区別はできるようで，ゾンビ同士が食いあうことは基本的にない。

人肉を食べる場合，その理由が説明されるものもあるが，その理由が不明なものもある。理由が不明なものの代表格は，ジョージ・A・ロメロ監督の作品である。基本的には理由はわからない。どうやら，栄養摂取のためではないようである。『死霊のえじき』では，ローガン博士が，実験によってゾンビから消化器を取り去った状態にしても人を食おうとすることを確かめている。あるいは，スタンドアローン型ゾンビの中には，人に襲い掛かって噛みつくが，それは食べるためというよりも，ウィルスを感染させるため，という場合もある。映画『ワールド・ウォー

---

5．『ゾンビーバー』の場合は，ビーバーのゾンビだが。

Ｚ』に登場するゾンビもこれに近い。その場合は，襲い掛かったり，噛みついたりはするが，食べることが目的ではない。

　理由が説明されるものの例としては，次のようなものがある。まずは，ゾンビが活動を続けるために必要な栄養を摂取しているというものだ。つまり，通常の生き物が何かを捕食する理由と同様である。人間もまた他の生物を食べて生きている。次に，人間を食うことによってゾンビ側に何か利益がある場合だ。『バタリアン』では，ゾンビ自身が「痛みが和らぐ」という理由を語っている。『ウォーム・ボディーズ』では，強烈な飢えが原因で，しかも，脳を食べた相手の記憶を味わうことで「人間」を感じられるため，という理由がある。森繁拓真のマンガ『学園恋獄ゾンビメイト』では，好きになった相手の脳を食べたくなるという設定であった。

　理由の有無にかかわらず，生きている人間にとって，とにかく困るのは，ゾンビが人間を食おうとすることだ。ここに，人間同士，人間とゾンビの間に様々なドラマが生まれる。


## 7-5　ゾンビのスピードと他者化

　ゾンビファンの中で，いまだに議論沸騰中の話題がある。それはゾンビの移動速度についてだ。ゾンビについては，登場から長らく，「動く死体」としてのろのろと歩くものとして描かれてきた。『ゾンビ』でも，ショッピングセンター内をうろつくゾンビの歩みは遅く，登場人物たちはゾンビたちの間を小走りに通り抜けることができるほどだった。他の多くの作品でも，生きている人間が全力疾走すれば全くついて来られない程度の速さのものが多かった。ゾンビは死体であり意識もないことから機敏な動きはできない，という認識から素早いゾンビはあまり描かれて来なかったと考えられる。『ショーン・オブ・ザ・デッド』や『ロンドンゾンビ紀行』『ウォーム・ボディーズ』など，今でもその特徴を持ったゾンビが描かれる作品も多い。

　ゾンビが他のモンスターと一線を画する特徴の一つはこの点である。一般的に物語に登場するモンスターは人間に比べてスピードが速かったり，力が強かったり，空が飛べたり，海を自在に泳いだり，何か特殊な能力を持っていたり，人間を凌駕するテクノロジーをもっていたりするのが普通だ。そういった作品では，人間よりある面で「強い」モンスターに，登場人物たちは次々に傷つけられ殺されてしまう。そんな状況で，人間の主人公は，知恵を振り絞って怪物に対峙し，生き抜き，最後にはこのモンスターを撃退あるいは死滅させる（登場人物全員が死んでしまうバッドエンディングのものもあるが……）。ドラキュラしかり，エイリアンしかり，ジョーズをはじめとしたサメしかり，恐竜や怪獣しかり，ジェイソンしかり，プレデターしかり……。モンスタームービーはこうしたものが一般的だ。モンスターは人間よりもある面で「強い」存在として描かれる。そのため，人々の潜在的な「恐怖」がそこに投影される。

　ところが，ゾンビは人間よりも「強い」と単純には言いにくい。すでに死んでいたり，薬品やウィルスの作用によって通常の人間の意識を失っていたりするため，脳を破壊されない限りひるむことなく襲い掛かってくる。人間的な感情もないようなので人を襲うことに躊躇もない。この点は，ある意味，通常の人間よりも「強い」かもしれないし，怖い存在だ。しかし，他のモンスターに比べると強い点よりも弱い点が目立つ。動きは遅く，知能も低く，戦術を練ったり，複雑な兵器を使ったりすることもできない。力も強くない。空が飛べるわけでもないし，何か特殊な力が使えるわけでもない。

　とはいえ，感染によって「数が増えていく」という点は，生者にとって脅威である。時には集団で人間に襲い掛かってくる。しかも，生者側にいた者がゾンビ側となって向かってくるのだ。将棋で自分のコマが相手に取られると，先ほどまで自分側のコマだったものが相手のコマとなって，こちらにとって脅威になるのと同じだ。ここに，生者側の新たな恐怖が生まれる。モンスターに襲われてしまう恐怖に加えて，先ほどま

で普通にコミュニケーションがとれていた人間が，突如敵になる怖さだ。さらに，自分自身が意識不明の状態で人間に襲い掛かるモンスターになってしまうかもしれない恐怖，も加わる。ゾンビ・コンテンツでは，ゾンビに噛まれた人が，人間である間に死にたい，と言うシーンがよく描かれる。自分や他人が「人間でないものになる」ことに対する恐怖である。この点について，ゾンビ化は「他者化」のメタファーと言うことができる。ここでいう「他者化」というのは，先ほどまで意思疎通ができていたものが，そうでない状態になってしまったり，自身を攻撃するものに変貌を遂げることを指す。自分の身近にいて理解可能だった人間が，そうではないものに変貌する「他者化」は，実は現実世界にもありふれている。洗脳やカルト的な思想への傾倒，あるいは，認知症などによって，現実でも起こり得る事態だ。

　一方で，移動速度が極端に速いゾンビも登場している。ゾンビが死体であるとすれば，どんどん腐っていくなどして，体組織は脆弱になっていくはずなので，走ったら肉体が壊れてしまう可能性があるが，ゾンビになりたてなら可能かもしれない。実は，ジョージ・A・ロメロの『ナイト・オブ・ザ・リビングデッド』の続編を名乗ったパロディ作品『バタリアン』では，早々にロメロが描いたゾンビ像を壊している。『バタリアン』に登場するゾンビは，脳を破壊しても，頭を胴体から切り離しても死なない。原因はトライオキシン245という化学物質で，全力疾走し，発話できる。救急車やパトカーの車載無線を使ってさらに生きた人間を呼び寄せるなど，悪知恵も働く。実は，それ以前の1980年に作られた『ナイトメア・シティ』でも，放射能の影響で身体能力が向上した人間がゾンビとなって押し寄せる。つまり，全力疾走のゾンビは実は1980年代から登場していたのである。ただし，『バタリアン』はコメディであり，当時のジャンルのルールを大きく逸脱することによって，そのおかしみを感じさせるものであったし，『ナイトメア・シティ』もその後「走るゾンビ」を扱った後続作品を生むにはいたっていない。

　そうしたコメディや先駆的な一作品としてではなく，一つのジャンルとしてゾンビ，あるいは，ゾンビ的なものがスピーディーに襲い掛かってくるものとしては，2000年代に入ってからの『28日後...』『ドーン・オブ・ザ・デッド』などの作品が嚆矢となった。『28日後...』『28週後...』のような「感染者」という設定の場合，死体ではない。人間を激しい怒りに駆り立てて暴力的にする「レイジ・ウィルス」というウィルスの感染者という形で描かれている。ゾンビの特徴の中の「死体である」という条件に照らすと「ゾンビではない」ということになるのだが，怒りという一つの感情のみで人間に襲い掛かる点，意味のある言葉は話せず人間とのコミュニケーションが行えない点，ウィルス感染によってその性質が広がっていく点を考えると，ゾンビの特徴を色濃く持っている存在と言える。それゆえ，監督本人はゾンビを描いたつもりはなかったにもかかわらず，走るゾンビと認識されたのであろう。

　作品によっては，普通の人間よりも運動能力が増していると思われるものもある。『ゾンビランド』のゾンビも足が速く，ずっと走り続けられるようだ。人間は有酸素運動で長時間走り続けなければ，追いつかれてしまう。作中では，肥満体は真っ先に追いつかれて噛まれてしまったことが語られている。『ラン・オブ・ザ・デッド』のキャッチコピーは「ゾンビが跳んでくる」だ。壁を蹴って跳躍して襲い掛かってきたり，障害物をひとっとびで飛び越えてきたりする。さらに，『死霊のえじき』のリメイク作品である『デイ・オブ・ザ・デッド』では，なんと天井をはい回るゾンビが出てきたりもする。

### 7-6　ゾンビの終わり

　「死んだらゾンビになる」というルールのみなら，死体をうまく処理できさえすれば，ゾンビの増殖は抑えることが可能である[6]。そこで，多くの作品では次の方法でゾンビの脅威を大きく見せる。すなわち，すでに死んでいた者がよみがえってくるという描写である。具体的には，

墓場から死体がうごめいて出てくるというものだ。こうすることで，新たに死ぬ者に加えて，すでに死んでいる者も数に入り，ゾンビの脅威が増すわけだ。ところが，この仕掛けが有効なのは，土葬を埋葬方法として認めている文化圏のみである。現代日本では遺体は火葬するケースが主であり，墓の下に肉体は残らない。ところが，ウィルスで生きた人間にもその性質が伝播するとなると話は別だ。ゾンビに直接襲われるだけでなく，血液などが付着したことによる感染の可能性や，空気感染の可能性も出て来る。

ウィルスが原因である場合，それに対する「対策」が打てることになる。呪術や呪いについても，その「対策」が用意されている場合もあるが，その「対策」を知るには，呪術や呪いといった術者の文化や技術を知らなければならない。ウィルスが原因である場合は，西洋科学的な常識がそれなりに通用する。感染者の体液から感染する場合は，それらに触れないように工夫すれば感染はしない。また，より根本的な対策としてワクチンや特効薬の存在や，その製造可能性が描かれたりもする。

原因が描かれるにせよ，描かれないにせよ，近年のゾンビに多いのは，ゾンビを操る術者が存在しないものだ。どういった原因であったとしても，ゾンビそれぞれは無意識で，生きている人に襲い掛かる存在として，自立しているものが多い。こうしたゾンビが登場し，人気を博したのは，社会的な動向と無縁ではないだろう。一つ一つ人の意志と人の手によって作り出されたものではなく，機械化，自動化を進め，大量生産，大量消費社会が実現されていく。ゾンビも，一体一体に術を施したり，薬品をかけたり，手術をしたり，といった手間暇をかけて作り出されていた

---

6. このことを利用した作品に『就職難‼ゾンビ取りガール』，『玉川区役所 OF THE DEAD』がある。いずれの世界でも，ゾンビ化現象は起こっており，一時混乱に陥った様子はあるが，ゾンビ化およびそれが広がる要因は明らかになっており，ゾンビ化現象自体は継続しているものの，人々は一般生活を送れるようにシステムを構築した世界が描かれている。

ものが，科学的な作用によって，自動的に増殖していくようになったのである。

　ゾンビ・コンテンツは，物語が終わっても，根本原因が解決しないものが多い。主人公たちの物語は何らかの形で結末を迎えるが，その物語を取り巻く世界におけるゾンビ化現象そのものは解決されない。ジョージ・A・ロメロの作品群はすでに確認した通りであるし，『サンゲリア』や『ショーン・オブ・ザ・デッド』『ゾンビランド』など，多くの作品で，登場人物周辺でのゾンビ騒動はある種の解決をみて作品は終わるが，ゾンビ化現象そのものは解決されないか，あるいは，潜伏し，さらに広がっていく可能性を示唆して終わる。こうした作品群では，「ゾンビ化」は個人が携わって作用できるレベルの現象ではなく，全体的で止めることが不可能な現象として描かれている。

## 7-7　ゾンビと感染

　くり返すが，現代的なゾンビの特徴の一つに「感染」がある。ゾンビ的な性質が，噛みつきや接触，体液の飛散などといった原因で生者に伝染していくのだ[7]。ヴードゥーゾンビで，呪術師や博士といった主体が，呪術や呪い，手術，薬品などの方法を用いて，一体ずつゾンビを作り出していたのとは大きく異なり，ゾンビが自らの持つ「特徴」を自身の力で拡散させていくことになった。このゾンビ的な性質が何らかのコミュニケーションによって，「感染」や「伝染」していくことについては，すでに確認したとおり，2000年以降のゾンビ映画で，ゾンビ化の原因としてウィルスが設定に持ち込まれて以降，より盛んになった。ここで

---

7．『ゾンビ』でも，噛まれた人は最終的にゾンビになったが，本作においては，死ぬとゾンビになる，という原則のみであり，厳密にいうと，ゾンビに噛まれると早く死に，死ぬとゾンビになるという。ただ，ゾンビ・ハザード下にいる者にとっては，ゾンビに噛まれると結果的に自分もまたゾンビになる，というつながりを認識するだろう。

は，ゾンビ・コンテンツを考える上で重要な要素と考えられる「感染」について考えてみよう。

　コンテンツと「感染」について考える場合，いくつかの見方が可能だろう。まず，コンテンツに関わって「感染」がどのように描かれているか，その描かれ方から，「感染」はどのような意味を持つのか，を考える視点だ。すなわち，コンテンツの内容を分析する見方である。次に，コンテンツそれ自体がいかに「感染」していくかを考える視点だ。これは，コンテンツの伝播を分析する見方である。「感染」の描写が何を意味し，そして，どのように「感染」していくのか，見てみよう。

　コンテンツと感染の問題を扱った先駆的な研究分野の一つに，コンテンツにおける「幽霊」の表象を扱ったものがある。幽霊と感染がいかに関わるというのだろうか。幽霊のイメージと言えば，特定の誰かに恨みを抱いて死んだ白装束を着た女性が，夜中にその特定の人物の枕元に現れ，その怨念で相手を呪い殺す，といったものであろう。とはいえ，これだけでは，病原体と強く結びついた「感染」という言葉とは結びつき難い。幽霊の怨念は，どちらかというと場所や人に固定されている。代表的な幽霊である「お菊」が皿を数える「皿屋敷」の話にしても，屋敷の井戸に現れる。逆に，怨念は距離を超えて，恨みの対象である人物に危害を加えることもある。

　そのような幽霊を，感染と結び付けて考えやすくなった代表的な作品は『リング』（1991）であろう。『リング』とは，鈴木光司による小説作品だ。見た人を一週間後に死に至らしめる呪いのビデオテープの謎に迫る主人公が描かれている。小説としては，その後『らせん』，『ループ』，『バースデイ』など，同様の世界観が描かれ続けた。また，実写映画『リング』（監督：中田秀夫），『らせん』（監督：飯田譲治）が 1998 年に公開された。配給収入 10 億円を記録し，その後『リング 2』（1999），『リング 0　バースデイ』（2000）が公開，『貞子 3D』（2012），『貞子 3D　2』（2013），『貞子 VS 伽椰子』（2016）[8]と，近年までシリーズが続いている。

『リング』には，ビデオテープというメディアを媒介にして，呪いを伝染させていく貞子という女性の怨霊が登場する。貞子が衝撃的だったのは，呪いのビデオテープを見てしまった被害者の元に，テレビ画面の中から抜け出してせまるシーンであった。このテレビから出てくる描写が強烈な印象を残す貞子だが，長い髪を前に垂らして顔を隠し，白装束で井戸から現れる様子は，皿屋敷的な日本古来の幽霊を連想させる。

実は，『リング』の物語が進んでいくと，貞子は生前，念写能力を持つ能力者でありながら，日本最後の天然痘患者であったことが明らかになる。貞子は天然痘を患ったまま，殺害され，井戸に投げ捨てられるという悲惨な最期を迎えた。この怨念が，念写能力によってビデオテープに焼き付けられ，天然痘ウィルスの感染性を伴ったという。ビデオテープというメディアの中身はダビングされ，コピーされていき，呪いが広がっていく。

以前から，現実社会においても，様々なメディアでこうしたメッセージの伝播自体を目的としたものがあった。古くは不幸の手紙，近年ではチェーンメールや，SNS を流れる流言などである。こうして情報がどんどん拡散していくことが，ウィルスが遺伝情報をコピーしていくことと構造的に類似しているのだ。ビデオテープのダビングは，人の手によって行われるがゆえに，別の番組を上から重ねてしまうことで，あるシーンが欠落したバージョンが生み出されるなど，コピーは変化を伴って増殖していく。これも，ウィルスが宿主から宿主に感染していく中で起こす突然変異に見立てられる。1990 年前後には，ウィルスや遺伝子操作といった生物学的な知見が要素として含まれた映画や小説作品が多く作られていった。たとえば，『ゴジラ VS ビオランテ』（1989），『ジュラシック・パーク』（1990），『アウトブレイク』（1995），『パラサイト・イヴ』（1995）などがそうだ。

---

8．『リング』シリーズの貞子と『呪怨』シリーズの伽椰子が対決するもの。

　幽霊の恨みは，特定の人物に注がれたり，特定の場所にとどまったり，あるいは，物理的な距離を超えることが多いが，この貞子の「呪い」は，ビデオテープというメディアを介してどんどん拡散していくのだ。そして，ビデオの中身を見た不特定多数の人々を死に至らしめていく。コンテンツがメディアにのって広がっていくように，「呪い」が広がっていく。その後，Ｊホラー作品では，様々なメディアを通じて幽霊が拡散していくことになる。『回路』（2001）ではインターネットを通して，そして，『着信アリ』（2004）では携帯電話を通じて，呪いが伝播していく。メディアの発展とともに呪いはそのコンテンツとなり，広がっていく。

　実は，女性がウィルスを感染させ，拡散させていくというモチーフは，貞子が初めてではない。たとえば，チフスのメアリーは有名である。後に「チフスのメアリー」と呼ばれることになるメアリー・マロンは，1869 年にアイルランドで生まれ，1883 年にアメリカ合衆国にわたり，住み込みの家政婦兼料理人となった。メアリーはどこかの段階で腸チフスに感染し，健康保菌者となっていた。チフス患者は，症状が回復した後もチフス菌が体内に残り，便中に排出し続ける健康保菌者になる場合があるのだ。1900 年から 1907 年の間にメアリーが勤めていた 8 か所のうち 7 家族 22 人に腸チフスが発症した。その後，メアリーは病院に強制的に隔離された。3 年後の 1910 年に，調理はせず洗濯だけを行う誓約をし，自由の身になったが，姿を消し，ブラウンと名前を変え再び家政婦兼料理人として働き始める。最終的に 1915 年に保険局に拘束されるまで，25 人に腸チフスを感染させたと推定されている。このように，意図的か非意図的かに関わらず，10 人以上に感染を広げていく保菌者のことをスーパースプレッダーと呼ぶ（美馬 2007）。

　この，チフスのメアリーには，発展形の「都市伝説」がある。それが「エイズのメアリー」だ。いくつかのバージョンがあるようだが，主な話は以下の通りである。

「最近，離婚した男がシングルズ・バーへ行き，美しい女性に出会った。彼らは仲良くなり，最後に男の家へ行って一晩中愛し合った。男が翌朝目覚めると，彼女はいなかった。彼はバスルームへ行った。そして鏡を見た。真っ赤な口紅でそこに殴り書きされていたのは，「エイズの世界へようこそ！」というメッセージであった。」（ブルンヴァン 1992）

エイズを故意に感染させるようにふるまう女性の都市伝説である。この原型になったと思われるものとして，名づけの元ともなっているチフスのメアリーの話や，実際に起こった男性の同性愛者同士でのエイズ感染の事件，そして，作家が書いた話の中にある敵軍に梅毒を広めた娼婦の女性の話などがあるという（ブルンヴァン 1992）。

この「エイズの世界へようこそ」の都市伝説をゾンビ物に取り込んだドラマ作品がある。『玉川区役所 OF THE DEAD』だ。本作では，主人公である赤羽晋助の義理の兄，佐々木尚宏が，子作りのプレッシャーから一度だけ利用した風俗で，野原幸と性的関係を持ってしまう。幸は，実はゾンビ・ウィルスの保菌者であり，関係を持った男たちにウィルスをまき散らしていた。しかも，幸によって感染が拡大したゾンビ・ウィルスは，予防注射が利かず，感染率は100％，そして，症状の進行が早く，動きの速い新種ゾンビとなる。幸は，男性と関係を持った後，ルージュで鏡に「Welcome to Z」（ゾンビの世界へようこそ）という言葉を書いて去る。まさに，「エイズの世界へようこそ」の都市伝説である。西山（2014）の言葉を借りると，「「感染媒体」としての女性が「映画映像」で活用」されているのだ。そこには，男性の，女性に対する潜在的な恐怖や不安が投影されているのかもしれない[9]。

---

9．映画に投影された恐怖や不安については，アメリカのホラー映画から，そこに隠された恐怖を読み解いた『恐怖の君臨』（西山 2013）に詳しい。

　また，メディアを通して語られる感染症の物語[10]では，「第一号患者<sup>ベイシェント・ゼロ</sup>」を探そうとする欲望を見てとることができる（美馬 2007，西山 2014）。いわゆる「犯人探し」だ。『ワールド・ウォーZ』でも，主人公のジェリーは，第一号患者を探すために，世界中を飛び回る。

## 7-8 「感染」の意味するもの

　ゾンビ映画における「感染」は何を意味するのだろうか。当然，描かれるシーンの意味するところをそのまま受け取れば，ゾンビ的な性質が増殖していくことを意味する。それでは，これを何かの比喩ととらえてみるとしたら，「価値観の伝播」を意味すると考えられないだろうか。

　飛躍した発想のように思われるかもしれないが，根拠のない考えではない。「ウィルス」の感染との類同性が以前から指摘されているものとして「うわさ」がある（ノイバウアー 2000）。「うわさ」や「都市伝説」はウィルスが人から人に感染していくのと同じように，人づてに広がっていく。また，その内容は，途中で変容してしまう場合もあるし，その内容によっては人を行動に駆り立てる。これもウィルスが途中で突然変異して性質を変えたり，ウィルスが人間に影響を与えたりするのに似ている。いずれも，人と人との対話や接触によって広がっていくものであるため，類似性が見いだせる。

　「うわさ」研究の代表的著作である『オルレアンのうわさ』（モラン 1973）では，フランスのオルレアンで，ユダヤ人が経営しているブティックが，女性の人身売買の場になっているという内容のうわさがささやかれ，それが事実無根であったにも関わらず，広まっていく様子が詳細に報告されている。さらに，インターネットの登場，そして，ブログやSNS といったユーザーの情報発信を助けるアーキテクチャによって

---

10.　この際の物語は，フィクションとは限らない。ニュース報道なども含め，広い意味での物語である。

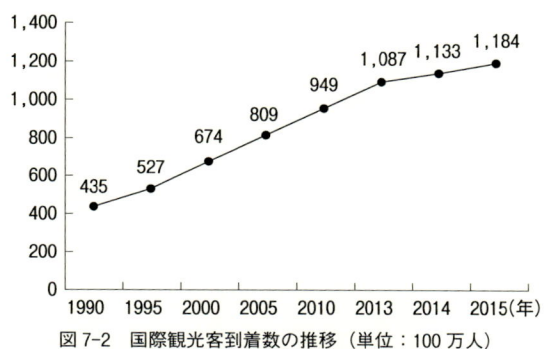

図 7-2　国際観光客到着数の推移（単位：100 万人）
（2014 年までのデータは http://www.e-unwto.org/doi/pdf/10.18111/
9789284417414 の 4 ページの表より。2015 年のデータは注 11 より。
グラフはこれらのデータを元に筆者作成。）

「うわさ」は新たなメディア上で爆発的な広がりを見せるようになった
（松田 2014）。

　病原体としてのウィルスは，インターネット上を運ばれていくことは
ないが，コンピュータに感染するコンピュータ・ウィルスはネットにの
って拡散していくこととなった。一方で，病原体としてのウィルスもま
た，新たな拡散手段を手に入れた。それは，人類の移動が盛んになった
ことによってである。世界各国が船舶や航空機で結ばれ，多くの人々が
往来できるようになった。具体的な数値として，国連世界観光機関
（UNWTO）が発表している国際観光客到着数に注目したい。これは，
世界の目的地を旅行した国際観光客到着数（一泊以上の訪問者）の数で
ある。この推移を見るために，1990 年から 2010 年までを 5 年ごとに，
2013 年からは各年の数値をグラフ化した（図 7-2）。

　1990 年に 4 億 3,500 万人であった国際観光客到着数は，20 年で 2 倍
以上の 9 億 4,900 万人まで増加している。2015 年の国際観光客到着数
は 11 億 8,400 万人に上るという[11]。前年に比べておよそ 5,000 万人増
加している。これだけの人々が地球上を移動しているのだ。

　つまり，「うわさ」もウィルスも，メディアや人の移動によって，以

前に増して拡散する規模やスピードを増している。この点をかなり直接的に描いているゾンビ・コンテンツとして『28日後...』を挙げることができる。『28日後...』では，レイジ・ウィルスというウィルスが原因で，人間が凶暴化し，他者に襲い掛かるという設定である。冒頭で，動物実験を行っている研究所に，環境保護思想を持った過激な団体が押し入り，ウィルスに感染した猿を逃がしてしまったことで，ゾンビ・アウトブレイクが起こる。「怒り」という感情，「人に危害を加える」という行動が，ウィルスにのって伝播していくのだ。現実世界においても，テロリストが国を越えて移動しているし，近年ではホームグロウン・テロリズムも生まれている。これは，インターネットなどのメディアを通じて，過激な思想に共鳴した人が，その国でテロを起こすというものだ。こうした社会的背景を考えると，ゾンビ・コンテンツが人気を博している理由が理解できる。

　ゾンビ・コンテンツを「価値観」の伝播を描く映画と見ると，分析の幅が広がる。ゾンビに襲われて傷を負った被害者がたどる末路は，「完全なる死」か「ゾンビ化」である。「ゾンビ化」とは，すなわち，生者がゾンビによって傷を負わされた結果，ゾンビ的な性質の存在に変貌することである。一方の「完全なる死」は，ゾンビによって完全に食われてしまい，ゾンビ化せずに死んでしまうケースや，ゾンビ化の末路を嫌って自死してしまうケースである。このいずれにしても，その状況を自分で選ぶ場合と，成り行きでそのようになってしまう場合の二通りがある。つまり，生きている人間に襲い掛かる単一の価値観（ゾンビ）に対して，抗うのか，迎合するのか，それ以外の道があるのか，といった問題を描いていると考えることができる。

---

11. 「国連世界観光機構（UNWTO）世界観光指標（World Tourism Barometer）2016 年 1 月号」http://unwto-ap.org/wp-content/uploads/2016/02/0208-Barometerfinal.pdf（2016 年 5 月 8 日確認）

　ゾンビの移動スピードが素早くなっているのはすでに指摘したとおりだが，そうすると感染スピードも速まる。価値観の伝播スピードが速まるということだ。情報社会であり，移動社会である現代社会において，ゾンビのスピードが速くなるのは必然と言えるのかもしれない。

## 7-9　ゾンビ・ジャンルの境界：『バイオハザード』論

　ゾンビの特徴を整理したところで，ゲームや映画で大きく展開している『バイオハザード』はゾンビ・コンテンツなのか，という問題を考えてみたい。実は『バイオハザード』はゲーム版，映画版ともに，ゾンビ・コンテンツなのか否かの判断が人によって分かれる作品だ。

　その理由として挙げられるのは次のようなものだ。ウィルスが感染するという設定なので厳密には「感染者」であって死体ではないためゾンビではない，映画『バイオハザード』では主人公のアリスが強すぎてゾンビ映画の「終末感」が薄い，『バイオハザード』に登場するものはゾンビというより「生物兵器」であり途中からゾンビ的な性質を失っている，ゾンビではない「他のクリーチャー」がたくさん出てくる，といったものだ。確かに，これらは代表的なゾンビ映画の様式からは逸脱した特徴である。

　『バイオハザード』におけるゾンビ化の原因は，T-ウィルスやC-ウィルスなどと呼ばれるウィルスだ。本作のゾンビは，ウィルスが原因であり，勝手に感染が拡大していくタイプである。つまり，ヴードゥーゾンビとは異なる。ゲーム『バイオハザード』は，シリーズが進むにつれて，ゾンビ・ハザードが様々な場所で起こることになり，その舞台は，西欧的な都市のみならず，未開の地や呪術的な法則に支配された村など多様になっていく。都市から未開の地に舞台を移すという意味では，ヴードゥーゾンビ的だ。

　ゾンビ以外のモンスターが多数登場する点も，オーソドックスなゾンビ映画とは異なっている。ゾンビ以外のモンスターとして，例えばリッ

カーというモンスターが登場している。リッカーは，T-ウィルスを用いてアンブレラが開発した生物兵器で，人間の肉体をベースとしているものの，鋭い爪と長い舌を持ち，ヤモリのように四足歩行で壁や天井も高速ではい回る生物だ。犬がゾンビ化したゾンビ犬や，B.O.W と呼ばれる，様々な生物兵器が登場する。たしかに，これは従来のゾンビ像とはずいぶん異なっており，ゾンビ映画に分類できないという意見も一理ある。

　ゲームおよび映画『バイオハザード』は，その黒幕に「アンブレラ社」という企業やそれにかかわる人を設定している。T-ウィルスは，製薬会社のアンブレラ社によって開発されたウィルスという設定で，アンブレラ社はそのウィルスを生物兵器として利用しようと試行錯誤を重ねているのだ。ゾンビのようになってしまった存在はある意味で失敗作だったわけだ。細かな操作は不可能であり，生物兵器として欠陥があった。バイオハザードはシリーズが進むにつれて，ウィルスの生物兵器的な側面がより明確になっていくのである。ウィルスの名称も変化していき，最終的には，寄生生物を寄生させる方法で生物兵器を生み出していく。

　バイオハザードに登場するモンスターは，基本的にはスタンドアローンで動き回っているが，枠組みとしては企業によって生み出された存在と言えるのだ。つまり，ゾンビたちは，多国籍企業によって間接的に操られている。「呪術師による制御」ではなく，「自然現象としてのゾンビ」でもなく，操作した「ウィルス」を用いた企業による制御なのである。ゾンビが「誰か」によって作り出されている点では，ある意味，ヴードゥーゾンビへの先祖がえりともとれる。この点が，『バイオハザード』をゾンビ・コンテンツと呼ぶのに抵抗を覚える点なのかもしれない。

　ジョージ・A・ロメロのゾンビのように誰に命令されるわけでもなく，ふらふらとさまよい，人肉にむらがるモダンゾンビとは異なっている。とはいえ，『ゾンビ』のゾンビも，消費社会という目に見えない社会シ

ステムに操作されていたことを考えると，『バイオハザード』も企業が「利益」のために，人命や人の健康被害を軽視してしまう点を如実に表現しているともいえるだろう。これまでの様々なゾンビ・コンテンツの設定を踏襲した立派なゾンビ・コンテンツであると言ってよいのではないだろうか。

　ある作品がゾンビ・コンテンツと言えるか否か，というのは，いわゆるジャンル論争である。ジャンル論争は，映画やゲームだけでなく，文学や音楽など，様々なコンテンツで見られる論争だ。こうした論争は，コンテンツの楽しみ方の一つであり，当該ジャンルを盛り上げる一つの動きでもある。ただ，本書では，特徴の変化について，否定的には捉えないでおく態度をとりたいと思う。それというのも，「ジャンル」は，その共通認識を守りつつも，破られることで発展していくものだと考えられるからだ。

　第3章で確認したように，ゲーム『バイオハザード』は『ゾンビ』に影響を受けて制作されており，それが実写映画化されてヒットすることによってジャンル全体が盛り上がった。そのため，様々な作品が盛んに世に出されてきたのもまた事実だ。「ゾンビ・コンテンツとはこういうもの」と狭い規定をしてしまうことは，本書の議論にはそぐわない。ゾンビの特徴について，様々なクリエイターが各自の持ち味で，様々な特徴を「発明」し，描いてきたことによって，そして，ある時は観客側が「これもゾンビだ」と認識して取り込むことによって，このジャンルはどんどん面白いものになってきたと言える。

　狭い定義を設定し，それに該当しないものを排除してしまっては，当該ジャンルを緩やかな死に追いやるだろう。ジャンルは当該ジャンルに含まれるものとそうでないものを分ける境界線として有効に機能し，カテゴライズする際の参照点であると同時に，それを破るコンテンツが登場することで，その境界が揺らぎ，常に動的に範囲が設定されるものだと言える。

第8章

# ゾンビと日常／非日常
Everyday Life of the Dead


　現実空間にゾンビが現れたら，これはきわめて非日常的なことだ。とはいえ，われわれはゾンビ・コンテンツには日常的に接している。ここでは，日常／非日常の切り口から，ゾンビにせまってみたい。作品内の時間の推移に従って，ゾンビが現れた世界は，どのように変化し，その中で人はどのように変わっていくのか，見ていこう。

## 8-1　ゾンビが現れる非日常
　現実空間と同じく，多くの作品内世界でも，ゾンビが登場することは「非日常的」に描かれている。もちろん，これはゾンビ・コンテンツの時間軸の中のどの時点を描いているかによって異なってくるが，ゾンビ・アウトブレイク，あるいは，その直後を描いている作品の多くでは，ゾンビの登場によって日常が破壊されていく様子が描かれる。
　その場合，「ゾンビ」的な存在のことが物語世界内で既知の場合と未知の場合がある。たとえば『バタリアン』や『インド・オブ・ザ・デッド』『さんかれあ』などでは，虚構空間内においてもメディアで描かれる「ゾンビ」が知られている。『バタリアン』では冒頭にテレビで『ナイト・オブ・ザ・リビングデッド』が流れており，『インド・オブ・ザ・デッド』では同じくテレビで『スリラー』的なダンス映像が流れている。『さんかれあ』では，主人公がゾンビ映画好きだ。どちらも登場人物たちは虚構内存在としての「ゾンビ」を知っている状態だが，それが目の前に現れた時，現実にはいるわけがない，と疑う。映画の中で

「ゲームや映画の世界の話だろ？」と驚く。一方で，登場人物たちは「ゾンビ」を知らない場合もある。そうした場合は一体何がどうなっているのかが全く分からず，その事態に順応するのに時間がかかる。

　そうして破壊される「日常」は，近代的，現代的，都市的なものがメインだ。『ゾンビ・マックス』では，ゾンビ・ハザードをもたらした流星群が原因で，ガソリンなどの燃料が変質し，自動車の利用ができなくなる。こうした特別なことがなくても，ゾンビ・ハザードの影響でガソリンの供給が止まってしまうなどして，使えなくなっていく。また，その維持や運用に電気や人手がかかる鉄道や航空機といった交通手段もストップしていく。交通や燃料，電気など，いわゆるインフラと言われるものの中で，人の手によるメンテナンスが必要なものやエネルギーは，ゾンビ・ハザードが拡大していくと，使用不可能になるか，その使用が大きく制限されるようになっていくのだ。

　その一方で，人間の倫理の制限はゾンビ・ハザードが長引くにつれ緩くなっていく。というのも，死体がよみがえって人々を襲うようになった世の中では，法律を含めて，平時の常識が通用しなくなっていくからだ。こうした「日常」が破壊されることによって，人間社会に秩序がなくなっていく。『ワールド・ウォーＺ』では，スーパーマーケットが大混乱に陥っており，人々が物の取り合いをしている。銃撃戦まで起こってしまうが，その場に居合わせた警官は，それよりも自分の食料を得ることに必死だ。先に指摘したエネルギーや交通手段，あるいは，食料や水，様々な資源が貴重な物になり，それらの資源を巡って奪い合いになる。あるいは，ゾンビを恐れる人間たちは，その前段階である「感染」に対して敏感になる。感染者を早期に見抜けなかった場合，その後，自分（たち）に被害がおよぶ可能性があるからだ。感染の可能性のあるものは，早く隔離したり，殺したりしようとする人が出てくる。人々は疑心暗鬼になり，自分たちの中に感染している人がいるのではないかと「魔女狩り」が起こる様子が描かれることもある。現代的な社会を成立

させていた法律やルールが無効化し，倫理のたがが外れてしまうのだ。中にはそうした状況から，リーダーになろうとする者が現れたり，他者を支配しようとする者が現れたりする。

　こうした終末的な世界観は，悲劇や恐怖を生む世界であると同時に，ゾンビ・コンテンツの一つの魅力でもある。たとえば，『ゾンビ』ではショッピングセンターに立てこもる様子が作品の大部分にわたって描かれていた。ショッピングセンターは日常的な消費空間だ。資本主義社会では金銭で物を購入するという行為は，きわめて日常的であり，社会の基本的なルールになっていると言ってもよい。衣食住に関する物財や，嗜好品，娯楽などもそろう場所である。ゾンビ・ハザードが起こることにより，こうした通常の社会の基本的なルールは破られていく。特に，ゾンビ・ハザードが短期間で収束しないことが登場人物たちに理解されていくことで，破られる程度が大きくなっていく。平時では犯罪となる行為であっても，非常事態であり，また，誰も咎めるものがいないため，解放感に浸る様子が見られる。『ゾンビランド』でも，店の商品を破壊したり，有名人の家に上がり込んだりしていた。ゾンビが現れて非日常化した世の中では，どこででもやりたい放題できるというわけだ。

　また，ゾンビは，元々は人間だったものであり，そう簡単に攻撃を加えられるものではないが，ゾンビ・ハザードが所与のものとなっていくと，「ゾンビは退治すべきもの」という理解が通常の状態になっていく。中には，ゾンビに危害を加えることを楽しむ様子が描かれることもある。ゾンビが出現することで，様々な非日常状況が登場するのだ。

## 8-2　非日常で活きる人々

　破壊されていく「日常」にともなって，「日常に順応していた人たち」は力を失っていくことが多い。逆に，そのような世界では「日常」では表舞台で脚光を浴びなかった人々が活躍し始めることがある。そもそも，ゾンビ・パンデミックから逃れることができるのは，人とのつながりが

ない人間や人の密集する地域にいない人間，あるいは，一般的な人の行動と異なる行動様式の人間に多い。すでに指摘した通り，ゾンビの感染は人と人とのネットワークを通じてであるからだ[1]。

　ルーベン・フライシャー監督の『ゾンビランド』では，主人公のコロンバスは，友達がおらず，ネットゲームオタクで引きこもりであったために生き残った。マンガおよび映画『アイアムアヒーロー』でも，主人公の同僚アシスタントの三谷が同様のことを指摘する。マンガ家のアシスタントという職業は社交的ではないため感染リスクが低く，社交的な人々は感染しやすいというのだ[2]。あるいは，『28日後...』や『ウォーキング・デッド』では，主人公は入院中であったために，最初のゾンビ・パンデミックを生き残った。『インド・オブ・ザ・デッド』では，ゾンビ・ハザードの原因はドラッグであったが，金がないことや，そういった仲間に入っていなかったことによってゾンビ化を免れる人々がいる。様々なシチュエーションが挙げられるが，いずれにせよ，多くの人々が遭遇する状況とは異なる状況に身を置いていたことで助かる場合が多い。それは，入院などの偶然の隔離である場合もあるが，人付き合いがない習慣や職業の人々であることも多い。

　「日常」では階層の下位に位置づけられたり，生き方に何らかの苦難を抱えたりした状態の主人公が，ゾンビ・ハザードが起こったことで，活躍するようになる物語は多い。スクールカーストの下位に位置づけられていた主人公を描いた小説『オブザデッド・マニアックス』（大樹連司）の冒頭は，次のような文章で始まる。

---

1．電子メディアを通じて伝わるゾンビもいる。ブルース・マクドナルド監督の映
　　画『ON AIR　オンエア　脳・内・感・染』やスティーブンキングの小説『セル』
　　では，言葉や信号がラジオや携帯電話といったメディアに乗って感染する。そ
　　うすると，ゾンビ化を免れる人の種類は変わってくる。
2．とはいえ，映画版では，三谷はすでにアシスタントをしていたマンガ家に噛ま
　　れてしまっており，自暴自棄になっていたのだが……。

　教室で生き残るために必要な知識は，すべて，ゾンビが教えてくれる。

　学校の皆が，空気を吸うようにできていること——クラスメイト同士で話を合わせるためだけに，テレビを観て音楽を聴いてマンガを読み，毎日毎日休む暇なく，ただメールをするためだけにメールを打ち続ける——そういうことが，どうしても無意味に思えて，それでも教室の日々を平穏無事に過ごしたいなら——ゾンビ映画に学ぶといい。

　何故って，教室の連中は，似ているのだ。そっくりなのだ。奴らに——ゾンビに。

　ただ本能が命ずるまま，尽きることなき飢えに苛まれて生肉を食らうゾンビたち。

　生命への憎悪に突き動かされ，群れをなして生者へと襲いかかるゾンビたち。

　クラスの連中も同じだ。広告に命ぜられるまま，与えられた流行に次々と飛びついては食い尽くし，次の流行へ。次の次の流行へ。その飢えはけして満たされることはない。

　そうして，少しでも自分たちとは異質な人間を見つければ，群れをなして襲いかかる。

　徹底的に蹂躙して，みずからの仲間になるまで許さない。

　だから，教室で生き残るには，ゾンビに埋め尽くされた地上をサヴァイブするのと同じだけの知恵と覚悟がいる——戦うための知恵と，耐え抜く覚悟が。


　ゾンビ映画内で描かれるゾンビ・ハザードの状況と日常的な人間関係が類似していることを指摘している。確かに，ゾンビ映画の登場人物の中には，日常生活においても生きづらさを抱えた人々が登場する。『インド・オブ・ザ・デッド』では，主人公たちが会社をクビになったり，女性にふられたりするところから話が始まる。『ワールド・ウォーＺ』

の主人公も，国連職員を辞めて，自宅でパンケーキを焼く日々を送っている。『ゾンビスクール！』の主人公は，小説家になるのが夢だが，なかなか芽が出ず，小学校の国語教師として地元に戻ってくる。『Ｚアイランド』の主人公も，やくざ同士の抗争によって負傷し，組を追われ，トラックの運転手をして客先で怒鳴られながら，刑務所から出所する仲間を待っているところから始まる。

　ゾンビ映画の主人公たちは，元々あまり良い境遇に置かれていない状態で，さらにゾンビ・ハザードにさらされることになる。とはいえ，ゾンビ・ハザードは先ほども指摘したように，価値観の転倒が起こり得る世界だ。普通の人でも，ダメ人間でも，敗北者でも，大活躍できるチャンスがある。

### 8-3　非日常下の「普通」の人：『アイアムアヒーロー』論（１）

　普通の男がヒーローになる作品として，日本のマンガ作品『アイアムアヒーロー』（花沢健吾）がある。本作は，2009 年 4 月より，小学館のマンガ週刊誌『ビッグコミックスピリッツ』にて連載が開始され，2009年 8 月に単行本第 1 巻が発売された。2016 年 7 月時点で，第 20 巻まで発売されており，累計発行部数は 600 万部を超えた大ヒット作品である。2016 年 4 月には実写映画が公開された。

　映画『アイアムアヒーロー』では，ゾンビ・アウトブレイクから生じる非日常的世界を描写し，その中で「普通の男」が英雄になるまでを描いている。映画版は，主にコミックス 1 巻から 8 巻で展開される話をまとめたものになっている[3]。マンガ『アイアムアヒーロー』の連載はまだ続いており，こちらはどのように完結するかはまだ不明だ。そこで，

---

3．マンガ版では，8 巻になってようやく主人公が銃を発砲する。コミックスのオビには，「英雄，遂に発砲ーーー!!!!!!」とあるように，銃を持っているのに主人公はなかなか発砲しない。厳密には，5 巻で空に向かって一発発砲している。

今回は一本の映画として完結している映画版の『アイアムアヒーロー』を中心に分析を進めてみたい[4]。

　映画版『アイアムアヒーロー』を分析する理由は，このような消極的な理由のみではない。映画版は，基本的な設定やストーリーなどは原作マンガを踏襲しているものの，映画版にしか登場しない設定やシーンなどもある。マンガやアニメの実写映画化に関しては，作品ファンの中に否定的な意見も多い。原作と実写映画の異なる点を指摘し，それをもって原作の価値を貶めたとする意見が見られる。マンガの実写映画化については，それを考察するだけでかなりの量の文章を必要とするだろうが，ここでは，マンガの実写映画版についても，何が読み取れるか，を中心に考えていきたい。原作と実写映画で異なる点を見ていくことで，作品の理解を深めていくことをねらいとする。

　主人公の鈴木英雄は，マンガ家である松尾のアシスタントだ。職場では，妄想をしてぶつぶつ言いながら原稿に向かい，先輩アシスタントの三谷に独り言を止めるように言われてしまう。自宅に帰ってくる英雄。表札には「黒川・鈴木」の文字。ドアを開けると恋人の黒川徹子（てっこ）が風呂から上がったところだ。一瞥するだけのてっこ。カップラーメンをすする英雄。同じ部屋のベッドに寝転がってテレビを見ているてっこ。テレビ番組の中ではダメ男について，女性たちがコメントをしている。テレビの音量を上げるてっこ。英雄は，二人が笑顔で写っている写真を一瞥した後，ラーメンをすする音を抑え，静かに食べ始める。

　自宅で深夜にマンガを描く英雄。そのデスクの目の前には付箋や紙切れに「目指せ連載」「メガネドレッサー」などの，将来の夢を書いたものがたくさん貼られている。棚にはマンガ賞のトロフィー。トロフィー

---

4．当然，続編が制作される可能性はあるが，現時点で続編の制作が発表されているわけではない。たとえば『デスノート』や『ちはやふる』といった映画では，前後編が最初から予定されていた。

を見ながら，「もう15年か」とつぶやく。英雄は15年前にマンガ賞を受賞したが，その後連載がとれず，日々アシスタントに励んでいる。趣味のクレー射撃用の銃を取り出して構える。眠っていたてっこには「もう寝なよ，仕事しないんなら」と言われてしまう。「今，やるとこ。ちょっとインスピレーションをね」と答える英雄。てっこは趣味にお金をかけている余裕がないので，銃を売るように言う。英雄は，次は載せてもらえるから大丈夫だと答える。

　実は，この時点で原作とは異なる点がある。原作でも，英雄はマンガ家のアシスタントという設定だが，一度マンガ連載を行っていたことがあり，それが打ち切りになった後に，次の連載が取れていない，という設定だ。映画版では，てっこのキャラクターも変わっている。原作では彼女の存在が，英雄の救いになっている部分もある。マンガ賞のトロフィーを見つめる描写もない。実は，このトロフィーが，後できいてくる。

　英雄は出版社の編集部に連載用の原稿を持ち込み，編集者に見せる。マンガ原稿の中では，ショットガンを構えた男性が女性に「俺が君を守る！」と宣言している。編集者は英雄の名前すら忘れてしまっている。「鈴木英雄，英雄は英雄と書いて英雄です」と自己紹介する英雄。編集者からは，「主人公が普通過ぎる」とダメ出しをされてしまう。そこに，新人コミック賞では英雄と同期でありながら，売れっ子マンガ家になっている中田コロリが訪れる。中田コロリは人気作家で，腕にはロレックスをしている。編集担当は英雄そっちのけで中田との打ち合わせに向かい，ロレックスをほめる。去り際に「また頑張って」と言われてしまう英雄。

　原作でも，編集部での英雄と中田コロリの邂逅シーンは描かれている。ただ，中田コロリのキャラクターや行動が異なっている。特に，中田がロレックスをしており，それを編集がほめる描写は映画版にしかない。また，英雄が自分の名前を自己紹介するセリフも原作にはない。原作では，英雄は鼻糞林檎というペンネームを名乗っており，そのペンネームが呼びづらいと注意される。

　マンガが没になり，自宅に帰るとてっこが怒り出す。ショットガンを
ロッカーごとドアから家の外に放り投げるてっこ。英雄が自分を奮い立
たせるために机の上に貼っていた付箋や紙切れをはじめ，マンガ本など
もゴミ袋に放り込んでいく。15年前のマンガ賞のトロフィーをつかみ，
燃えないゴミに出そうとする。もみあいになり，床に落ちるトロフィー。
てっこは，英雄がマンガ家になると言うのは夢ではなく妄想であると怒
鳴る。成功するのは一握りの特別な人であり，英雄は普通だと言って，
自分は34歳であり，もっと現実を見るようにと強く迫り，英雄を家か
ら追い出す。追い出された英雄はドア越しにてっこに呼びかける。銃の
許可証だけ取ってほしいと，それがないと，銃刀法違反になってしまう
と。ドアの郵便受けから乱暴に外に投げ捨てられる許可証。それらを持
って，公園のベンチに向かう英雄。その手には，中田コロリのマンガが
連載されている雑誌スピリッツがある。最初は「これが大ヒット？」と
いぶかしがるが，読み終えると，面白さを実感し「おもしれぇなぁ」と
つぶやく。隣のベンチにはガタガタと小刻みに震えるホームレスらしき
人影がある。

　この一連のシーンは，てっこのキャラクターが原作とは大きく違うこ
とから，原作にはほとんどない。自宅で中田のマンガを読み，その面白
さを実感するシーンはあるが，てっこがトロフィーを捨てようとしたり，
英雄のことをことさらに「普通」と指摘したり，銃を家から放り出した
りするシーンはない[5]。

　英雄が最初に出会うゾンビ（ZQN[6]）は，恋人のてっこが変異したも

---

5．原作のてっこは，英雄と同じくマンガ家志望であり，普段は英雄に対して優し
　　い。英雄の作品に対する理解者でもある。酒癖が悪く，酒を飲んで暴れ，英雄
　　に罵詈雑言を投げつけることはあるが，覚えていないようだ。また，中田と付
　　き合っていた過去があり，いまだにマンガの指導を受けており，英雄はそのこ
　　とがひっかかっている。
6．本作では，ゾンビ的な存在のことをZQNと呼んでいる。

のだ。仕事場でてっこからの電話を受ける英雄。てっこは息も絶え絶え
の様子で「やっぱり英雄君といたい」という。「俺が悪い。俺が全部悪
い」と答えて自宅に帰る英雄。鍵を持たずに出て来たことを思い出し，
室内に呼びかけるが，反応がない。携帯電話で電話をかけてみると，中
で呼び出し音が鳴る。ドアの郵便受けから中を見る英雄。てっこはベッ
ドで寝ている。起き上がり，ベッドからごろりと落ちるてっこ。呼びか
け続ける英雄。不自然な動きで，こちらに向かってきて，ドア越しに襲
い掛かってくるてっこ ZQN。もみあいの最中に，てっこ ZQN はドア
に噛みついて歯が抜けてしまう。室内に引っ張り込まれる英雄。歯の抜
けた口で英雄の手に噛みつくてっこ ZQN。英雄は思わずつきとばす。
その拍子に床に落ちていたトロフィーが後頭部に刺さり，てっこ ZQN
は息絶える。逃げ出す英雄。床に落ちた笑顔の二人の写真が映される。

　このシーンも，マンガ版と異なっている点がある。英雄がてっこ
ZQN に襲われる展開や，歯が抜けたてっこに噛まれるのは同じだが，
マンガ版では ZQN 化したてっこを，英雄が包丁で殺すため，トロフィ
ーが刺さる描写はない。また，笑顔の二人の写真が映されるコマもない。
映画版で印象的に映し出される「トロフィー」と「写真」について，時
間に注目して解釈するとどうだろう。英雄にとっては「トロフィー」は
自分の仕事が過去に認められた根拠であり，「写真」も恋人と仲が良か
った過去の一時の根拠として機能する。一方で，てっこにとって「トロ
フィー」や付箋，銃などは，英雄を現実や自分から目を背けさせる象徴
物だ。付箋は未来への逃避，猟銃は趣味への逃避，そして，「トロフィ
ー」は過去の栄光への逃避である。ZQN になる前に，てっこは現実を
見るよう，自分のことを考えるよう英雄に迫っていた。てっこは「トロ
フィー」という過去に殺され，「写真」に象徴される二人の関係が良か
った時代には，もう戻らない。

　その後，職場に戻ると，そこにもゾンビ・ハザードが広がっていた。
逃げ出す英雄。街が異様な様相を呈し始めていた。通行人や警官が

ZQN 化しており，大通りに出ると大騒ぎになっている。停車している
タクシーを見つけ，偶然出会った女子高生の早狩比呂美と，官僚の千倉
と乗車する。千倉はすでに噛まれており，「税金もろくにおさめない」
「貧乏人どもが‼」などと言いながら ZQN 化していく。スケジュール
を書いた手帳を見ようとするが，自分の血液で汚れた手帳が見えないと
怒り出す。千倉 ZQN にタクシーの運転手の田村も噛まれてしまう。千
倉 ZQN は英雄と比呂美によって車外に落とされる。田村は ZQN に変
異しながら「私，優良ドライバー表彰されてまして……」「無事故，無
違反で 30 年」と言い，思い切りアクセルを踏み込む。暴走し始めるタ
クシー，高速道路上で 160 キロを超える速度になり，他の車と衝突横転
する。気を失う英雄と比呂美。

　タクシーに乗る描写は原作にもあるが，同乗する客が異なっている。
原作では，この時点ではまだ比呂美に会っておらず，英雄と乗り合わせ
るのは，黒人[7]と不倫中のカップルの 3 人だった。このシーンでも，官
僚の千倉は「手帳」，ドライバーの田村は 30 年間無事故無違反であるこ
と，といずれも仕事と時間に関連するものにこだわっている描写になっ
ている。

### 8-4　英雄がヒーローになるまで：『アイアムアヒーロー』論（2）

　目覚めた英雄と比呂美は，スマートフォンで電子掲示板[8]を確認する。
劇中ではここで初めて「ZQN」という呼び名が登場する。ひろみが
「ゼットキューエヌ？」と読むと英雄が「ゾキュン？」と読み直す。掲
示板には標高が高いところでは感染しないという情報が流れていた。富
士山を目指す二人。途中の神社の境内で夜を明かそうとする。担いでい
たショットガンをカバーから出して肩にかける英雄。本物ならどうして

---

7．横田基地の病院を目指しているため，おそらく在日米軍の所属であろう。
8．2ちゃんねるを思わせる。

今まで使わなかったのかと問う比呂美に英雄は，公共の場では，出すだけで銃刀法違反になると説明する。比呂美は，ならどうして今は出しているのかと問う。英雄は，今は暗いし二人だけだからと説明し，ショットガンは「おまもり」だと言う。比呂美は「おまもり」という言葉を聞き，自分にとってのおまもりは，携帯音楽プレイヤーに入れた音楽『Home on the Range』だと言う。お母さんがよくうたってくれていたそうだ。イヤホンの片方を渡して英雄にも聞かせる。「私，比呂美です。おじさんは？」英雄は答える。「英雄，英雄って書いて英雄」。「英雄，ヒーローだ」と比呂美。「名前だけね」。眠る二人。夜が明けて，目覚める英雄。肩で寝ている比呂美をつい見つめてしまう。その時，比呂美の首筋に噛み傷があることに気付く。驚き，立ち上がってショットガンを向ける英雄。目覚めた比呂美はショットガンに驚く。傷について尋ねる英雄。一昨日隣の家の赤ん坊に噛まれたのだという。英雄「その赤ちゃんは……」。比呂美「わからない。見た目は普通だった」「母乳で感染するならその子も ZQN だし，私も ZQN になるかも」「殺していいよ，あんまり未練もないし」。それを聞き，構えた銃をおろす英雄。「なったらなった時考えよう」「大丈夫，ならないよ」などと言い。英雄は「俺が君を守る」と宣言する。比呂美は「うん」と答える。

　ここでは，英雄にとってのショットガンの意味が説明される。彼にとってショットガンは自分を物理的にはもちろん，精神的に守ってくれる「おまもり」なのだ。確かにマンガが没になった日の夜に自宅でも，こっそり出して構える姿を確認していた。ただ，そのおまもりは，法律によって非常に厳しく制限されたものである。実は，タクシーに乗ろうとする際，サラリーマン風の ZQN が襲い掛かってこようとし，その時に英雄はショットガンを構える妄想をする。実際は出しておらず，自宅外でショットガンを出したのは，神社のシーンが初めてだ。英雄は，てっこに追い出された時も，怒り心頭のてっこに許可証を求めるほど，法律を遵守しようとしていた。一方の比呂美はおまもりとして携帯音楽プレ

イヤーに入った音楽『Home on the Range』を挙げる。母が「過去」に
歌ってくれていたのだという。その後，比呂美に感染の疑いがかかるが，
英雄はむしろ比呂美を守ることを選ぶ。そこで，自分が書いていたマン
ガと同様の状況になり，登場人物と同じセリフを発する。英雄は自分の
「理想」に少し近づき，生き生きとし始める。

　その後，二人で山中を進むが，遅れがちになる比呂美。二人で倒木に
座って休むが，そこで比呂美は携帯音楽プレイヤーを英雄に託して
ZQN 化してしまう。謝りながら逃げ出す英雄，山道に作業員風の人影
を見つけて声をかけると ZQN であり，襲い掛かられる[9]。作業員 ZQN
にのしかかられ，噛まれる寸前のところで，英雄の後ろから作業員
ZQN の首をつかんで，パンチ一発で吹き飛ばす存在が。なんと比呂美
である。比呂美の眼は片目だけ ZQN 化していた。倒れている作業員
ZQN にとどめを刺す比呂美。作業員 ZQN の首を放り投げ，ちぎった
腕を持って近づいてくる比呂美におびえる英雄。比呂美は無言で手を差
し出す。英雄は，一度はその場を去ろうとするが，無言でたたずむ比呂
美を見て，やはり連れていくことにする。比呂美はしゃべらないが，襲
い掛かってくるわけでもない。山中でさんまの缶詰を見つけ，「さんま，
どう？」と比呂美に差し出す英雄。手で払いのける比呂美。続いて，キ
ャットフードを差し出し，「食べてみる？」と薦める。こちらは手づか
みで食べ始める比呂美。その様子を見て，少し食べてみる英雄。一人言
で「案外うまい」。「案外おいしいね」と顔をほころばせながら比呂美を
見る英雄，にらむ比呂美。「ごめんなさい」と英雄。その後，長い時間
山中をさまよう。英雄のひげは伸び放題で，比呂美をおぶって歩く。

　ここでは，比呂美が半 ZQN となる。比呂美は，過去にとらわれそう

---

9．『アイアムアヒーロー』を見ていると，小泉八雲の「むじな」の話，つまり「のっ
　　ぺらぼう」の話を思い出す。英雄は，相手を普通の人間だと思って声をかけた
　　り，助けを求めたりするが，振り向くとすでに ZQN になっているという展開
　　が序盤から見られた。

になっていた。過去に未練はないと言い，母親がよく歌ってくれたという歌に安らぎを得ていた。しかし，英雄と出会えて楽しかったと言い，英雄に過去の象徴である『Home on the Range』の入った音楽プレイヤーを渡した。比呂美は，過去に縛られつつも，前向きに未来を生きようとする側面もあり，それが半 ZQN という存在を生んだのかもしれない。英雄の立場から見ると，せっかく自分の理想（妄想）に近い状況となり，張り切っていたものの，結果的には比呂美は ZQN となり，しかも，その直後作業員 ZQN に襲われ，逆に比呂美に守られてしまう。その後，コミュニケーションがとりにくくなった比呂美を連れて山中をさまよう。ある意味で英雄の妄想は裏切られるが，比呂美を守る，という意識は継続してもっている。

　山中の舗装道路に出たところ，カートが放置されていた。カート内には菓子などの袋が散乱しており，英雄は食料が残っていないか物色するが，食べられそうなものはない。カートの前面には，「FUJI ROYAL OUTLET PARK」とある。カートに比呂美を乗せて進み，アウトレットモールに到着する。フードコートや，様々なブランドショップが立ち並ぶ中，不自然に焼け焦げた死体がある。レザーショップに入り，レザージャケットを物色する英雄。着用して「悪くないんじゃない」と，鏡の前で銃をかまえるポーズをとる。値札を見て「高っ！　高いよ，比呂美ちゃん，これ」と呼びかける。ふと鏡を見ると，ZQN 化した店員が「いらっしゃいませ」と言いながらたたずんでいる。店員 ZQN に襲われる英雄。今まさに噛みつかれようかというところで，店員 ZQN の後頭部にオノが振り下ろされる。顔全体を覆うマスクを着用した人物によるものだった。マスクを外し，「誰？　どっから来たの？」と問いかける女性。薮と呼ばれる女性である。続いて，同じようにマスクをつけたり武装したりした仲間と思しき男性たちが来る。男たちは，「なんだ，そいつら，ZQN か？」と問い，眠っている様子の比呂美を見て，「ZQN は寝ないよ」と言い合う。彼らは水の補給部隊のようだ。ZQN

と戦いながら，立てこもっている場所を目指す。英雄は，店内にあった
スカーフを取り，比呂美の ZQN 化した方の目を隠すようにまき，比呂
美を乗せたカートを押してついていく。部隊に被害者が出る。その時，
「カンカンカンカン」という音。フライパンや鍋などの金属製品を叩く
音が聞こえてくる。アウトレットの屋上で女性たちが鳴らしているのだ。
引き寄せられる ZQN たち。その隙に，バリケードの中に逃げ込む補給
部隊。比呂美を背負ってはしごで屋上に運ぶ英雄。リーダーの伊浦は英
雄の腕をつかんで引き上げ，「ようこそ，地上 7 メートルのセーフティ
ゾーンへ」と迎える。生き残った人々が，アウトレットモールの屋上に
テントをはって暮らしているのだ。英雄を案内する伊浦。資材庫の管理
をしているアベサンに伊浦は「一式お願いします。寝袋は二つ」と依頼
する。資材庫を見せてもらう英雄に伊浦が声をかける。「それ，クレー
射撃用のショットガンですよね」「その型のモデルガンは存在しないか
ら，本物」。英雄は，「よくご存じで，お好きですか？」と尋ねる。伊浦
は，「ロスに留学した時撃ったことが」と答える。生活用品一式を持っ
てきたアベサンの腕に高級時計のロレックスが巻かれている。注目する
英雄。アベサンは，奥からプラスチック製のかごにロレックスを満載し
て持ってくる「どうぞ，好きなの」と英雄に薦める。

　アウトレットモールに生存者が暮らしているという設定は，原作通り
である。レザーショップで英雄がジャケットを物色して，店員 ZQN に
襲われるのは映画版のみだ。レザージャケットを着て銃を構えるポーズ
をとる英雄は，やはり自分の理想像を追い求めている。ただ，ここでは，
商品の値段が高いことに気付き，ひるんでしまう。その瞬間，ZQN に
襲われ，間一髪で藪に助けられる。ショットガンやレザージャケットな
どを身に着け「男らしく強い自分」にあこがれながらも，その都度，比
呂美や藪に助けられている状況だ。また，ここではロレックスが出てく
る。売れっ子マンガ家の中田がロレックスをしていたが，ここでは，も
はや好きなものを選んで身に着けられるような状態だ。

　夜になり，藪と話す英雄。英雄は「メガネ」という名前を付けられた。藪は英雄が比呂美を見捨てずにつれてきたことを褒め，柵を越えてZQNの頭上に身をさらしながら言う。「ZQNはみんな過去の記憶の中に生きてる。そっちのほうが，幸せかもね。」。そう言う藪も，過去の記憶にとらわれている。看護師でありながら，病院の患者たちを見捨てて逃げてきてしまったことを後悔しているのだ。その負い目から，比呂美を気に掛け，助けようとする。

　夜が明け，英雄は『Home on the Range』を歌いながら生活用品を確認していた。英雄を見る比呂美。「わかるの？　比呂美ちゃん」と言いながら歌いかける。笑顔になる比呂美。アウトレットモールをうろつくZQNたち。中に助走をつけて高跳びをし，頭から落ちているZQNがいる。それを見た英雄にアベサンが説明する。「近くの大学の選手みたいです。」「あっちは買い物。昔から買い物に時間のかかる女でした。」その女性ZQNはアベサンの妻だったという。スーツを着て通勤電車に揺られるポーズをするZQNもいる。四足ではい回るZQNを指す英雄にアベサンは「意味不明なのもいます。人間とおんなじ」と答える。そこで，黒焦げ死体について聞くと，はっきりした回答は得られず，伊浦が呼んでいると答える。どうやら，仲間割れの結果制裁を受けた死体のようだ。

　伊浦に呼ばれた英雄は，男たちとテントの中で会議をしている。食料庫への地図を見せられる。今ある食料が底をつくことを知らされ，食料庫に取りに行かなければならないことが告げられる。伊浦は英雄に銃を渡すように言う。英雄と伊浦は次のようなやり取りをする。「人に貸すことが禁じられてまして」「誰に？」「法律で」「ここの法律は僕です。死んじゃいますよ。人質。かわいい女子高生」。その時，伊浦に命じられたサンゴたちは比呂美のテントに向かっていた。藪と対立するが，連れ出される比呂美。テントから銃を持って逃げ出す英雄。「手を離せ」と言いながらショットガンを構える英雄。伊浦は比呂美にボーガンを向

ける。英雄は伊浦に銃を向けなおす。その時，比呂美は怪力で男をぶっ飛ばし，サンゴの手首を締め上げる。はずみで片目を隠していたスカーフが落ち，ZQN化した目があらわになる。サンゴが「こいつZQNだ！」と言い，伊浦はボウガンで撃つ。矢は頭にあたり，ゆっくり倒れる比呂美。英雄は，ショットガンを奪われ，蹴られる。伊浦は，サンゴから銃を受け取ろうとするが，サンゴは渡そうとしない。それどころか銃口を伊浦に向け反旗を翻す。伊浦「ニートが」と吐き捨てる。それに対してサンゴは言う。「今，み〜んなニート。いい世の中になったもんだ。びょーどーで」。

　ここでは，ZQNの生態が説明され，描かれる。やはり「過去」にこだわりをもち，生前の習慣を繰り返す存在であることが明らかになる。また，英雄が遵守してきた「法律」についての問答がある。秩序の崩壊した世界ではルールは人によって決められるものであり，超越的な法律によって規制されているという理屈がもはや通じなくなっていることが分かる。ショッピングモールでの法律はリーダーの伊浦によって決定されていたが，その伊浦も，ショットガンを手に入れたサンゴによって，同じ理屈でリーダーの地位から引きずり降ろされ，従う側に回ることになる。吐き捨てるように「ニートが」と言うが，これもゾンビ・ハザード以前に存在した社会規範に照らさないと悪口として機能しない。

　暴行を受け，ぼろぼろの英雄。藪とともに比呂美を見に行く。藪は，比呂美を見て言う。「まだ生きてる。わかる？　かすかに脈がある。普通，ZQNには脈なんてない。ウィルスに感染したら，心肺が停止するんだから。私は逃げたんだ，病院から，患者みんな見捨てて」。そう言って，逃げるつもりなら手伝うと申し出る。英雄は言う。「もう，銃も，何もなくなっちゃいましたよ。撃てませんでした。何度もチャンスはあったのに」。藪は，人間を撃たなかった英雄の判断は間違っていないと言う。英雄は強い口調で答える。「でも結果これです。こういう奴なんです。世界がひっくり返っても変われない。なんにもなれない。もうう

んざりです。自分に。すいません。役に立たない人間で。すみません。比呂美ちゃんをよろしくお願いします」。

　藪は，過去にこだわりながらも，英雄と比呂美を助けることで未来に力を尽くそうとし始める。一方の英雄は，自分の「おまもり」であるショットガンを取られ，自信を喪失してしまった。法律も通じないゾンビ・ハザード下において，伊浦のようなリーダーになることができないのはもちろん，目の前でサンゴがショットガンで価値観を転倒させる様も見せつけられている。伊浦は，詳細はわからないが留学していたというぐらいなので，それなりにアッパーな暮らしをしていたように見える。一方のサンゴは，伊浦にも言われるように「ニート」だった。英雄はどちらかと言うと境遇はサンゴに近い。英雄自身はショットガンという武器を持ち，同じことをする機会があったにも関わらず，勇気を出せなかったことで，比呂美を守ることができなかった。そのことを見せつけられた形である。

　食料庫に出発する一行。サンゴをリーダーとして，ゴルフクラブを持たされた伊浦が先頭だ。英雄はプラスチック製の小さなハンマーを持たされている。暗がりで一行から一人離れた伊浦は，警備員室に向かい，電気をつける。一行は，突然電気が付いたことに驚きつつも，食料庫を見つけ，大騒ぎで食料をあさる。メンバーの一人が言う「そういえば，電気付けたの誰ですか？」その時，大きな音で音楽が鳴り始める。伊浦が，音楽を流し，ZQNを迎え入れようとしていたのだ。食料庫にもZQNが迫る。次々に被害者を出しながら，逃げるサンゴたち。伊浦はその様子を監視カメラで見つめる。英雄は逃げ遅れ，食料庫のロッカーの中に身を隠す。サンゴたちもZQNに襲われ，ショットガンを取り落とされる。高跳びZQNのジャンプがアウトレットモールの屋上に到達する。屋上の人々が襲われ，壊滅状態になる。ロッカーの中から外を見る英雄。ZQNが2体うろついている。落ちているトランシーバーから藪の声「屋上がやられた。全員やられた」。立ち尽くす高跳びZQNと，

そのまわりで立ち上がり始める ZQN たち。藪の「助けて」「助けろよ」
の声がトランシーバーから聞こえる。意を決してロッカーから出ていく
英雄。すぐに ZQN につかまり鼻を食いちぎられる……，という妄想を
する。また，意を決してロッカーから出ていく，次は首の両側をかまれ
る……，という妄想。想像の中で何度もロッカーを出るが，襲われる結
果しか想像できず出ていけない。トランシーバーから藪の声が聞こえる。
「メガネ……」「人まかせで死ぬんじゃねぇ」「比呂美ちゃんどうすんだ」
「自分で助けろ」「てめえで助けろ」。ロッカーの中にあった鏡で自分の
姿を見て泣く英雄。叫びながらプラスチック製のハンマーを振り回して
飛び出す。英雄の想像ははずれ，誰もいなかった。……と思いきや，横
から英雄の腕にかみついてくる ZQN。英雄は，腕に大量のロレックス
を巻いていたおかげで噛まれずに済んだ。近くに置いてあった消火器で
ZQN を殴る英雄。トランシーバーに「今行きます」と宣言する。

　クライマックスに向けて，混乱状態が大きくなっていくシーンである。
ここでは，英雄が自分の妄想的な予想を振り払って，ショットガンを奪
われた状態で勇気を出す場面が描かれる。英雄の予想は外れてしまうが，
ZQN に襲われる部分は現実となる。しかし，ロレックスを大量に腕に
巻いておくことで，最悪の状況は避けることができた。ここで，ロレッ
クスが「時計」という機能や，「ブランド品」であるという意味付けと
は全く関係のないあり方で使用されているのが面白い。プロテクターの
ように物理的に身を守るものとして使われている。

　藪は比呂美を背負って屋上から脱出し，地下駐車場に向かう。英雄も，
BB 弾で ZQN を転ばせたりしながら藪と比呂美を救いに向かう。途中，
ゴルフクラブを見つけ，その後，地面に放置されているショットガンと
弾を見つける。地下駐車場には伊浦がいる。自分の車で一緒に逃げよう
と誘うが様子がおかしい。徐々にろれつが回らなくなり，すでに ZQN
化していることが分かる。伊浦 ZQN に追われ，比呂美を背負って逃げ
る藪。トランシーバーから「藪さん，ふせて」という声，前にはショッ

トガンを構えた英雄がいる。発砲し，伊浦 ZQN を吹き飛ばす英雄。そこに現れるサンゴ「すげーな，メガネ！」「今日からメガネさんだよ」と称賛する。英雄は「弾！　ベスト！　早く！」とサンゴからベストを受け取る。逃げる一行のもとにアベサンが向かってくる。なんと，その後ろには大量の ZQN が迫ってきている。逃げようとするが，逆方向からも ZQN の大群が現れる。両側から迫る ZQN に対し英雄は「残り 96 発。あるだけ倒します」と宣言する。ヘッドホンをして撃ち始める英雄。藪，サンゴ，アベサンもそれぞれに ZQN を倒すために奮戦する。サンゴは，ZQN に噛まれ，かつて仲間だった人々にも噛みつかれてしまう。複数の ZQN に噛まれながら「メガネさん，撃って，これ」「超人気者なんですけど！」と叫ぶサンゴ。苦悶の表情を浮かべて撃つ英雄。アベサンも ZQN 化した奥さんに噛まれてしまう。奥さん ZQN をボウガンの矢で殺し，自分もボウガンで自殺してしまう。英雄も藪も肉体的に限界だ。力尽き，比呂美のそばにしゃがみ込む英雄。同じく疲れ切った藪を見て，奮起する英雄。英雄は，腕にしたロレックスを次々にはずし，肩をぐるぐると回して，ヘッドホンもせず，どんどん撃つ。撃ち続ける。全て倒して安堵し，座り込む英雄。藪が比呂美を連れてくる。

　ここで，またもやロレックスが効いてくる。ロレックスは，消費社会の象徴的なものであり，また，英雄にとって，仕事における成功の象徴だった。成功した漫画家である中田が身に着けていたものだからだ。それと同時に，ロレックスは「時計」でもある。時計は時間の象徴である。腕を噛まれないために巻いていた時計であり，自分の身を守るのに役に立っていたが，しかし，それは自分の動きを縛るものでもあった。その「時計」＝「過去」を一つ一つ外していく英雄。ここで，英雄は過去の情けない自分から解放されたのである。

　さて，最後の一体を倒し，安堵の表情を見せるが，一体の ZQN が死体の山に落ちてくる。高跳び ZQN だ。急いで弾を込め，狙いをつける英雄。一発撃つが当たったのは足だ。動きがすばやく，奇妙な動きをす

るため，もう一発撃つが当たらない。すでに手持ちの弾はない。一つ，慌てていて落とした弾が少し離れたところに見える。ZQN が襲ってくる中，急いで弾を拾って装填し，撃つ英雄。飛んできた ZQN の頭を吹き飛ばした。目を見合わせて力なく笑い合う英雄と藪。ようやく終わったかと思いきや，また起き上がる高跳び ZQN。頭が半分吹き飛んでいるがまだ動いている。ZQN は藪と比呂美の方を見る。「うそだろ……」と英雄。走り出す ZQN，英雄も走っていき，ZQN の頭部に向かってショットガンの銃身をフルスイングする。回転して倒れる ZQN。目を閉じて比呂美を抱きしめていた藪。目を開くと，英雄が立っている。「ヒーロー」比呂美がつぶやく。死体の山の中で帽子をかぶりなおし，振り向く英雄。後ろから日が射し，まさに英雄のいでたちだ。

　銃という，飛び道具は，全編を通じて英雄の精神的な「おまもり」になっていたが，最後は，その機能すらない状態で，ZQN に立ち向かって勝利したのである。

　藪が運転する自動車でアウトレットモールを脱出する一行。比呂美は助手席にすわっている。英雄は後部座席。アウトレットを抜け出す。屋上から見下ろす ZQN たち。たばこを吸う藪。手をじっと見つめる英雄。藪が名乗る。「あたし，小田つぐみ」英雄「えっ」藪「本当の名前」英雄「案外，かわいらしい」藪「うるせえな」「あんたは？」英雄「鈴木英雄」藪「英雄？」英雄「ただの英雄です」藪「了解」。浮かび上がる「I AM A HERO」の文字。

　最後に自分を紹介する時には「英雄と書いて」という説明をしない。「ただの英雄」と答えている。英雄は，過去にすがったり，未来を妄想したり，無理に成功や普通を脱することにこだわったりせず，今，ここを見据えて「ただの英雄」として，生きていけるようになった。ようやく，真のヒーローになった，と言うわけだ。

## 8-5　ゾンビのいる日常：「非日常」の「日常」化

　ゾンビ・アウトブレイクからかなり時間がたった後の世界を描いた作品では，ゾンビがいる状態が「日常」になった世界が描かれる。

　たとえば，『ショーン・オブ・ザ・デッド』では，ラストシーンでゾンビ・ハザードから半年後に，ゾンビはサービス業の労働力として，そして，テレビのネタとして[10]，よき家庭のパートナーとして，人間とともに暮らしている。『ゾンビーノ』では，さらに先の未来が描かれている。ゾムコン社はゾンビを鎮静化させて，人食いの欲求を抑える首輪を開発した。これによって，ゾンビは人間に仕える存在となっている。ゾンビが仕事をするのだ。伊藤計劃の『屍者の帝国』では，死体にプログラムをインストールすることによって様々な仕事をゾンビが行っている世界が描かれた。

　『ラストハザード』では，ゾンビと人間が社会に共在している状態が描かれる。そういった世界では，人間がゾンビに，ゾンビが人間に危害を加えることがあり，当然そうなるとお互いに排斥しようという動きが生じてくる。『ゾンビ・リミット』でも同様にゾンビと人間がともに暮らす状態であり，ゾンビ化を抑えるワクチンをめぐって，人々が争う描写が描かれる。

　ゾンビ・ハザードが日常化した世界では，新しい仕事が生まれる。『アイアムアヒーロー』でも水の補給や食料の調達などが描かれていたが，食料や医薬品の調達は多くのゾンビ・コンテンツで描かれる。『ランド・オブ・ザ・デッド』や『ウォーム・ボディーズ』でも見られた。

---

10. 作中では，ゾンビ同士を競争させている番組と，夫がゾンビ化した妻が出演している番組が放映されている。『サバイバル・オブ・ザ・デッド』の中では，ゾンビをネタにして人間がショーをしているテレビ番組が流されている。他には，『デッドライジング２』では，「テラー・イズ・リアリティー」という番組が放映されている。これは，ゾンビを相手にした様々な競技で，人間を競争させるものだ。

ゲーム『デッドライジング』でもゾンブレックスというゾンビ化を抑える薬が登場する。また，生存者を救助する仕事も出てくる。『死霊のえじき』では，ヘリコプターで町に降り立ち，スピーカーで呼びかけることで，要救助者を捜索している。『The ゾンビ V.S. 救急車』では，改造した救急車で人々を助け出し，『The Last Guy』では，街中に逃げ隠れた人々を救いに行く。

次に，ゾンビを退治するのを仕事にする場合もある。『ゾンビ革命フアン・オブ・ザ・デッド』では，主人公のフアンはゾンビを殺すのを代行するビジネスを始めようとする。一方で，ゾンビを捕獲する仕事が必要とされる場合もある。『死霊のえじき』や『ゾンビ・マックス』では，研究のためにゾンビを捕獲する必要が出てくる。また，『就職難!! ゾンビ取りガール』や『玉川区役所 OF THE DEAD』では，基本的にはあまり危険な存在として認識されていないゾンビだが，人を脅かす状態になった際は，ゾンビ回収業者や区役所のゾンビ回収係が回収に訪れる，という世界を描いている。

ゾンビが現れ，それが日常化することによって，ゾンビと人間が暮らすようになり，社会の仕組みが変化していくのである。

## 8-6　「日常」を体現するゾンビ

ゾンビに出会った時に登場人物が取る行動はいくつかあるが，ここで注目したいのは，「逃走」と「闘争」だ。「逃走」は逃げる行為であり，ゾンビから遠ざかる方向への移動である。「闘争」は闘う行為であるため，ゾンビに接近する方向への移動となる。また，逃走の結果，失敗し，ゾンビに食われてしまう場合と，成功し，逃げ切る場合がある。闘争の場合も，失敗してゾンビに食われてしまう場合と，成功し，ゾンビを停止させることができる場合がある。

ゾンビと戦って敗北すると食われてしまうし，ゾンビに噛みつかれた人間はゾンビ化してしまうため，闘争には大きなリスクが伴う。闘争を

選択する場合は，ゾンビが襲い掛かってくる場合，ゾンビが逃走の邪魔になる場合，誰か他の人を逃がすためにゾンビをひきつける場合などが挙げられる。多くの場合，人間は逃走を選択することが多いのであるが，これは一体何から逃げているのだろうか。

　登場人物たちがゾンビから逃げるもっとも大きな理由は「襲い掛かってくるから」の一言に尽きる。とにかくゾンビが襲ってくるから逃げる。自分以外の誰かが襲われているのを目撃したり，自分が襲われ食われかけたりすることで，「ゾンビは襲い掛かってくるものだ」ということを学習し，ゾンビを見ると逃げるようになる。

　現代日本社会に暮らしていて「他者は襲い掛かってくるものだ」という認識を持っていることはあまりない。もちろん，夜道ではひったくりや痴漢といった犯罪を警戒するようなことはあるにせよ，白昼，人の目があるところで道を歩いていて，常に「誰かが自分に襲いかかってくるかもしれない」と警戒することは日常的ではないだろう。しかし，ゾンビという自分たちを脅かす存在が現れることによって，人々は認識の変更をせまられることになる。

　『ダイアリー・オブ・ザ・デッド』では，登場人物達がそうした認識の変更をせまられる様子が丁寧に描かれている。大学の映画部のメンバーとその顧問の教師が，映画の撮影中にゾンビ・ハザードに遭遇し，キャンピングカーで逃げていく様子が描かれる。つまり，本作は，ゾンビ・アウトブレイク時からスタートするため，ゾンビの存在は既知ではなく，何が起こっているかがわからない状態だ。認識が変更できなかった登場人物のメアリーは，ゾンビ化した人間を車で弾いてしまったことを気に病んで，自殺を図ってしまう。自殺は未遂に終わり，危篤状態でしばらく生存し，仲間によって病院に運ばれるが，結局は死亡し，ゾンビ化してしまう。また，同じく病院では，ゴードがゾンビに噛まれてしまい，キャンピングカーに乗っているうちに死亡する。トニーは死亡したゴードの頭を銃で撃ってから埋めようとするが，ゴードの恋人である

トレイシーはそれを制止し，ゴードのゾンビ化の有無を確認するために，死体の前で待つ。結局ゴードはゾンビ化し，起き上がろうとするが，トレイシーはゴードを撃つ。彼女は認識を変更し，新たなルールに適応したと言えるだろう。

　『ダイアリー・オブ・ザ・デッド』では，主人公の大学生たちは，映画の撮影中にゾンビ・アウトブレイクに見舞われ，キャンピングカーに乗り，ゾンビに追われるようにして様々なところを放浪する。登場人物たちは様々な場所に立ち寄り，様々な人々に会うが，どこに行ってもゾンビが出現する。具体的に立ち寄る場所としては，田舎の民家や友人の実家など，通常であれば，休暇中の旅行で立ち寄るかもしれない場所である。中には，ゾンビ化に抵抗するために組織された私設組織の基地というような，通常の旅行では立ち寄らないような場所もあるが，いずれにせよ，本作で登場人物が移動する先には，常にゾンビがいる。田舎の民家に車の修理に立ち寄っても，ゾンビに襲撃される。友人宅を訪ねても，家族がゾンビになっている。私設組織の基地でも，心臓病で死亡したものがゾンビ化し，襲い掛かってくる。どこに行ってもゾンビに遭遇するのである。

　これは，ゾンビがむしろ「日常」を表していると解釈できるのではないだろうか。旅には，ゾンビという「日常」が，どこまで行ってもついてくる。旅は肉体的な移動を通して，認識の変化を得るものである。それがいわゆる非日常体験であり，新奇な体験となる。

　ロメロのゾンビ作品には，すべての作品においてラジオやテレビなどのメディアが描かれているが，本作では，カメラ機能付きの携帯電話やデジタルビデオカメラ，動画投稿サイトといった，現在の情報環境に近いメディア状況が描かれている。

　日常としてのゾンビ，そして，情報通信機器の発展・普及，この二つを考慮に入れて分析を続けてみよう。本作で描かれる日常（ゾンビ）に追われる旅は，情報通信機器が普及した現代の旅と類似しているのでは

ないだろうか。携帯電話の普及により，どこにいても日常的な友人からの連絡，日常的な仕事の電話やメールを受けることができる状態での旅である。そして，逆に，旅の様子を撮影，録画，編集し，ネット上にアップロードしたり，友人に送ったりすることができる旅である。

　登場人物の一人であるトレイシー・サーマンの行動に，その点が顕著に表れている。トレイシーは，携帯電話のカメラ機能を頻繁に使用する。恋人のゴードとツーショットの動画撮影を行い，自分が自動車の修理を行っている様子も携帯の動画撮影機能で残されている。つまり，自分を撮影する行為が常態化している人物なのだ。そこには，人に見せるための「演技」が存在する。彼女は物語中の映画撮影の役柄としても女優だ。ジェイソンが監督を務める映画で，リドリー扮するミイラ男に追われる女性を演じている。また，「テキサスをなめないで」という口癖を持っている。そのことからも，自分自身を他者にどのように見せるか，そして，どう見られるか，という点を重視している傾向が見てとれる。その後，トレイシーは，ゾンビ化したゴードを銃で撃ち，葬る[11]。一般的には恋人を失えば，かなりの喪失感を覚えるものと考えられる。トレイシーも，もちろんショックを受けるのだが，そのことで生きる気力をなくしてしまうようなこともなく，その後も活動を続ける。

　彼女は，物語の終盤でゾンビ化した友人のリドリーに追いかけられることになる。リドリーは物語冒頭の映画撮影の際に着ていたミイラの衣装を着たままゾンビ化しており，トレイシーがゾンビ化したリドリーに追われるシーンは，冒頭にジェイソンが撮影しようとしていた映画にそっくりである。ジェイソンは「リドリーの気を逸らすため」に撮影をし，「カット」と声をかけたと言い訳をするのだが，撮影された動画を見ると，ジェイソンが撮影したかった映画の一シーンであろうことは明確だ。トレイシーもジェイソンに向かって，撮りたかった映像がとれて満足だ

---

11.　英語では銃の「発砲」は，「撮影」と同じく「ショット」である。

ろうという内容の嫌味を言っている。特に，ジェイソンは冒頭，リドリーのミイラ男の演技に対して「死体はそんなに早く歩かない」と演出を行っており，まさに真の生きる屍となったリドリーのリアルな動き（演技ではない）と，本当に恐怖に顔をひきつらせて逃げるトレイシーを撮影できる機会を得たということであろう。この後，トレイシーは自力でリドリーを倒して，一人キャンピングカーに乗りこみ，全員を置き去りにして，リドリー邸から去ってしまう。最終的にどこに行ったか，どうなったかは不明だ。

　ロメロ監督の六作品の中で，こうした行動をとる登場人物はトレイシーのみである。自暴自棄になった，とか，錯乱した，と取ることもできるが，彼女のそれまでの行動を考えるとそのように取るのは難しい。トレイシーは恋人のゴードが死亡しても狂乱状態には陥らなかったのである。友人のリドリーともそれほど深い仲であったような描写はない。そして，同じく友人のメアリーがゾンビ化し，死亡した時も錯乱してしまうことはなかった。もし，錯乱状態に陥ってキャンピングカーで一人どこかに行ってしまったのだとすれば，リドリーのゾンビ化がこの行動の直接の要因とは考えにくいのだ。反論として，ゾンビ映画の中の登場人物はゾンビを殺害することにあまりためらいがないため，そのように見えるのではないか，というものがあるかもしれない。特に，『ダイアリー・オブ・ザ・デッド』については，登場人物の設定が現代の若者（大学生）であり，そうした感覚がにぶいように描かれているのではないかと思われるかもしれない。しかし，野原（2010）でも指摘されている通り，本作では，むしろゾンビを殺すことに罪悪感を覚えるキャラクターとして若者達が描かれている場面が多いのだ。メアリーは，ゾンビを車でひいたあとで，人を車でひいて殺してしまったと責任を感じて自殺しようとし，ゴードもゾンビを打ち殺した後で，自分は人殺しだと悩む。逆に，学生達の教師であり戦争経験者だと言うアンドリューはその悩みを超克しており，ゾンビに攻撃を加えても精神的には安定し，達観した

セリフを放つ人物として描かれている。

　それでは，何が原因なのか。それは，どこまで逃げても日常や他者の目から逃げられない，ということを突き付けられたからだと考えることができる。トレイシーは，ゴードと恋人同士ではあったが，どちらかというとゴードがトレイシーを好いており，トレイシーはどこか醒めた部分がある描写が見られる。ゴードがトレイシーとのツーショット動画で，「永久に恋人だ」という趣旨の発言をした際に，「どうかしらね」と軽くかわしていることからもそのことが伺える。つまり，この付き合いも，彼女にとっては周囲の目を気にしてのことだったのかもしれない。人になめられたくない，自分には恋人がいないと思われたくない，ということだ。ゴードはいったん死ぬが，死んだ後ゾンビ化し，トレイシーに向かってくる。トレイシーは自らの手で引き金をひき，ゴードを葬る。ゴードという日常の一つの要素から切り離された瞬間であっただろう。その後，自動車修理のスキルで，全員の窮地を救う場面などもあり，一定の社会的役割を果たしている。しかし，最後には，物語の最初と同じようなシーンで同じような役割を担うことを期待され，その通りの動きをしてしまう。特に，ミイラ男に追われて逃げ惑うという，「女性の弱さ」を期待されるようなシーンである。トレイシーは冒頭での撮影シーンで，ホラー映画の女性の扱われ方に疑義を唱えている。どうして，ホラー映画に登場する女性は転んで靴をなくすのかと。

　結局，日常に追われ続け，人から見られ続け，人から期待された役割を演じることを迫られる。そのことに耐えられなくなり，人とのつながりを断ったと解釈できるのではないだろうか。リドリー邸に残り，生き残った登場人物たちも，結局はパニックルームに引きこもって，映画は終了する。

　このように考えると，ゾンビは日常のメタファーともとることができる。画一的な価値観を持ち，画一的な反応しかしてこないゾンビ，それに囲まれ，追跡され続けることによって，人間はどうなってしまうのか

を描いたコンテンツともとれる。人間から非日常的体験を奪うとどうなってしまうか，というシミュレーションであるとも解釈できるのだ。

第9章

# 地獄の歩き方：ゾンビと空間・場所・移動
## Zombie Planet

　ゾンビ・コンテンツでは，登場人物たちが，ゾンビがいる世界を移動していく。本章では，ゾンビ・コンテンツで描かれる空間や場所の意味と，その移動に注目して，内容を分析していく。

### 9-1　空間と場所の意味

　ゾンビ・コンテンツで描かれる場所には意味を見出すことができる。特に，代表的なのは『ゾンビ』において，登場人物たちがショッピングモールに立てこもるというものだ。ショッピングモールという場所は，消費社会の象徴的な場所であり，ゾンビも人間もそこに集って来てしまうありさまは，消費社会に対する批判的な意味を読み取ることができる。『アイアムアヒーロー』では，ショッピングモールではなくアウトレットモールが舞台だった。消費空間ではあるが，アウトレットという「安売り」を目的とした場所になっている点が異なる。さらに，面白いのは映画版『アイアムアヒーロー』では，このアウトレットモールは，韓国の閉鎖されたモールを利用して撮影されている点だ[1]。当然，映画用に装飾されなおしているとはいえ，建物の雰囲気や全体の構造などによってその場所が「日本ではない」とは全く気が付かない。ここからは，消費空間のグローバル化を見て取ることができる。消費のための箱や構造は，国を越えて共通なのである。

---

1．映画『アイアムアヒーロー』パンフレット。

　一方で，国や地域の特性を如実に浮き彫りにするような作品もある。イギリス映画の『ショーン・オブ・ザ・デッド』では，主人公たちはパブに立てこもる。アメリカのような銃社会ではないので，クリケットのバットで殴りつけたり，レコードを投げつけたりしてゾンビと戦うほかない。

　ゾンビ・コンテンツの中では，立てこもりが描かれることが多いが，どこに立てこもるのか，というのは注目すべきポイントである。たとえば，マンガ『ブロードウェイ・オブ・ザ・デッド女ンビ―童貞 SOS ―』（すぎむらしんいち）では，登場人物たちは中野ブロードウェイに立てこもり，『ゾンビが出たので学校休み。』（むうりあん）では，秋葉原の大型家電量販店[2]といった具合だ。ショッピングモールと同じく消費の場ではあるが，中野ブロードウェイも秋葉原も，どちらかと言うと情報産業的な消費の場であり，より現代的な場所になっていると言えよう。

　栗原正尚の『フードンビ』では，舞台はさらに現代的な消費のための空間となっている。本作では，「Nile」と言う通販サイト事業の配送センターでゾンビ・ハザードが起こる。「Nile」は，現実世界にある同業態の企業「Amazon」のパロディだろう。通販サイト事業という業態である点，アマゾンと同じく川の名前であるナイルという名称である点，そして，窓の少ない巨大な配送センターがあり，その建物の形状が類似している点などから推測できる。ショッピングセンターは，消費する物質を一か所に集め，人がそこに訪れる場所だ。情報社会の進展とともに，ネットショッピングが可能になった結果，消費者の観点から見ると物が集積する場所は情報空間上に移った。とはいえ，その裏には，実際の物財が集まった場所としての配送センターや倉庫がある。

　ゾンビ映画の舞台は様々だ。人里離れた場所，ショッピングモールと

---

2．作中では「ハマダカメラ」と呼ばれているが，外観等からおそらく「ヨドバシカメラ」を想定していると思われる。

いった一つの場所を中心にしたものもあれば，都会と田舎，都市と郊外などの対比が見られるものもある。『ゴール・オブ・ザ・デッド』では，田舎町に都市のサッカーチームが訪れるところから話が始まる。主人公は，田舎町のチームを捨てて，都市に移った選手で，地元のファンに非常に嫌われている。『Ｚアイランド』の舞台は銭荷島という小さな島で，田舎である。登場人物たちもそのことをことあるごとにぼやく。島の医師であるしげるは，看護師の直美と，急に増えた患者について話し合う。しげるは「咳はとまんないし，熱も下がんない，みんなおんなじ症状だな」とぼやく。直美は「インフルエンザじゃないの」と問う。しげるは「いや，インフルエンザとかファッションって東京からでしょ」と答える。島の警官である白川も「東京行きたかったのに，地元の配属になっちゃって，畑荒らすサル，俺にどうしろっつうの」とぼやき，「俺さ，『グランド・セフト・オート』的な生き方がしたいんだよね」などと言い出す。

　『Ｚアイランド』では，メディアによる虚構空間を参照する発言が多い。前述した『グランド・セフト・オート』はアメリカのゲーム制作会社によって作られたソフトで，犯罪を扱ったクライムアクションゲームだ。白川は「俺さ，ピストル撃ちたくて警官になったんだよ」と語る。若い漁師の作田は，なかなかゾンビが出現したことを現実のものと受け止められない。目の前にゾンビがいても「テレビのドッキリ」という認識をなかなか変えられない。島の若者は，外部からやってきた女子高生の日向とセイラを見ると，一言目に「エロい」と言い出す。金持ちの家に武器を取りに行った時には西洋式の刀剣を「勇者の剣」と呼ぶ。島の若者たちの現実認識が，メディアで描かれたものに準拠してなされているのだ。

　ゲーム『The Last Guy』では，都市がそのままステージとなる。サンフランシスコ，サンタフェ，ワシントンD.C，ロンドン，ベルリン，シドニー，ストックホルムなどの都市である。日本も浅草や横浜，名古

屋が登場する。Google Earth のような衛星写真で都市を俯瞰しながらプレイするゲームだ。そこでは，プレイヤーは知らず知らずのうちに都市の構造に注目することになる。例えば，浅草では道が狭く，入り組んでおり，建物も小さなものが多いことを痛感する。都市には人が多く集う。生存者がいる確率も高いが，ゾンビの感染も盛んであり，危険度が高くなる。

　都市的な特徴とは逆に，地域的な特徴が描かれるものもある。『Ｚアイランド』では，地域文化の対立についても描かれる。関西と関東である。主人公の宗形博也は関東のやくざ宗形組の親分だったが，関西弁のやくざ竹下組の襲撃を受けたことで，組員の多くを失い，自身も大けがを負う。宗形運送として，トラック運送業を「しのぎ」として暮らしている。客先の沼田鉄工所に荷物を届けるが，そこで「これやから関東の人間嫌いやねん」「ノリ悪いのう！」などと罵倒される。罵倒され，謝罪する宗形だったが，映画の終盤では，自分を襲った関西やくざの反町と次のような会話を繰り広げる。反町「これやから，関東の人間はノリが悪うて嫌いやねん」宗形「関西人はノリが良すぎて嫌いなんだよ」。

　ゾンビ・コンテンツに描かれる空間や場所の意味を考えることで，その移動の意味について考察を進めることができる。


### 9-2　移動か立てこもりか

　登場人物は，ゾンビ・ハザード下において，移動するか否かを迫られる。移動か立てこもりかだ。移動する際も，いくつかのパターンに分けることができる。その動機は大きく二つに分けられる。積極的に移動する場合と，移動に対して消極的な場合である。積極的に移動する場合としては，生存者を救出する目的や，ゾンビ・ハザードを収束させる意志などを持って，目的地に向かうケースが考えられる。一方の消極的な移動は，ゾンビに追われての移動や，立てこもっていたが，食料がなくなってしまったり，誰かに追い出されたりして，仕方なくどこかに行かな

ければならないケースなどだ。いずれの場合も，移動先の目的地が明確な時とそうでない時がある。また，移動にしても立てこもりにしても，逃走的なもの，闘争的なもの，がある。ここからは，移動に注目をして分析を進めていきたい。

　分析する作品は，長年にわたってゾンビ映画の監督を続けているジョージ・A・ロメロの作品群である。『ナイト・オブ・ザ・リビングデッド』（以下『ナイト』），『ゾンビ』，『死霊のえじき』（以下『えじき』），『ランド・オブ・ザ・デッド』（以下『ランド』），『ダイアリー・オブ・ザ・デッド』（以下『ダイアリー』），『サバイバル・オブ・ザ・デッド』（以下『サバイバル』）の6作品だ。

　まずは，作品ごとに登場人物たちの移動を大まかに整理する。その際，同一の建物内の移動や，建物の敷地内や近隣への移動は考えず，大きな移動のみを取り上げる。作品ごとに整理した。図9-1を見ると，一方向への移動しかないものと，行き来が見られる（往来が習慣化している様子がある）ものがあることがわかる。

　『ナイト』，『ゾンビ』，『ダイアリー』では，基本的には一方向への移動しか見られない。細かく見ると，『ナイト』では，家の外に自動車を取りに行く，地下室に立てこもるなど，『ゾンビ』では，ショッピングセンター内の移動や，ショッピングセンターの外にトラックを取りに行くなどの移動が見られるが，基本的には当該施設の敷地内あるいはその周辺での移動である。『えじき』と『ランド』『サバイバル』では，習慣的に周辺の町との往来があること，あるいは往来が可能であることが映画の中から読み取れる。『えじき』ではヘリによって，『ランド』ではデッドレコニング号という装甲車によって，それぞれ近隣の町に出かけていく描写があり，それらはこれまでに何度も行われているように描かれている。『サバイバル』では，登場人物の移動が複雑で，島民であるパトリック・オフリンら数名が陸に追放されてしまった後，陸側から州兵のサージ率いる生き残り集団とパトリック・オフリンが一緒に島に戻っ

248

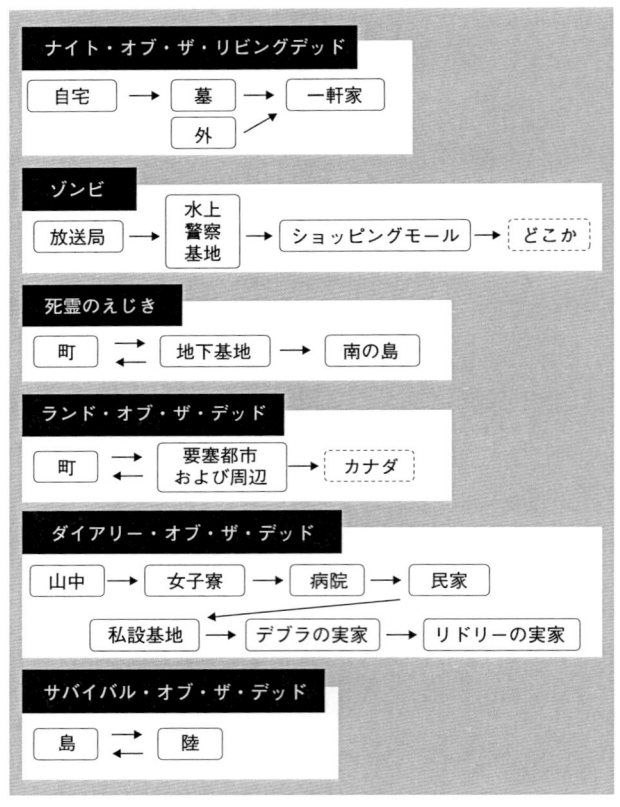

図 9-1　各作品の登場人物の移動

てくる，という移動を行う。その後は島内での移動が続き，生存者は最終的に島から出ていく。いずれの場合も島と陸の移動は船である。

　これは，作品の中でゾンビ・ハザードのどの時点が描かれているかに関連すると考えられる。ゾンビ・アウトブレイクの当初を扱っている作品である『ナイト』と『ダイアリー』では，登場人物たちはゾンビ化の規模や原因などの知識をほとんど持たず，まず反射的に「ゾンビが襲ってくるので逃げる」という行動に出る。『ゾンビ』に関しても，ゾンビ

化現象は起こってしばらくたっているものの，マスコミによる情報など
が混乱をきたしていることから，ゾンビ化現象は，まだ「当然の事態」
とは捉えられていない。こうした初期段階では，「ゾンビ化現象は一時
的あるいは局所的なものかもしれない」という可能性を考えて行動する
可能性が高い。つまり，安全な場所がどこかにあり，それを見つける，
あるいは，作り上げることが行動原理になる。そのため，まず何らかの
形でゾンビから逃避する。逃避の仕方としては二つあり，一つは移動し
て逃げる方法で，一つは物理的に遮断する方法である。

　『ナイト』では，移動して逃げる方法が映画の冒頭で描かれるが，一
軒屋に登場人物が集まり，映画のほとんどの時間がその一軒屋内で起こ
る出来事を描いている。一軒家に逃げ込んでからは基本的には物理的に
遮断する方法を取っている。『ゾンビ』も基本的には同様で，前半は移
動して逃げる方法を取るが，映画内の多くの時間をショッピングセンタ
ー内での出来事を描くことに使っている。これも後半に関しては物理的
に遮断する方法を取っていると言えよう。最終的にはヘリコプターでシ
ョッピングセンターから脱出するので，そこでは移動して逃げる方法を
とっている。『えじき』は，オープニングではヘリを使って町に行き，
そこにゾンビがいたため，基地に逃げているが，基本的には，最初から
堅牢な基地が存在し，人間はその中で暮らしているため，遮断する方法
を取っている。最終的にはその遮断は破られることになり，ヘリで移動
して脱出している。『ランド』では，町全体を要塞都市のようにして囲
っているため，遮断によって守っている。ただし，同じように遮断形式
をとっている『ナイト』，『ゾンビ』，『えじき』に比べると，一軒家や店
舗，基地ではなく，町レベルなので，非常に広い範囲を遮断していると
言えよう。

　『ダイアリー』は，そのほとんどが移動による逃避である。最終的に
は，友人の豪邸にあるパニックルーム（避難部屋）に入り，遮断を行う。
遮断形式をとっているものの中では，最も狭い場所に逃げ込んで映画が

終わる。ただし，その部屋には，外部を見るためのテレビモニターが並んでおり，外の様子は見ることができる。『サバイバル』では，ゾンビ化現象後かなりの時間が経過しており，ゾンビはどこにいってもいるものであるとされている。それは，ゾンビに関するジョークを扱ったテレビ番組などが放送されていることからもわかる。すでにゾンビ化現象それ自体はニュースになっておらず，それを前提としたジョーク番組が生まれているので，ゾンビ化現象が日常化していることが分かる。それゆえ，移動中に，どこかに立てこもるということはない。島自体は周囲が海であることから，外からのゾンビの侵入は遮断しているが，島の中でもゾンビ化現象は起こっており，また，島民のシェイマス・マルドゥーンは死者を生かしておくことを主張しており，かつ，外部からのよそ者については殺してもよいという価値観を持っているため，島の中にもゾンビはいる状態である。

### 9-3 移動の最終地点

旅には目的地があるのが普通である。多くのゾンビ映画では，通常の旅のようにどこかに行って，最終的に日常に帰ってくる，ということはあまりない。なかには最終的に日常生活に戻るものもあるが，多くの作品ではそのようなラストシーンはなく，ゾンビ現象自体も収束しない。つまり，それらはすべて「旅の途中」を描いたものと言える。そこで，物語が終わるところ，つまり，映画のラストシーンをとりあえずのゴールと見立てて分析することとしたい。

物語の終わり，つまり，最後の移動については，開放的なものと閉鎖的なものに分けることができる。『ナイト』と『ダイアリー』は，閉鎖的な空間への移動が最後の移動になっており，『ゾンビ』，『えじき』，『ランド』，『サバイバル』では，開放的な空間への移動が最後の移動になっている。『ナイト』では，映画の序盤に最後の移動が終わってしまう。映画は，ある一軒屋に登場人物が集まって来て，その後，脱出のた

めに外部と多少の行き来はあるものの，結局は最後まで家に立てこもることになる。最後の生存者は，家から出た瞬間に誤射されてしまうため，結局家の外に生きて出られた者はいない。一方，『ダイアリー』では，閉鎖的な空間で終わることに違いはないが，それまで一方向ながら様々な場所を移動し，物語の最後には，生き残った人々が本棚の奥のパニックルームに閉じこもることを自ら選択して終わる。

『ゾンビ』では，ヘリコプターによってショッピングセンターを脱出して物語が終わる。どこに到着するかは描かれない。ただ，生存者の女性は妊娠が明らかになっており，また，生存者の男性は一度死ぬことを決めた後に思い直し，生きることを選択しており，両者とも絶望しているというよりは，希望の残された最後になっている。

『えじき』でも，ヘリコプターによって基地を脱出し，南の島と思われるところに到着し，物語が終わる。開放的な空間への移動が最後の移動となっている作品の中で，唯一どこに到着したかが明らかな作品である。南の島では，生存者三名が楽しそうに過ごしている。

『ランド』では，デッドレコニング号で，花火を打ち上げながら，カナダに向かうシーンで幕を閉じる。『えじき』とは異なり，楽しげな南国，ではなく，北の，人が少なそうなカナダに向かっている。実際に到着したかどうかは明らかではない。

『サバイバル』では，これまでの作品とは異なり，元と同じ状況への回帰で終わっている。ただ，そこに至るまでの意思決定過程が，『えじき』と『ランド』の目的地をなぞっている点を指摘しておきたい。サージたち一向に途中から同行することになる青年ボーイは南へ行くことを提案するのだが，サージは北へ行こうと提案する。ボーイが南へ行きたいというのは，安全を得たいからである。ボーイは，パトリック・オフリンによってインターネット上に流された動画で「安全な島」の存在を謳うCMを信じ，南へ行くことを提案する。ところが，サージは，誰かに命令されることを極度に嫌がり，自分たちだけで生きていければよ

い，できるだけ人のいないところに行きたい，と主張し北へ向かうことを希望する。サージの価値観は，『ランド』のライリーに近いと見られる。結局，ケニー（サージの友人）に諭される形で，南に行くことを決断する。行ってみると，パトリックによる詐欺であることが発覚し，「安全な島」はなく，パトリック・オフリンとシェイマス・マルドゥーンの争いに巻き込まれることになる。最終的には，島から脱出して終わっている。

　さて，この移動の最後であるが，ゾンビ・ハザードのどの段階を描いているか，という虚構空間内の時間の流れに合わせて並べ替えてみると，興味深い結果が得られる。『ナイト』，『ダイアリー』，『ゾンビ』，『えじき』，『サバイバル』，『ランド』と並べ替えてみよう。そうすると，最終的な移動は，「一軒家（閉鎖）」，「パニックルーム（閉鎖）」，「どこか（開放）」，「南の島（開放）」，「島からの脱出（開放）」，「カナダ（開放）」である。つまり，ゾンビ化現象が起こった直後には，閉鎖的な移動が最後であり，そして，その後は開放的な移動が最後になっていることがわかる。

　ゾンビ化現象を価値観の対立としてとらえてみよう。ゾンビを画一化した価値観のシンボルとしてみる。画一化した価値観を持ち，そして，その価値観にそぐわない他者は排斥してしまうか（形がなくなるほどまで食う），価値観に同化させようとする（噛んでゾンビにする）性質を持つ。そうすると，ゾンビ化現象が始まり，価値観の大きなうねりが迫ってきた時，人はまずそれらを遮断しようと試みると考えることができる。『ナイト』では一軒家に，『ダイアリー』では最後に監視カメラ付きのパニックルームに逃げ込む。『ナイト』の場合は，家の中でも，さらに価値観の対立が起こり，人間同士でいがみ合う。つまり，引きこもったところで何の解決にもならないことが示されるのである。

　『ゾンビ』では，ショッピングセンターにこもったのちに，暴徒がショッピングセンターになだれ込み，ゾンビも中に入ってくる。そこで，

最後にどこに行くかわからないがヘリで脱出することを選択する。引きこもっても仕方がないので，とにかく，どこかに行く決断をする。

　続く三作品では，それぞれに違った最終目的地を設定している。

　『えじき』の最後は南の島で，生き残った三人が楽しそうに過ごす様子が描かれている。価値観の合う，楽しめる人達だけで楽しもう，という意味であるととらえることができる。

　『サバイバル』の最後は島からの脱出であるが，どこに向かったかはわからない。島で起こったことは，人間とゾンビの対立というより，人間同士の価値観の違いを見せつけられる出来事であった。そのどちらに加担することも選ばない，という選択を行う。『ランド』では，より複雑な二項対立が描かれる。支配者対被支配者の階級的な対立，人間とゾンビの対立，ゾンビの中での多様化などだ。『ランド』で最後に主人公たちはカナダに向かう決断をするが，主人公グループには様々な立場の人間がいる。主人公であるライリーと共に仕事をしていたスタッフ，友人，支配者であるカウフマンから救い出した女性，そして，カウフマンの部下でライリーに共感した者である。これが『えじき』とは異なる点である。『えじき』ではもともと立場が比較的一致していた（軍人と対立しているという意味で）三人が南の楽園で楽しく過ごして終わる。『ランド』では，立場が異なる者が，一緒になってカナダを目指すところで終わる。他者を他者として認め，価値観の合う人間とともに，お互いを攻撃するような対立を作り出さず暮らす選択肢であると解釈できよう。

### 9-4　「引きこもり」から「決断主義」，「バトルロワイヤル」へ

　実は，この流れは日本のコンテンツの変化として指摘されてきた流れに似ている。宇野常寛が著作『ゼロ年代の想像力』で示して見せた変化だ（宇野 2008）。宇野は，1995 年から 2001 年ごろまでの想像力として「引きこもり」を提示した。この想像力を如実に表した作品として『新

世紀エヴァンゲリオン』を挙げる。本作の主人公である「碇シンジ」は，父親から命じられ，巨大ロボット「エヴァンゲリオン」に乗り，「使徒」と呼ばれる巨大生物と戦う。通常，こうした物語では，主人公は，最初はいやいやながら行っていた戦闘の中に自分自身の役割を見つけたり，父親や仲間から承認されて成長したりといったことが描かれる[3]。しかし，本作では，物語の途中からシンジはロボットに搭乗することを拒み，社会的自己実現には向かわず，自分を無条件に承認してくれる存在を求めていく。これは，社会における社会的自己実現への信頼感が低下してしまい，がんばっても，生きる意味や価値を見出せない世の中を背景とし，社会的自己実現に拠らない承認を欲する「気分」を代弁するものとして機能し，本作は大ヒットしたのだという。

その後，2001 年前後からは，9.11 のアメリカ同時多発テロ，小泉純一郎のネオリベラリズム的な構造改革路線，格差社会意識の浸透といった社会状況を背景にした新たな想像力が登場した（宇野 2008）。それは，引きこもっていても解決しない，たとえ他人を傷つけることになっても，何かを決断して行動しなければ生き残れない，という価値観である。社会が価値や意味を提供してくれないことを前提として，自分で考えて，何らかの決断をし，行動に移すことを重視する立場だ。これを，宇野は，「サヴァイヴ感」とその対処法としての「決断主義」と表現した。これを如実に表した作品として『DEATH NOTE』（大場つぐみ・作，小畑健・画）が挙げられている。本作は，名前を書くとその人物を死亡させる機能を持ったノートが死神によって人間界にもたらされることから話が始まる。それを手にした主人公「夜神 月」は，世界中の犯罪者の名前をどんどん記入し，殺害していく。当初は悪人だけをさばいていたが，

---

3．実写映画『GANTZ』（2011）および『GANTZ PERFECT ANSWER』（2011）は，主人公を就職活動中の大学生とし，GANTZ によってもたらされる理不尽な戦闘に最初は無理に参加させられていた主人公が，そのことに意味を見出していく様子を描いた。

それは徐々に自分の邪魔をしようとする人々にも向けられるようになる。その後，不可解な殺人事件を解決すべく動き出す天才探偵「L」と月の対決がストーリーの中心となるが，他の死神が登場し，ノートの冊数が増え，様々なプレイヤー同士がそれぞれの欲求や思想で争うバトルロワイヤル的展開となっていく。

　この背景として，宇野が指摘するのが『ポケットモンスター』などのビデオゲームや『マジック：ザ・ギャザリング』などのカードゲームの影響だ。週刊少年ジャンプに連載されたマンガを例に，この違いが説明される。ジャンプに連載された大人気漫画『ドラゴンボール』に顕著だが，1995年以前までは，「主人公が武道大会やスポーツ大会に出場して，それを勝ち進むことで成長する，というドラマツルギー」＝「トーナメントバトル・システム」が支配的だった。確かに『スラムダンク』（井上雄彦），『聖闘士星矢』（車田正美），『北斗の拳』（武論尊・原哲夫），『魁!!男塾』（宮下あきら）などでは，次々に強い敵やチームが登場し，それらと戦う中で主人公や登場人物が成長していく様子が描かれていた。

　その後，トーナメントバトル・システムを批判して見せた『幽☆遊☆白☆書』（冨樫義博）の連載終了（1994）とともに，ジャンプは後続の人気コンテンツが見いだせない状態になってしまう。その後，『ONE PIECE』（1997-），『NARUTO —ナルト—』，（1999-2014），『DEATH NOTE』（2003-2006）が人気コンテンツとして登場する。これらがそれ以前の作品と異なっている点が，カードゲームシステムだという（宇野2008）。『ドラゴンボール』などでは，強さの単位は単一で，弱いものが強いものに勝つことはほとんど不可能だ。勝つためには，その強さの単位の中で修行や練習をして実力を上げるか，根性による馬鹿力や，命をかけた自爆といったものに頼らなければ，一矢報いることができない。ところが「カードゲームシステム」的な作品では必ずしもそうではない。一つの軸上に位置づけられた絶対的な強者と弱者という図式ではなく，それぞれに能力が違ったり，工夫次第で強い敵に勝利できるような世界

が描かれた。

　この変化は，先ほど指摘した，ゾンビと相対する時の変化と符合している。『ダイアリー』や『ナイト』では，最終的には閉鎖空間に引きこもって終わってしまう。とはいえ，ゾンビが蔓延したバトルロワイヤルな世界に対して，それを避けて引きこもっても何も解決しない。その後，『ゾンビ』以降では，引きこもらず，開放的な空間を目指す。とはいえ，その目指し方や共に目指す人々の種類は変わっていく。つまり，ゾンビという何らかのバトルロワイヤル的な価値観と，登場人物がどのように関係していくのか，を示した物語と読むことができよう。

　なお，宇野は，この２つの時代を経ながら人気を継続しているマンガ作品として『ジョジョの奇妙な冒険』（荒木飛呂彦）シリーズを挙げる。『ジョジョ』の世界では，様々な能力を持ったキャラクターが乱立している状況を描いている。荒木飛呂彦が『ゾンビ』に非常に大きな影響を受けていることは，このことと関係しているかもしれない。ゾンビが登場する世界では，それぞれがそれぞれの特性を生かして知恵を絞って生き抜いていく。まさに「サヴァイヴ感」が充満し，その都度決断を迫られる「決断主義」の世界だからだ。

### 9-5　世界ゾンビ紀行：『ワールド・ウォー Z』論

　2013 年に公開された『ワールド・ウォー Z』は，ゾンビ・パンデミックが全世界に及ぶ様子を，大型予算（２億ドル）を投じて映像化した映画作品である。興行収入は世界で 5.4 億ドル（アメリカで２億ドル，日本では 19.3 億円）であった。本章で整理してきた「移動」についての分析視座から，この『ワールド・ウォー Z』を分析してみたい。

　『ワールド・ウォー Z』の原作はマックス・ブルックスの小説だ。マックス・ブルックスは，『The Zombie Survival Guide』を 2003 年に出版，その後，自身の長編小説第一作目として『WORLD WAR Z』を2006 年に出版した。その映画化権は，レオナルド・ディカプリオ[4]とブ

ラッド・ピット[5]によって争われ，2007年に，ブラッド・ピットの製作会社である「プランB　エンターテインメント」が権利を獲得した（ブルックス 2010）。小説版では，架空のゾンビ・ハザードである「ゾンビ戦争」について，関係者にインタビュー調査を行った結果という体裁を取っている。正式な報告書から削除されてしまった，感情的，人間的な記述も含んで書籍として出版した，という説明までついている。架空のドキュメンタリー，いわゆるフェイク・ドキュメンタリー（モキュメンタリー）的な体裁をとった作品だ。

　一方で，実写映画版は，ブラッド・ピットが主人公のジェリーを演じたゾンビ・パニック物となっており，原作の作りとは大きく異なる。ただ，タイトルの『ワールド・ウォーZ』に偽りはなく，元国連職員である主人公は世界中を巡って，ゾンビ・ハザードに立ち向かう。本作のゾンビ化の原因はウィルスだ。このウィルスは噛みつきによって感染するタイプのもので，感染すると，短い場合は十数秒でゾンビと化し，人に襲い掛かる。本作のゾンビは，ロメロタイプではなく，疾走タイプだ。また，あたかも蟻や蜂の大群のように大集団で襲い掛かってくる描写が多いのも特徴的である。本作では，主人公が世界中の様々な国に出向き，それぞれの対ゾンビ・ハザード策を見て回りながら，ゾンビ・ハザードの解決策を探していく。つまり，「移動」しつつ，「感染」をどのような方法で防御するのかを問い続ける物語とみることができるのだ。

　映画『ワールド・ウォーZ』の主人公の歩む道はとても興味深い。まずは，コンテンツ内の時間の流れと場所の移動に注目し，主人公の状況

---

4．『ロミオ＋ジュリエット』『タイタニック』『インセプション』『レヴェナント：蘇えりし者』などに出演。2016年に『レヴェナント』で，アカデミー主演男優賞を受賞。2001年には，映画制作会社「アッピアン・ウェイ」を設立した。

5．『リバー・ランズ・スルー・イット』『インタビュー・ウィズ・ヴァンパイア』『セブン』『12モンキーズ』『ファイト・クラブ』『オーシャンズ11』『イングロリアス・バスターズ』などに出演。

を記していきたい。

　まず，彼は，国連の職員で世界の紛争地域で働いていたが，現在は退職して主夫をしている設定である。慣れないパンケーキ作りをし，妻や二人の娘にふるまう。車を運転し，妻と娘を連れて出掛けるが，途中で渋滞につかまってしまう。何が起こっているのかといぶかしがっているうちに，ゾンビの群れが襲って来る。本作のゾンビは全力疾走型であり，また感染も早い。ジェリーが目撃した例では，噛まれてたった12秒で変異した。

　娘が発作を起こしたため，薬と食料を手に入れようとスーパーマーケットに行く。国連のティエリーからジェリーを助けるためにヘリを差し向けると連絡があるが夜になり，翌朝アパートの屋上にヘリをよこすように言う。ゾンビが襲い掛かってきたため[6]，アパートの一室に逃げ込むジェリー一家。そこには移民のメキシコ人家族が住んでいた。両親は英語が話せず，息子を通訳にして話し合う。ジェリーは「僕は危険な地域で仕事していた。行動しないと生き残れない。行動こそ命だよ。一緒に行こう」と一緒に逃げることを提案する。ところが，父親はジェリーに必要物資は何でももって行ってよいと告げ，動かないことを選択した。手製の槍を作り，雑誌を腕に巻いて屋上を目指すジェリー。直後にその部屋にもゾンビが襲来し，一人生き残った息子だけが屋上に逃げてくる。ゾンビの血がかかったジェリーは，感染した可能性を考え，屋上の縁に立ちカウントを始める。変異しなかったため，ヘリに乗り込み間一髪脱出する。

　ヘリが到着した先は，大西洋ニューヨーク東沖320キロの「国連指揮艦 空母アーガス」だった。家族と，先ほど助けた子供の分のベッドが割り当てられた。ただ，これには条件があった。それは，ジェリーの国連職員への復帰とプロジェクトへの参加だった。軍の指揮により，感染

---

6．この時，なぜか路上にいる浮浪者の老人にはゾンビは目もくれない。

源を特定してワクチンを作るプロジェクトが進んでいた。ジェリーは「リベリア内戦」「チェチェンの虐殺」「スリランカ内戦」の時に現地で調査にあたり，生き残ってきた。その経験を買われ，ウィルス学者のファスバック博士をエスコートする仕事を依頼される。国連はすでに辞めており，今更復帰するつもりはないと断るジェリー。ところが，このミッションを断れば，家族共々，船から降ろされてしまうという。仕方なく仕事を引き受けるジェリー。

　ここで，ジェリーは，引きこもることを否定している。ジェリーは国連職員として紛争地帯という，サバイバル地帯を生き抜いてきた経歴を持つ。そこでは，「行動こそ命」であり，決断せずに引きこもっていても自体は解決しないという。そもそも，ジェリー自身が，紛争という価値観の衝突に疲れ，一度そこから降りて「引きこもって」いたのだ。引きこもっていても，家族は助けられない。仕方なく，サヴァイヴ感に支配された決断主義の場に舞い戻るジェリー。この時点で，本作は，ゾンビという価値観に対して，引きこもる以外のどのような解決策が提示されるのか，という観点から見ることができる。

　作中では，ゾンビ・ハザードを解決するにあたって，第一号患者を探そうとする。「感染の源はどこか」という問いかけだ。発生源を突き止められればワクチンを作ることができる。最初にゾンビ出現の情報を送ってきたのが韓国の米軍基地であったことから，まずはファスバック博士を伴って，韓国に向かう。韓国のハンフリーズ米軍基地に着陸した一行は，現地の駐留米軍の協力を得て基地内に入ろうとするが，その過程でファスバック博士は自分の銃を誤射して，死亡してしまう。基地では，ある村を訪ねた基地勤務の医者が噛まれたことによって感染し，基地に戻って来てから発症して，周りに襲い掛かったことを聞く。その事件に対処するために，部屋ごと焼いてしまったことを聞き，第一号患者へのアクセスが難しくなったことを知るジェリー。ただ，脚が不自由な兵隊が，ゾンビに見向きもされなかった情報を得る。

　基地内には，自らをCIAの一員と名乗る男が監禁されていた。彼によると，北朝鮮はゾンビ・パンデミックを免れているという。北朝鮮で取られた対応策は，全人口2,300万人の歯を抜いてしまうことだった。「歴史に残る"社会工学の妙"だ」と言う。ゾンビの武器を完全に無効化してしまう策である。国の政策によって国民全員が歯を抜かれる，というのは，確かにゾンビの感染を広めないためには最適な方法だ。とはいえ，この回答は，個人の自由を犠牲にしたやり方である。

　元CIA職員は，続けてイスラエルは勝利したという。イスラエルで取られた方法は，広大なエリアを囲む巨大な「壁」を築く方法だった。ゾンビ・ハザードを巨大な「壁」を用いて守る，という発想は同時期のコンテンツで数多く描かれている。たとえば，『死霊列車』，『ウォーム・ボディーズ』，『ラスト・オブ・アス』，『ヘルドライバー』などを挙げることができる。ゾンビ・コンテンツ以外でも，『進撃の巨人』や『パシフィック・リム』などで描かれてきている。この「壁」は，もちろんゾンビ・ハザードを遮断するために構築するわけだが，逆に，この「壁」によって，ゾンビに包囲されてしまうことも意味する。たとえば，映画『バイオハザードⅡ』では，ラクーンシティはゾンビ・ハザードが起こったことによって，壁で外界と遮断されてしまう。ゲートが閉鎖される前に逃げられなかった人間たちは，ゾンビとともに壁の中に閉じ込められた格好だ。

　壁によって隔離する，という考え方は，感染を遮断し，その内部あるいは外部の価値観のみで生きようという回答と言える。ある意味，引きこもりの大規模化と言えるかもしれない。価値観の合う人間同士で，他の価値観の間には壁を作って生きようというわけだ。とはいえ，これもうまくいかない。『ワールド・ウォーZ』では，内部で拡声器を用いて歌を歌ったせいで，外のゾンビたちが壁の外で一か所に集まって来てしまい，ゾンビがゾンビに乗って，その上にさらにゾンビが……，という信じられない方法で，壁を乗り越えてきてしまう。息を殺して自分たち

の価値観のみで生きていればこのようなことはなかったかもしれないが，その価値観を外に誇示してしまったことで，一つの価値観を信じる集団である「島宇宙」は破壊され，蹂躙されてしまった。

　イスラエルから脱出する際に，ジェリーはまたも奇妙な光景を目にする。遠くに見えていた細身の青年は，ゾンビの大群に追いかけられていた。追いつかれそうになるが，ゾンビたちは青年をよけるように走っていく。青年はしゃがみこんでしまうが，ゾンビはその両側を全力でかけぬけていく。いぶかしがるジェリー。空港に向かって逃げる最中に，同行していたイスラエル軍の女性兵士セガンがゾンビに噛まれてしまう。感染を防ぐために，その場でセガンの手を切断してしまうジュリー。セガンは感染しなかった。決断の速さが彼女を救った。二人は民間の航空機に乗り込んで脱出を図る。セガンからなぜ切断すればよいと分かったのかと聞かれ，「確信は何も……」と答えるジェリー。ただ，その時にいくつかの事柄を思い出す。行く先々で見たゾンビに襲われなかった人々のことだ。それとともに，ファスバック博士のウィルスに対する考え方「難しいのは手がかりの読み解き方だ」「時に"最凶"と思われた部分がウィルスの弱点だったりする」などを思い返す。「答えはない」「身の隠し方を探すだけ」と衛星電話を取り出して，ティエリーに電話を掛ける。「一番近い疾病対策センターかワクチン研究所は？」と尋ね，WHO の研究所に向かう。

　「移動し続けること」これがジェリーの安全の鉄則であったが，なんと飛行機内にもゾンビが紛れ込んでいた。後部から前部に向かって急速に感染が広がっていく。荷物やバッグで防ごうとするが，とても防ぎきれない。セガンが持っていた手榴弾を投げるジェリー，機体の横っ腹に穴が開き，そこから吸い出されるゾンビや人間たち。穴が開いたことで墜落してしまう飛行機。セガンとジェリーは生き残る。ジェリーの行動原理は，事態を解決するために素早く意思決定を行って，行動することだ。いわゆる決断主義である。この物語の中で，犠牲になっていくのは，

決断を遅らせた人や，決断を間違えた人々だ。サバイバルな世の中を生き抜くには，決断主義が重要なのである。

　主人公は感染を免れる方法に気がついた。これまでゾンビの只中にあっても襲われなかった人々は，それぞれに長く生きられない病や怪我をしていたと考えたのだ。ウィルスの目的が人間の身体を使って増殖することだとすれば，致死性の病にかかっている身体はウィルスにとって利用価値がない。そうした存在にはゾンビは襲い掛からないと気付く。ジェリーは，わざと自らの体内に病原体を打ちこみ，致死性の病気にかかってみせる「擬態」によって，ゾンビたちから「見えない存在」となることで，危機を切り抜けることに成功する。ジェリーはゾンビに無視され，ゾンビだらけの研究棟を堂々と抜けて帰ってくる。この方法は全世界に広まることになった。治療を受けた後，カナダのノバスコシアにあるセーフゾーンに移送されていた家族と出会い，ジェリーの旅はいったん終わる。

　つまり，感染を免れるには，感染者に相手にされなければよい，という回答を出して見せたのだ。とはいえ，これは完全な解決策を用意したわけではない。相手にとって価値のない「価値」を創出する，という解決策で，いったん価値観の争いから身を引く，というものだ。見てきたように『ワールド・ウォーＺ』は，ロメロのゾンビ映画や，日本のコンテンツで描かれてきた，価値観といかに関係するか，という問題について，様々な場所を旅して，引きこもりや同じ価値観を持つもの同士で集うことなどがゾンビ（他の価値観）に対して有効ではないことを確認した上で，「相手にされなければよい」という解決策を提示してみせたと見ることができる。本作の続編があるとしたら，どのような解決策が提示されるのか，楽しみである。

第 10 章

# ゾンビ／人間
Between of the Dead


　ゾンビ・コンテンツで描かれる「ゾンビ」は結局のところ，一体何者なのだろうか。ここまで見てきたように，様々な特徴を持つゾンビだが，他の怪物やモンスターと大きく異なるのは「人間の姿かたちをしている」ということだった。つまり，ゾンビは人間にとって「他者」の比喩として読み込むことが可能なのだ。もちろん，ヴァンパイアやエイリアン，アンドロイド，各種モンスターやサメ，ワニなどの動物を「他者」の比喩と読むことも可能だ。しかし，これらは全て，人間が持ちえない能力を持っていたり，容姿が人間に似ていなかったり，そもそも別の種であったり，宇宙や異次元由来であったり，どこかで製造されたものだったりする。ゾンビだけが，もともと人間として生きていた外観はほぼそのままに，感情や意思など「人間」としての機能を欠いた弱い状態となって，人間の前に現れるのである。

## 10-1　虚構内存在
　本章で考えるのは，ゾンビ・コンテンツに登場してくるゾンビや人間，つまり，キャラクターについてである。その考察を始める際に，まずは「虚構内存在」という概念を考えることから初めよう。筒井康隆が生み出したこの概念を，藤田直哉は次のように整理して見せた。


・フィクションの中のキャラクター
・文字に書かれたもの全て

・メディア越しに「現実」を理解するしかできず，自らの生を支える
ために理想や理念・指導などの様々な「虚構」を必要とせざるを得
ない我々の生（藤田 2013a）

　また，この「虚構内存在の思想」が語られる前提として，「超虚構理
論」があるという。それは，「1，虚構の中にも存在を感じ，実際に生
きている自分も登場人物であると思うかのような人間観」「2，現実も
また虚構かもしれず，虚構もまた現実かもしれないという虚構と現実の
境界の融解の認識」「3，信念や思想もまた虚構であり，人間はその虚
構に操作されて内面もあるのかないのかわからない」という性質のもの
だ（藤田 2013a）。

　「フィクションの中のキャラクター」や「文字に書かれたもの全て」
はわかりやすい。ゾンビはまさにこれに当てはまる。三点目の特徴につ
いては少し理解しにくいかもしれない。「「虚構」を必要とせざるを得な
い我々の生」と表現されると，「我々はそんなに虚構を重視して生きて
いない」というふうに思われるかもしれない。とはいえ，少し考えて見
てほしい。たとえば，鉄道に乗ってみれば，多くの人々がスマートフォ
ンやタブレット型端末とにらめっこし，ゲームに興じたり，電子書籍を
読んだり，twitter，Facebook，LINE などのアプリを用いてメディア
の向こうの他者とのやり取りに血眼になっていたりする様子を見るとど
うだろう。また，テレビや新聞，雑誌などから得た情報を元に，他者と
の会話を進めることはそんなに異常なことだろうか。そして，それらの
情報源の全てが「現実」を正確に写し取ったものであると言えるだろう
か。自分の目で見たこと以外に参照点を持たずに生活している人がどれ
くらいいるだろう。このように考えると，虚構空間，情報空間と接続し，
そこにいる「虚構内存在」と対話しながら，そして自らも「虚構内存
在」として生活している人々がいかに多いかに気が付くだろう。

　たとえば，『アイアムアヒーロー』では，事実についてメディア越し

に理解することが，戯画的に描かれている。英雄と比呂美が乗ったタクシーには後部座席に乗客用の車載テレビがついていた。チャンネルをザッピングすると，どの局でも緊急ニュースが流れている。次々にチャンネルを変えていくが 13ch では，アニメ『未確認で進行形』を放送している。それを見てホッとする英雄。「東テレが，アニメ放送してる間は大丈夫ですよ」。そう言った瞬間，そのチャンネルもニュースに変わり，驚く英雄。これは，現実空間上でも，テレ東（テレビ東京）では，重大事件や事故が起こっても番組編成を変えないことが多く，ネット上でネタになっていることからヒントを得ている。英雄は，まさにメディアを通して現実を理解している。英雄は，タクシーに乗り込むまでに，恋人や職場の人々などその他大勢の人々の ZQN 化や死といった悲惨な現実をその目で直接見てきているにも関わらず，東テレでアニメが放送されているのを見て，「大丈夫」だと言うのだ。

　また，コンテンツの中にも虚構内存在のゾンビが登場する作品もある。『玉川区役所 OF THE DEAD』には，「虚構的ゾンビ」も「現実的ゾンビ」も登場する。その両方を橋渡しして解説する存在が幸田先生だ。彼は医師として，現実世界の「病」としてのトクホ[1]の診察をしながら，ゾンビウィルスのワクチン開発，研究に取り組む一方で，ゾンビ・コンテンツのマニアでもある。情報空間上のハンドルネームは「ローガン博士」であり，ネットで知り合った仲間とカラオケでオフ会をするシーンが描かれる。「ローガン博士」とは，『死霊のえじき』の中で，ゾンビを解剖したり，ゾンビを教育する方法について研究している研究者の名前だ。

　本書で扱っているゾンビ・コンテンツの中のキャラクターもまさに「虚構内存在」である。この虚構内存在は，様々なメディアを通じて

---

1．作中では，ゾンビウィルスに感染した人々のことを「特別保険対象者」と呼んでおり，その略称が「トクホ」である。

人々に享受され，また，この虚構内存在に依拠して，様々な人々がメディアを通じて発信している。本章では，虚構内存在としてのゾンビ，そして，それと対峙する人間の両キャラクターについて，それぞれの特徴を論じながら，コンテンツの特徴を述べていきたい。

### 10-2　人間→ゾンビ

ジョージ・A・ロメロの『ナイト・オブ・ザ・リビングデッド』や『ゾンビ』で描かれたゾンビをはじめとしたスタンドアローン型のゾンビ映画では，人間がゾンビになってしまうことは，すなわちもはや人間ではなくなり「非人間的な存在」となることであった。ゾンビになってしまった人間は，元の人間に戻ることはなく，「あちら側」の存在になってしまい，可逆性はなかった。

とはいえ，すでに確認したように，ただ死ぬのとはわけが違う。死んだような眼や肌の色ではありながら，生きていたころの面影を留め，二足歩行で動き回る存在だ。この部分こそが，もはや「人ではない存在」であるにも関わらず，人間と比定しやすい怪物として扱われやすい面を持つ理由であろう。あくまで肉体的には人間であり，その動きも，人間の体の限界を大きく外れたものではない[2]。

たとえば，『エイリアン』や『プレデター』といった作品に登場する宇宙人は，人間を襲う存在であるという意味ではゾンビと同様だが，襲われた人間は，宇宙人になってしまうわけではない。ただ，殺されてし

---

2．近年のゾンビの中には，生きていた時よりも動きがすばやかったり，運動能力が高いものも出てきている。たとえば，『ダスク・オブ・ザ・デッド』は，ゾンビ・コンテンツというより，『遊星からの物体X』的な寄生生命体であるが，人間の体が死してなお動き回る点では同様だ。しかし，人間の「部位」が動いてはいるものの，手首だけで動き回ったり，複数の人体が組み合わせられていたりと，あまりに非人間的な形状になってしまうと，他者の比喩として機能しにくくなる。

まう。『プレデター』に登場する宇宙人と異なり『エイリアン』に登場する宇宙生物はその生活サイクルの中に人間を含めた他の生物の体内を借りるため，『プレデター』の宇宙人とは人間に対するアプローチが多少異なるが，寄生された人間の性質は，エイリアンには引き継がれない[3]。そして，エイリアンの血管には高濃度の酸が流れていたり，口の中からさらに口が出てきたりと人間離れした外見と生態を持っている。つまり，エイリアンはそれ単体で，直接個別の人間の比喩にはなりにくいのである。『エイリアン』シリーズの分析でよく見られるのは，リプリーという女性主人公が，男性器をそのデザインモチーフとしたエイリアンと戦っているというものだ。『エイリアン2』では，リプリーはニュートという女児を守りながら戦うことになり，母性の体現者となる。エイリアン側にも，エイリアンエッグを産み落とすエイリアンクイーンという存在が登場し，これは母性同士の対決とみなすことができる[4]。このように，エイリアンは登場人物が襲われる「価値観」の比喩として扱うことは可能だが，人間そのものの比喩として読み込むには，ゾンビに比べると少し距離がある。

　その点，ゾンビは，着ているものや，その容姿，そして，基本的な肉体の動きについては，もともと人間であった時にかなり似ている。そのため，他者の比喩として機能しやすい。ゾンビは，元来から，人間ではない存在として描かれつつも，人間の比喩として扱いやすい存在であったと言えよう。

　そのため，『ゾンビ』では消費社会における人間の行動の比喩として，ゾンビが，そして，それに相対する人間が描かれたのである。死して，

---

3．ただし，寄生する生物によって成体の形は変わる。『エイリアン3』では，犬（完全版，では牛）に寄生したため，成体エイリアンは四足で走る「ドッグエイリアン」となった。

4．『エイリアン—恐怖のエクリチュール』（若菜　2001）では，『エイリアン』から『エイリアン4』までを題材に，より詳細な分析を行っている。

ゾンビになってなお，生前の習慣を引きずって消費空間であるショッピングセンターに群がる人々。そのゾンビを締め出して，中にある物質の消費に明け暮れる主人公たち。バイカーがそれを奪いに訪れ，人間同士の争いが始まり，ゾンビと人間が入り混じって混戦模様となる。もはや，人間とゾンビに差はないのではないか。いや，むしろ人間こそが，卑しく非人間的なのではないか。このようなことが考えられる。ロメロの作品では『死霊のえじき』や『ランド・オブ・ザ・デッド』にも，感情や知性を取り戻しつつあると思われるゾンビが描かれた。ゾンビ・ハザード下で人間性を失った人間よりも，ゾンビの方が人間らしいのでは，と思えてくる場面がある。

　ゾンビは，ある部分では，人間が「実際にそうなるかもしれない」存在でもある。たとえば，アルツハイマー病や認知症を考えてみたい。人間が，見た目はそのままに，その性格や行動を変質させていく。以前の彼や彼女とは違った存在になっていくのだ。あるいは，洗脳などについても考えてみよう。洗脳を受けると，特定の情報に触れることによって，ある価値観に支配されていくようになる。その前と後では言動や態度が大きく変わっていき，以前からの家族や友人のいうことに聞く耳を持たなくなってしまい，コミュニケーションが取れなくなる。

　ゾンビ・コンテンツの中には，ゾンビが人間になっていく過程が表現される作品がある。ゲーム『バイオハザード』では，ゾンビ化していく過程を本人自身が書き残したメモが残っていた。「飼育係の日誌」である。『biohazard archive』（カプコン　2005）から全文を引用したい。

　　「夜，警備員のスコットとエリアス，研究員のスティーブとポーカーをやった。スティーブの奴，やたらついてやがったが，きっといかさまにちがいねェ。俺たちをばかにしやがって。」「今日，研究員のおえら方から，新しい化け物の世話を頼まれた。皮をひんむいたゴリラのような奴だ。生きたエサがいいってんで，豚を投げ込んだら，奴ら，

足をもぎ取ったり，内蔵を引き出したり遊んだあげく，やっと食いやがる。」「今朝の５時頃，宇宙服みてえな防護衣を着たスコットに，突然たたき起こされて，俺も宇宙服を着せられた。なんでも，研究所で事故があったらしい。研究員の連中ときたら，夜も寝ないで，実験ばかりやってるから，こんな事になるんだ。」「昨日から，このいまいましい宇宙服をつけたままなんで，背中がむれちまって，妙に，かゆい。いらいらするんで，腹いせにあの犬どもの飯を抜きにしてやった。いい気味だ。」「あまりに背中がかゆいんで，医務室に行ったら，背中にでっけえバンソウコウを貼られた。それから，もう俺は宇宙服を着なくていいと医者がいった。おかげで今夜はよく眠れそうだぜ。」「朝起きたら，背中だけでなく足にも腫物ができてやがった。犬どものオリがやけに静かなんで，足引きずって見に行ったら数が全然たりねえ。めしを三日抜いたくらいで逃げやがって。おえら方に見つかったら大変だ。」「昨日，この屋しきから逃げ出そとした研究いんが一人，射さつされて，て　話だ。夜，からだ中あついかゆい。胸のはれ物　かきむし　たら　肉がくさり落ちやがた。いったいおれ　どうな　て」「やと　ねつ　ひいた　もとてもかゆい　今日　はらへったの，いぬのエサ　くう」「かゆい　かゆい　スコット―きた　ひどいかおなんで　ころし　うまかっ　です」「かゆい　うま」

ウィルスに感染したのち，ひらがなが増え，文章に論理的なつながりを欠くようになり，単語すら完全でなくなっていき，徐々に知性を失っていく様子がよくわかる。

ゾンビは不可逆的な存在で，一度なってしまうと人間に戻ることはない。当然，ここには「死」という越えがたい現象が前提としてあったことが大きい。『バタリアン・リターンズ』では，主人公のカップルのうち女性がゾンビ化してしまい，多くの人間に犠牲者がでる。男性は彼女を愛するがゆえに，犠牲者を出しながらもなんとかその存在を永らえさ

せようとするが，被害は拡大するばかり。元に戻る方法はないと悟った二人はその身を炎に投じる。一作目の『バタリアン』でも，自らがゾンビになってしまうことを悟った登場人物は，自ら焼却炉に身を投じた。多くのゾンビ・コンテンツでは，仲間や家族がゾンビになってしまう悲劇が描かれる。そんな時，決まって「○○はゾンビになんてならない」と仲間や家族の特別性を主張するのだが，多くの場合，愛する者や友人，家族であっても例外なくゾンビになってしまう。そこに様々なドラマが描かれてきた。

### 10-3　彼女がゾンビになったなら

　身近な人がゾンビになっていってしまう様子を見守るようなゾンビ・コンテンツがある。『バタリアン・リターンズ』では，ゾンビ化していく恋人を連れて逃げる青年が，そして，『ゾンビ・リミット』では，ゾンビウイルスに感染した夫をなんとかして助けようとする女性が，さらに，『マギー』ではゾンビ化していく娘を守ろうとする父親が描かれた。

　身近な他者とは異性ではないだろうか。男性にとって女性は，そして，女性にとって男性は，「他者」である。当然，男性同士だろうが女性同士だろうが自分ではない人はすなわち他者であるが，身体の基本的な構造が異なっているという点に注目してみても，同性よりも異性の方が他者性は高いと言えるだろう。身体的な側面のみならず，ジェンダーの観点から見てもそうだ。社会的に期待される役割などは，どうしても異なっている。

　そのような中で「恋人」という関係性は，他者性を減じることを志向する側面がある。それは，同じ時空間を共有し，経験を同じくする約束であることが多いからだ。また，結婚し，家族になる可能性も高まる。とはいえ，その関係は，同じ時空間を共有するからこそ，相手の「他者性」がより克明に発見されることにもつながりうる。

　ここでは，ゾンビになってしまったガール・フレンドに対してどのよ

図10-1　『ゾンビ・ガール』（左），『ライフ・アフター・ベス』（右）

うに対応するか，という同じテーマを扱った映画『ライフ・アフター・ベス』と『ゾンビ・ガール』を比較，分析してみたい。

『ライフ・アフター・ベス』では，恋人のベスを亡くしたザックが，「あの時こう言っていれば」などと後悔の日々を送る。ベスとは，最後に会った時もめていたのである。傷心からベスの遺品のマフラーをして暮らすザック。ベスの両親とも悲しさを共有していたが，突然会ってくれなくなってしまう。無理やりベス宅に押し入ると，そこにはベスがいた。ザックは「だまされた」と思うが，墓は本当にあり，その前には大きな穴が開いていた。ベスは記憶が欠落しているが，普通に話ができる。徐々に情緒不安定になったり，死臭がするようになったり，突然あばれだしたり，乱暴になったりし始める。車にひかれても平気である。舞台は郊外の住宅地であり，周囲でも同じようなことが起こり始める。多少，ゾンビ・ハザードが拡大する様子が描かれる。徐々に様子がおかしくなっていくベスは，両親に「家にいること」を強要される。暴れ始めたため，巨大なオーブンにしばりつけられる。ゾンビ化の原因は不明であり，

ベスの家から出ていったハイチ出身の女性ハウスキーパーを怪しむが，彼女は単純に父親のセクハラを受けてやめただけだったことが分かる。最終的には，ザックはベスの念願だったピクニックに連れていく。しばりつけられていた巨大オーブンごとピクニックに出かけるベス。力が増している。ザックは，彼女の頭を打って再び殺す。

　一方の『ゾンビ・ガール』でゾンビ化するのは，美人だがエコマニアの彼女エブリン。主人公はホラー映画好きのマックス。エブリンと一緒に暮らし始めるが，彼女の束縛や価値観の押し付けに耐えられなくなる。別れようと公園に呼びだしたところ，エブリンはバスにはねられて死亡してしまう。ショックからなかなか立ち直れないマックスだったが，同じくホラー映画好きのオリビアと仲良くなる。ところが，エブリンはゾンビになって家に帰って来た。原因は願いごとが叶うジーニーの置物で，魔術である。マックスは一度失ってしまった「悲しみ」からエブリンを大切にしようとするが，エブリンはどんどんゾンビ化していく。エブリンは家にいようとし，むしろ家を変化させていく。ナンセンス系で，頭を撃っても死なないが，噛みつくと感染する。マックスを感染させて引きこもうとする。舞台は都市で，エブリンの「家族」は全く描かれない。主人公側も家族は「義理の兄弟」のみが登場する。最終的には墓に「埋め戻す」。

　ベスはゾンビ化した後，家族や家に縛られ，ザックと自然の中にピクニックに出ることが望みだ。エブリンはゾンビ化してからもマックスを家に留めようとし，自分の価値観の中に引きこもうとし続ける。二者が求める同質性は似ているが異なっている。ベスは一緒にピクニックに行く，という経験の同質化を望み，エブリンは相手の趣味や価値観を変えさせようとする性質の同質化を望む。ゾンビとなり，他者化が著しくなっていくのは両作品とも同様だが，置かれた状況や望みが異なっている。クライマックスの別れ方も異なる。ザックはベスの希望をかなえてピクニックに連れて行った上で，彼女を葬る。巨大なオーブンを背負ったま

ま崖から滑落していく様は残酷だが，家族や家の束縛から，自然の中に
解放したという意味では，ザックはベスをある意味で救ったのかもしれ
ない。一方のマックスは，オリビアや義理の兄弟と協力してエブリンの
動きを封じ，もう一度墓に埋め戻しに行く。自分が帰るべき家や自分の
価値観を変化させようと迫ってくるエブリンを追い出した形だ。エブリ
ンの望みは叶えられることはなく，マックスはオリビアを選ぶ。他者性
があらわになっていく恋人を，最後はいずれの作品でも葬るのだが，そ
の意味合いも異なっている。

　このように，ほぼ同じプロットに見える二作品も，細かく見ていくと
異なる点があり，読み取ることができる内容も変わってくる。


## 10-4　ゾンビと魔法少女

　大ヒットアニメ『魔法少女まどか☆マギカ』の中で，魔法少女たちは
自分のことを「ゾンビ」だという。ここでは，ゾンビの自己意識に焦点
を当てたい。以下に，作中で発せられた二人の魔法少女のセリフを抜粋
してみよう。


佐倉杏子　第6話
　「てめえは，なんてことを。ふざけんじゃねぇ！　それじゃあたした
　　ち，ゾンビにされたようなもんじゃないか！」
美樹さやか　第7話
　「仁美に恭介を取られちゃうよ。でも私，何も出来ない。だって私，
　　もう死んでるもん。ゾンビだもん。こんな体で抱きしめてなんて言
　　えない。キスしてなんて言えないよ。」


　どのような状況で発せられたセリフかわからなければ解釈のしようが
ないので，ここに「魔法少女まどか☆マギカ」のストーリーや設定を記
しておきたい。中学生の鹿目まどかはごく普通の女の子だったが，ある

日，キュゥべえというマスコットのような生物に「魔法少女」になるように勧められ，魔法少女の世界を知っていくことになる[5]。ミステリアスな転校生の暁美ほむらは，まどかに魔法少女にならないようにと警告を続ける。まどかと友人の美樹さやかは，魔女の結界の中に入ってしまうが，そこに，先輩魔法少女の巴マミが現れ魔女を撃退する。マミによると，魔法少女は，人間に悪さをする「魔女」という存在と日々戦っているのだという。まどかとさやかはマミに憧れ，マミも仲間ができたと喜ぶが，直後にマミは魔女に殺されてしまう。さやかはキュゥべえと契約し，魔法少女となる。魔法少女が契約すると，ソウルジェムという宝石が与えられる。これは魔法少女に変身するための装置であり，魔法の力の源だ。魔法を使うたびに黒く濁っていくが，魔女を倒すことで得られるグリーフシードを使うことで，その濁りは取り去られる。つまり，魔法少女たちは，魔女を倒してグリーフシードを継続的に手に入れることによって，魔法少女であることを維持するのだ。魔法少女になると願いごとが一つかなう。さやかは，自身が恋心を寄せる恭介と言う名の病気の男の子を治癒することを条件に魔法少女になった。

　一方の，佐倉杏子（さくらきょうこ）は，逆に魔法は自分のために使うことをポリシーとした魔法少女である。とはいえ，元々は父のためになる願いごとで魔法少女の契約をしており，利他的な動機で動いていた。結果的に悲劇を生んでしまったことで，その後利己的な動機でしか動かないことにしている。実は，この魔法少女システムは，キュゥべえことインキュベーター（地球外生命体の端末）によって仕組まれたものであることがわかる。魔法少女は夢を叶えてもらうことで魔女と戦う力を手に入れるが，魔女と戦い続けてグリーフシードが黒く濁りきってしまうと，魔女化してしまうのだった。その魔女化の際に発せられる魔法少女の絶望がエネルギ

---

5．キュゥべえのセリフ「僕と契約して，魔法少女になってよ！」は，ネット上で流行した。

ーを発生させ，そのエネルギーを目当てに，魔法少女を勧誘していたの
だった。実は，魔法少女はソウルジェムに魂を移されており，肉体と魂
は分離されていた。杏子やさやかは，魔法少女として契約した時点で，
もはや自分の意識がソウルジェムの中にあり，身体は抜け殻になってい
たことを知る。

　上記のセリフはこういったシチュエーションで発せられたものだ。単
に意識と身体が切り離された状態を比喩的に「ゾンビ」と言っているに
すぎないと解釈することも可能なのだが，なぜ「人間じゃないんだも
ん」などではなく「ゾンビだもん」というセリフが採用されたのか，少
し考えてみたい。本書で見てきたゾンビの特徴の中で，今回当てはまる
のはどういうものだろうか。魔法少女システムでは，意識と肉体が分離
されている。意識はソウルジェム内にあり，肉体はどれほど損壊しても
すぐに再生するようになっている。痛みも感じにくくなっているようだ。
ゾンビ的な特徴としては，身体と意識の一致をみない点や，身体への攻
撃があまり意味をなさない点，痛覚などの人間的な感覚を失いつつある
点を見出すことができる。こうした点で，魔法少女はゾンビ的な特徴を
持ってはいるが，とはいえ「ゾンビ」という比喩が即座には当てはまり
そうにない。それというのも，意識と身体は切り離されてはいるものの，
はっきりした意識を持ち，身体も腐敗しているわけではないからだ。ま
た，個々の魔法少女の性格や価値観がかなり違っているし，その特徴が
伝播していくわけでもない[6]。

　さて，そうすると，作中で魔法少女が放った「ゾンビ」という言葉に
はあまり意味がないのだろうか。あきらめず，少し角度を変えて考えて
みたい。『魔法少女まどか☆マギカ』内で，よりゾンビ的な存在を探す
ことはできるだろうか。特に意識の有無や感染，増殖といったことに着

---

6．ゾンビ的な魔法少女が登場するコンテンツとしては，『魔法少女・オブ・ジ・エ
　　ンド』（佐藤健太郎）がある。

目すると，「魔女」の方がゾンビに近い要素を複数持っていることに気付く。魔法少女のなれの果てである「魔女」は，人語は話せず，とにかく恨みなどの負のエネルギーをまきちらし，生きている人間を死に追いやろうとする。また，「使い魔」なる存在によってどんどん自己を増殖させていくのだ。そのように考えると，本当のゾンビは魔女であり，魔法少女は将来魔女になる「半ゾンビ」状態ということになる。一度魔法少女になってしまうともう戻れない点も，徐々にゾンビ化していく過程の存在であると言うことができよう。

### 10-5　ゾンビ目線のゾンビ・コンテンツ

　ゾンビ側の視点からゾンビ・ハザードを描いた作品も登場している。『ラストハザード　美しきジハード』(2006)，『コリン LOVE OF THE DEAD』(2011)，『スリーデイズ・ボディ』(2014)[7]などがそうだ。ゾンビ側の視点にたって，人間がゾンビ（人間の価値観とは違ってしまったもの）に対して何をするのか，を描いてみせた作品群である。このテーマは，ジョージ・A・ロメロをはじめとして，作品の中で何度も描かれてきているのだが，より直接的にゾンビ側を主人公として描きだした作品が登場したわけだ。ロメロ監督の作品をはじめとした従来のゾンビ映画でも，人間がよろよろと歩くゾンビを的に射撃に興じたり，顔面にパイをぶつけて遊んだり，闘技場で戦わせたりと，ゾンビをおもちゃにしたり，迫害したりする様子が描かれ，むしろゾンビは被害者なのではないかと思わせる演出はあった。ただし，それはそうした状況が，一シーンとして描かれているにすぎず，基本的に主人公は人間であった。『ラストハザード』や『コリン』は，ゾンビ化していく人間が主人公であり，一人のゾンビの行く末を追いかける物語になっている。いわば，ゾンビ目線のゾンビ映画と言えよう[8]。

---

7．続編として『アフターデイズ・ボディ』(2016) がある。

　書籍『ゾンビの作法』（オースティン 2011）もそういった目線に近い。自分自身がゾンビになってしまったらどうすればよいのか，というマニュアル本である。まるで，社会人一年生に向けたマニュアル本のようにゾンビになったらどのように生活（死んでいるけど）すればよいのか，人間を捕まえるにはどうすればよいのか，人間に倒されないようにするには，といった様々なテクニックが書かれている。ゾンビ側の視点を描く，ということは，ゾンビ側に感情移入をすることを意味する。そうすると，ゾンビは感情移入可能な対象となり，コミュニケーション可能性が生まれる。

　これは，ヴァンパイア・コンテンツで顕著にみられる変化だ。ジョージ・A・ロメロが『ナイト・オブ・ザ・リビングデッド』を作り上げる際に大きな影響を受けたと言われている『地球最後の男』の時点で，すでにこの問題の萌芽が描かれていたことを確認しておこう。『地球最後の男』では，多くの人間がヴァンパイアになってしまった世界で，一人生き残った人間の男性が，昼間にヴァンパイアを退治して回る生活を送っている。夜になると，ヴァンパイアはモーガン（主人公）の家を包囲し，夜な夜な襲撃を繰り返す。ある日，モーガンの元に一人の女性が現れる。その女性は人間の生き残りに見えたが，その実，ヴァンパイア側の使者であった。その女性が言うには，世の中のほとんどの人間はヴァンパイアになってしまっている。ヴァンパイアはヴァンパイアの社会を築いていて，そこに毎日やってきては殺しを働いていくモーガンこそが怪物だと認識されているというのだ。ヴァンパイア社会は，モーガンに対する一斉攻撃を計画していると聞かされる。結果的に，モーガンはヴァンパイアになることを拒み，ヴァンパイアの軍隊に倒されてしまう。この時，人間と怪物の立場が入れ替わった様子を描いて見せている。

---

8．　近森高明は，『無印都市の社会学』の中で，「ゾンビ目線の社会学」を提唱している（近森 2013）。

　同様に，ヴァンパイア・コンテンツで，多数派の転倒を描いた作品に
『デイブレイカー』がある。本作は，スピエリッグ兄弟監督のヴァンパ
イア映画である。スピエリッグ兄弟はこの前に『アンデッド』というゾ
ンビ映画も監督しており，そこではゾンビ・コンテンツに宇宙人を登場
させ，独自の世界観を築いていた。『デイブレイカー』に登場するヴァ
ンパイアは，超人的な力を持ったり空を飛んだりするような存在ではな
い。太陽光を浴びると死んでしまい，人の血を摂取し続けなければ生き
られない[9]。吸血鬼が吸血鬼の血を吸ってしまうと凶悪なモンスターに
変貌し，吸血鬼は，何とかそうした末路をたどるまいと必死だ。もはや
生きている人間のほうが少なくなり，吸血鬼たちは十分な血が確保でき
なくなることを恐れている。吸血鬼の食糧難だ。主人公の一人は，こう
した世の中で人工血液を開発する役割を担った科学者だ。吸血鬼たちは，
何とか人間に戻る方法はないものかと思案している。『地球最後の男』
同様，多数派の転倒を描いては見せているものの，ヴァンパイア側も人
間をむやみに殺せばよい状況ではない。どちらかが一方的に強いとか，
どちらかが加害者でどちらかが被害者，といった状況ではない。全体的
な問題としてヴァンパイア化があり，それに対して，どのように対処す
るのかという問題に関心が移っている。

　この傾向は，ゾンビ・コンテンツにも顕著にあらわれている。すでに
確認した通り，ゾンビ側が悪者，人間側が悪者と単純にはとらえられな
い状態が描かれる。ゾンビの中，人間の中にも多様性が見られ，それぞ
れの考え方が衝突したり，共鳴したりする。こうした一つの価値観を持
った小集団[10]同士の関係性を明らかな形で描いて見せた一つの例として

9．このように，ヴァンパイア的性質を，人間が病に罹患した際の「症状」や，な
　んらかの「体質」のように描く作品が日本のマンガ作品でもいくつか見られる。
　『彼岸島』や『デビルズライン』などがそうだ。これらの作品では，ヴァンパイ
　ア側にも生活があり（当然，人間とは相容れないのだが），そちらも細かく描写
　される。

は『ショーン・オブ・ザ・デッド』が挙げられる。同作では，サッカーファンと思しきゾンビたちが，うめき声をあげながら争っている様子が戯画的に描かれる。

　ゾンビ視点のゾンビ・コンテンツが受け入れられるのはなぜだろうか。ゾンビは，圧倒的な他者としての「奴ら」でもあり，同時に「我々」の姿が投影されてもいるのだ。ゾンビはすでに共感の対象になり得る存在となっている。次章では，人間とゾンビ双方の視点から，ゾンビ・コンテンツの分析に取り組んでみたい。

---

10.　そうした集団を「島宇宙」と呼ぶ。

# 第 11 章

# 死霊のたびじ
Tour of the Dead

　本章では，総合考察として，ゾンビたちはこれまでどのように歩み，そして，これからどこに向かおうとしているのかを見ていきたい。その結果として，我々はゾンビ・コンテンツからいったい何を学べるのか，を考えてみよう。

## 11-1　ゾンビ・ツーリズム：観光と認識の硬直
　ゾンビという存在は，移動を行う「旅人」としてはどのような存在だろうか。作品によって異なっているが，多くのゾンビは，老若男女問わず，人を食うことだけを目的とした行動を取り続ける存在だ。彼らの肉体的な移動としての旅は，生者の観光形態にたとえるとフードツーリズムである。フードツーリズムは，食が旅行の目的に含まれている観光や旅行行動を指す言葉である。食が旅行目的の中のどの程度の位置を占めるかによって，さまざまに分類されている（図 11-1）。
　ゾンビの旅は，旅行動機の中で食が占める位置を考えると，食のみが主要な目的であるツーリズムに該当する。観光の中で，何かのテーマに特別な興味，関心を持つものを Special Interest Tourism（SIT）と呼ぶ。フードツーリズムの中でも，たとえば，グルメツーリズム，クイジンツーリズム，ガストロノミックツーリズムなどは，旅行動機の中の食べ物に関する興味，関心が強く，SIT 的である。一方で，ルーラルツーリズム，アーバンツーリズムは翻訳すると，田舎（田園）観光，都市観光とでもなるようなものであり，食への関心は旅行動機の一部分である。そ

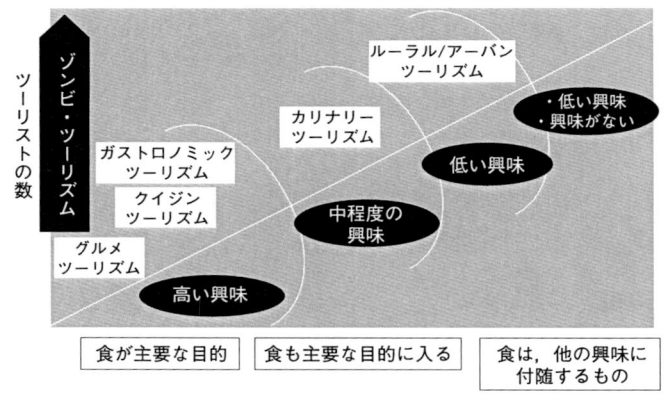

図11-1　ゾンビ・ツーリズムの位置付け
（Hall 2007：11を元に加筆して筆者が作成した）

れでは，ゾンビの場合はどうだろうか。興味，関心の面だけで行くと，
異常に強い。というより，人を食うこと，ほぼそれのみが移動の動機で
ある。そのため，図の左側に位置する。

　また，人間の観光の場合は，グルメツーリズムなどは観光客の人数は
比較的少ないものとなる。食への強い関心で，遠隔地の特別なレストラ
ンに行くような観光を想定しているためだ。ゾンビの場合は，人数に関
しては，ゾンビ化現象が始まった後，次々と増えていくので，特定の位
置付けをすることは困難となる。そのため，ツーリストの数としては，
少ない状態から徐々に増加していく，という特殊な位置づけとなる。

　ゾンビの旅をゾンビ・ツーリズムと呼ぶとすると，ゾンビ・ツーリズ
ムは，食べるということに関して異常なまでに高い興味を示しつつ，人
数は小規模から増加していくものと言えるだろう。

　彼らの旅は，認識を変化させるための旅ではない。自分の認識を変え
るために移動するのではなく，ひたすら食欲に突き動かされて移動して
いる。『死霊のえじき』では，ハンドスピーカーで呼びかける人間の声

を聞いて，ゾンビが続々と動き出す様子が描かれていた。『ワールド・ウォーＺ』でも，人がいない状態であれば，緩慢な動きだった。生きた人間がいなければ動かずにじっとしていることもあるようである。つまり，移動や活動の目的は，ただひたすらに，人を食うことなのである。

　ゾンビはまた，単一の価値観を持った集団であると比喩的に言うこともできる。つまり，直接的に映画の中で描かれる価値観は「人を食う」ということであるが，ある一つの価値観を共通して持った人々で構成された群衆としてとらえることもできる。ある一つの価値観を持った群衆が，欲望のままに，多様で個性を持った生者に大勢で群がる様からは，観光の弊害との類似性が読み取れる。つまり，ゾンビには，単一の価値観に倦んで，新鮮な刺激を求めてさまよい歩く大衆的な観光客の特徴を見てとることができる。そうしたツーリストをゾンビツーリストと呼んでみよう。ゾンビツーリストは，新鮮な刺激に飢えて，移動し，その土地で刺激をむさぼる。一度に一かじりかもしれないが，その人数の多さゆえに，対象を破壊してしまう場合もある。

　また，そうやって他者に危害を加え，解体した結果，認識の大きな変化が起こるかといえばそんなことはない。ゾンビは，その後も特に変わった様子もなく人を食う。場合によっては，まだ食う部分が残っているにも関わらず，生者が横を通りかかれば，そちらに襲い掛かることもある。彼らは栄養にするために人を食うのではない，ただ新鮮な肉を食いたいという衝動から食うのである。

　この様子を旅行行動に当てはめてみるとどうだろうか。新たな情報を得て，新鮮な情報を求め，自分を変える旅をしているつもりでも，元々持っていた価値観を強固に維持し，新たな情報を食うだけ食い，そのことが目的化してしまい，自分の糧にできていないゾンビツーリストになり果てている場合があるのではないだろうか。

　また，元々そうした認識の変化などを希求せず，自分の確信を強めるためだけに旅をしている場合もあろう。ゾンビツーリストは大変身勝手

である。自分の食欲に素直に従い，相手のことは考えない。それだけで
はなく，相手に噛みつくことによって，ゾンビにしようとするのである。
つまり，相手を自分の価値観に同一化させようとするのだ。これは，人
間のツーリストの態度の一つとしても現れうるものだ。眼前に，自分の
所属する文化や社会で常識と考えられていることと違うものが現れた時
に，それに関して否定的，攻撃的な態度を取る場合がこれに当たる。

　無論，人間は自分が所属する社会のルールや文化にうまく適応して生
きているため，それに当てはまらない事物に対しては，拒絶反応を示し
たり，不思議に感じたりするのは当然である。例えば，昆虫を食さない
文化圏の人間から見ると，昆虫を食す文化は奇異に映るかもしれない。
また，クジラやイルカを食さない文化圏の人間から見ると，クジラやイ
ルカをとらえる漁は異常な行動に感じるかもしれない。だがしかし，そ
の条件反射的な拒絶反応を，態度として当事者に示したり，苦情を言っ
たり，実力行使でやめさせようとしたり，極端な場合は危害を加えたり
してよいかと言えば，それは違うだろう。こうした観光の場は，異文化
間の衝突の場面となりえる。どちらかがどちらかを支配するのであれば，
それは侵略である。

　ゾンビ的なツーリスト一人一人がわがままを通し，食い散らかすこと
で，当該地域はツーリストによって大きく変容させられ，戦略的にツー
リスト向けに大きく改めた文化を見せるようになる。そのような対応を
取られることで，ツーリストはいわゆる「偽物」を見せられ，自分の許
容できる範囲で納得する。しかし，それでも「実はもっと面白いことが
あるのではないか」と渇望感を抱き，新たな情報を見せろと要求する。
「情報をくれ！　もっと新鮮な情報を！」と新奇性を求めるわけである。

　そうすると，生者がゾンビを遮断して一軒家やショッピングセンター
に立てこもるのと同じく，地域は，ゾンビ的なツーリストとはコミュニ
ケーションの機会を持たないような形を取るかもしれない。このように
考えてくると，「観光の弊害」と言われていたものの中には，観光旅行

者の規模や人数による自然破壊といった物理的な問題以外に，旅行経験
が旅行者に認識の変化を促さない，という問題が大きな影響を及ぼして
いた可能性が指摘できる。

　これは，何も観光分野に限ったことではなく，社会生活一般に言える
ことである。人間は見方が一つに定まってしまうと，なかなかそれを変
化させられない。変化させられないばかりか，その見方に同意しない人
間を排斥しようとする場合がある。「人を食う」ことばかりに躍起にな
って，自分がどうであるか，を見失ってしまう，そんな生活を無意識に
送ることがあり得る。ゾンビは，そういった意味でも大衆の，我々の，
比喩なのである。

## 11-2　二項対立からの脱却：自律的ゾンビツーリストと個性

　前項では，ゾンビたちは変化しないものと書いたが，実は作品によっ
てはゾンビたちが変化していく様子が見られる。ロメロのゾンビ映画で
は，シリーズを追うごとに，ゾンビはその性質を少しずつ変えていく。
シリーズの中で，まずゾンビの変化がドラスティックに描かれたのは 3
作目の『死霊のえじき』である。本作に登場するバブというゾンビがそ
うだ。バブは，ゾンビを研究する科学者ローガン博士によって飼育され
ているゾンビで，ローガン博士の教育（結果的には，人間にとって良い
行動をしたら報酬（人肉）を与えるという，条件付け的な学習を行ってい
たわけだが……）によって，電話を耳に当てて発話したり，髭剃りを使
ったり，軍人を見て敬礼したりした。最後には，ローガン博士を殺した
ローズ大尉を拳銃で撃ち，敬礼して見せるまでにいたった。あくまで行
動レベルではあるものの，人間を見たらただ襲い掛かる存在であったゾ
ンビが，それ以外の行動を示すようになった点は，ゾンビも変化するこ
とをよく表している。

　次に，4 作目となる『ランド・オブ・ザ・デッド』で描かれるゾンビ
は，さらに大きな変化を遂げる。本作で描かれるゾンビは，感情や思考

力を徐々に取り戻し始めるのだ。映画の序盤では，ゾンビたちは，人間によって打ち上げられる花火を見上げ，ただ虐殺されていく存在，愚鈍な存在として描かれる。記念写真の背景にされたり，縛られて射的の的にされたりしている。これは，ゾンビという，本能だけで生き，価値観を更新しない人々の群れが，エンターテイメントや娯楽（花火）を与えられ，それをただぼおっと見つめて暮らしているという構図だと言える。そうしていると社会的不利益を知らず知らずのうちにこうむり（虐殺），からかわれ，馬鹿にされる（愚鈍）のである。そんな中，ビッグ・ダディというゾンビは，感情や意識を取り戻し始め，彼を中心に集ったゾンビ達が人間の町に侵攻を開始する。彼らは闘いの旅，自由を得るための旅をしていると言えるだろう。

　ゾンビ達は，人間であったころの記憶の残存によって活動を行い続けており，花火を見上げ，搾取される存在として描かれている。象徴的なのは，花火を見上げている間に体を奪われてしまうゾンビである。花火を見上げて停止しているゾンビに，人間がマシンガンを撃ち，首と胴体が離れてしまう。そのゾンビはそれでもそれに気付かないかのようにしばらくは花火を見上げている。そのあとで，体がなくなっていることに気づき，哀れな顔をする。見かねたビッグ・ダディは，咆哮とともに，そのゾンビの頭部を踏みつぶす。

　これは，何を意味しているだろうか。このゾンビ達は資本主義社会，都市の生活に深く浸かった人々を表現していると考えられる。街にあふれる商品やエンターテイメント，各種メディアから流されるコンテンツなどを見つめ，思考停止に追い込まれる人々，作り出された流行やブランドイメージなどに目を奪われているうちに，自由がなくなり，金銭を持っていかれてしまう人々の比喩として見て取ることができる。

　ビッグ・ダディはいち早く，その構造に気づき，周囲を先導して，搾取の元凶である人間たちのいる要塞都市に向け，一歩一歩進んでいく。彼らはただ食欲に突き動かされるゾンビツーリストとは一線を画してい

る。自らの位置付けを理解し，自己変革，自己実現に向かって旅をしているのだ。ここでは，こうしたゾンビたちを自律的ゾンビツーリストと名付けたい。

　とはいえ，ここで注意しておきたいのは，人間側についても，人々は一様ではないことだ。要塞都市に住む人々は大きく三つの階級に分けられている。高層ビル「フィドラーズグリーン」に住居を構えることができる「富裕層」と，それ以外の「貧困層」と，貧困層にいながらも特別の許可を持ち富裕層とも接触の有る「傭兵」，である。富裕層と貧困層は明確に分けられており，貧困層から富裕層に上がることは出来ないようだ。ただ，制度上はできることになっているようで，傭兵のチョロは，フィドラーズグリーンに家を買いたいと富裕層の代表であるカウフマンに願い出る。カウフマンからは，審議会の決議が必要であり，長期間かかる旨を伝えられ，事実上不可能であるという宣告を受けている。チョロはこれまでカウフマンの様々な依頼を従順にこなしてきたにも関わらず，裏切られ，復讐を誓う。

　貧困層と富裕層の間では，対立が存在し，貧困層側では，マリガンという中年の男性が，貧困層の住民に向けて，富裕層に対する決起を呼びかけているが，それほど効果をあげているようには描かれていない。マリガンは傭兵で主人公のライリーにも，仲間に入らないかとしきりに誘うがライリーはそれを断っている。

　ロメロのゾンビ映画は，他の作品でも二項対立的な状況がよく描かれる。『ナイト・オブ・ザ・リビングデッド』では，地下室で家族を守ろうとする者と，全員で協力して家を守ろうとする者の間で対立が描かれ，『ゾンビ』では，ショッピングセンターをめぐって主人公集団とバイク集団が対立し，『死霊のえじき』では科学者と軍人が，『サバイバル・オブ・ザ・デッド』では，二つの家が対立している。それらの対立によって，トラブルが起き，最終的にはゾンビたちがその両者に襲い掛かり，主人公は脱出するという筋書きである[1]。

『ランド・オブ・ザ・デッド』もその点は同様であり，富裕層のトップであるカウフマンと，それに反旗を翻すチョロの対立によるトラブルと並行して，ゾンビが町になだれ込む。ゾンビたちは，町に侵攻する際に，貧困層，富裕層のどちらかを選んで攻撃するようなことはしなかった。ゾンビを直接に迫害しているのは，どちらかというと貧困層であるが，富裕層，貧困層，傭兵，そのいずれに対しても襲い掛かり，街を壊滅状態に追いやっている。ここまでは，ゾンビの基本的な性質からして矛盾する行動ではない。

特筆すべきは，カウフマンを倒したビッグ・ダディ率いる自律的ゾンビツーリストたちは，まだ周辺に生者がいるにも関わらず，どこか他の場所に移動しようとしていたことである。その姿を認めて，傭兵であるプリティ・ボーイは銃撃しようとするが，ライリーは自律的ゾンビツーリストたちの姿を見つめて，「自分たちと同じだ」と，それを制止する。

主人公のライリーは，富裕層に所属する人間ではないが，カウフマンによる支配構造が瓦解した後，反対勢力であるマリガンによる「ともに新たな街を築こう」という再度の誘いは断って，カナダに向かって旅に出る。マリガンたちはそれぞれに武器を取り，新たな街を作ると言っているのであるが，子供にまで銃を持たせている様子が描かれ，平和な街が作られるとは考えにくいことがほのめかされる。ライリーは，ゾンビの襲撃前から，町を脱出しようと車を手に入れるなどし，また，「人間のいないところに行きたい」という趣旨のことを口にしている。さらに，冒頭から，ゾンビと人間との差異をそれほど強調しない発言をしている。同僚がゾンビを観察し，ゾンビは死んでいるので自分たちとは違い，たとえ知能が戻り始めているとしても，生きているふりのようなものだ，という旨の発言をした際も，ライリーは，自分たちも生きているふりを

---

1．『ナイト・オブ・ザ・リビングデッド』と『ダイアリー・オブ・ザ・デッド』は脱出できていない。

しているだけだ，と返す。

　すなわち，本作は，ゾンビと人間，貧困層と富裕層というような，二項対立からの脱却を描いたものととらえることができる。ライリーの言う「自分たちと同じ」というのは，ゾンビについても，自分たちについても，ある特定の主義や主張に縛られないという点で同じだという意味でだと解釈できる。画一的な価値観に支配された社会は，ゾンビであれ，人間であれ，硬化し，不幸なものを生み出すということを意味しているのではないか。ゾンビの中にも個性を発揮するものが出始め，他のゾンビとは異なる動きをする，人間の中にも個性を保ったまま行動するものが出始め，ほかの人間とは異なる動きをする。

　ここで興味深いのは，個性は「孤立」とは違っていることである。ライリーもビッグ・ダディも共に集団で行動はしている。ただ，他の人間集団やゾンビ集団と異なるのは，その集団で各自が役割を持ち，それぞれの動機を持ち，それぞれに活躍している点である。ライリーの仲間は，それぞれ立場は違っているものの，個々に意志を持ち，行動している。ビッグ・ダディの仲間も，包丁を使えるものがドアを破壊したり，各自各様の武器を持ったりと，能力差や個性が見える。

　このような，個が独自性を保ったまま，社会性を持ち，生活を送っていく，これが自律という状態であろう。多様性を認め，個がそれぞれに活躍し，全体として創造的営みがなされる状態である。一つのイデオロギーを振りかざし，それに反対するものは排斥する，という態度を超克した一つの形であると言える。


### 11-3　人を食わないという選択：ゾンビたちの独自文化の形成？

　ゾンビたちの中には，人を食わないという選択をしたものもいる。『死霊のえじき』のリメイク作品である『デイ・オブ・ザ・デッド』には，バドと言うゾンビが登場する。生前からベジタリアンだった彼は，ゾンビ化しても主人公たちを襲わない。そんな存在を，ゾンビたちは許

さない。生者の味方をするバドは，ゾンビたちに襲われて解体されてしまう。こうしてみると，ゾンビがゾンビであるためには，人を食う要素は必須なのだ。

ところが，中には，人を食わない選択をするゾンビが出てくる。『サバイバル・オブ・ザ・デッド』では，最後に人以外のものを食うという選択が示されている。『サバイバル』では，二項対立の図式が，非常にわかりやすい形で表現されている。本作では，人間対ゾンビの二項対立ではなく，人間対人間で，二つの家系が争いを続けている様子が描かれる。特に，その二つの家系のトップであるパトリック・オフリンとシェイマス・マルドゥーンの争いがストーリーを進めていく。この二人は死んでからゾンビになっても争いを続ける。

一方で，本作に出てくるゾンビは島の中では家畜のように首輪をつけられて，生前の記憶に従って同じような動作を繰り返すものとして描かれている。しかし，他のロメロ作品に登場する知能を多少取り戻したゾンビと比較しても遜色ないか，それ以上の能力を持っているゾンビもいる。中には乗馬をしたり，自動車を動かしたりするものもいるのだ。ただ，基本的には人を食う性質は変わっていない。人を食う欲望に突き動かされつつも，日常のルーティンを延々と繰り返す存在である。

『ランド・オブ・ザ・デッド』で描かれたような自律性は，本作のゾンビには感じられない。『サバイバル』で個性を重視し，二項対立を避ける判断をするのは，主人公のサージである。ゾンビについては，上の性質は基本的には変わらず，映画の終盤では，牧場の柵が外されることで自由になり，生者に向かって襲い掛かる。しかし，その後のラストシーンでは人ではなく，馬を食うという選択をするのである。人ではないものを食う描写は，『ナイト・オブ・ザ・リビングデッド』でゾンビが虫を食べていた一シーンを除くと，それ以降の作品ではなかった選択である。『サバイバル』でも，人間はゾンビ化した人々に，人間以外のものを食べるよう訓練しようとするが，何度も失敗しているという描写が

あった。それでも，最後には自ら人以外のものを食ったのである。これはどういうことだろうか。

　ゾンビが人間の比喩だとすると，生きた人（他者）を食うことをやめた，というのは画期的なことである。ゾンビの性質は，人を食い，自分（達）と同一化させることにある。人を食うことをやめた，ということは，ゾンビはゾンビで自律し，独自の文化を構築する第一歩である可能性が指摘できる。

　そうすると，ゾンビになるのも悪くはないだろうか。たとえば，マンガ『流血鬼』では，ヴァンパイアが支配する世の中に抵抗していた主人公が，ラストシーンでヴァンパイアの仲間入りをし，どうして早くヴァンパイアにならなかったんだろう，という趣旨のことまで言っている。とはいえ，そうなると，ますますゾンビと我々は何が違うのか，わからなくなってくる。

## 11-4　人間とゾンビの共存：『ウォーム・ボディーズ』と『異骸』

　あるいは，別の形での，ゾンビと人間の共存が志向されたり，描かれたりする場合もある。たとえば，『ショーン・オブ・ザ・デッド』では，主人公の友人がゾンビ化してしまうが，ラストシーンでは主人公とともにテレビゲームを楽しんでいる。『玉川区役所 OF THE DEAD』でも，主人公のパートナーはゾンビ化してしまうが，時折ゾンビになって暴れるパートナーを抑え込み，薬を投与しながら，ともに働き続けている様子が見られる。

　人間とゾンビの共存は可能なのだろうか。ここで，2000 年代のゾンビ映画に起こった大きな変化について思い起こしておきたい。それは，「走るゾンビ」の登場だった。『28 日後...』や『ドーン・オブ・ザ・デッド』のヒットによって，ゾンビの代表的特徴であった「のろのろと動く」という特徴は，大きく変更を迫られることになった。当然，これまでのゾンビの変化と同様，動きの遅いゾンビもまだ登場しているが，そ

の存在を規定する中心的な特徴が変化したものが現れたことは間違いない。この移動速度の上昇は，価値観の伝播スピードが速くなったこととの関連を読み取ることができた。

　ここからは，価値観の異なる「他者」との関係性に注目して，人間とゾンビの関係性について考えていこう。マンガ『学園黙示録HIGHSCHOOL OF THE DEAD』では，ゾンビの他者性が極めて明示的に描かれる。作中で，ゾンビ化した人々のことを「奴ら」と呼ぶのだ。『アイアムアヒーロー』の中でも，ゾンビのようになってしまった人々のことを「ZQN」と呼ぶ人々が描かれる。「ZQN」とは，現実世界のネットスラングである「DQN」を元にした造語である。「DQN」とは，不良的な見た目や行動を行う人々，あるいは非常識な行動を取る人のことを指す。不良少年を指す「ヤンキー」という語に近い意味を持つ語だ。テレビ番組『目撃！ドキュン』に登場しそうな人々ということで，番組名から「ドキュン」と名付けられ，それが隠語的になり，「DQN」と書き込まれるようになった。こうした現実に存在するネットスラングをもじって作中では「ZQN」と呼んでいる。つまり，名づけからしても，「あちら側」と「こちら側」に分けている。こうした社会の中で，どのように生きていくのか，あちら側にどのように対峙するのか，逃げるのか，戦うのか，それとも別の道があるのか……。そういうサバイバルを描いた作品群なのである。

　こうした見方を採用して見ると，ゾンビ・コンテンツを新たな視点でとらえなおすことができる。たとえば，イケメンゾンビが登場するラブロマンス映画『ウォーム・ボディーズ』だ[2]。本作のゾンビの動きは緩

---

2．本作の設定は，ゾンビ版『ロミオとジュリエット』といえるようなものだ。ゾンビのロミオと，人間のジュリエット，というわけだ。登場する男性ゾンビは「R」，人間の女性は「ジュリー」である。『ロミオとジュリエット』で有名なシーンの再現もある。そう考えると，二つの異なる価値観の集団同士のぶつかり合いが描かれているととらえるのも自然であろう。

慢だ。意識は存在し，モノローグでは雄弁である。実際に言葉を発する
ことは難しく，ささやくように単語をつぶやくだけだ。映画冒頭で，主
人公のゾンビ R（自分の名前の頭文字しか覚えていない）がつぶやくモ
ノローグの日本語字幕を一部抜粋して紹介しよう。

『ウォーム・ボディーズ』 R のモノローグ
・俺 どうしたんだろ？
・顔色も悪いし　不健康な感じだし
・こうも姿勢が悪くちゃ—
・人にバカにされる
・それに人と つながりたい
・なぜ つながれない？
・そっか
・俺 死んだんだ
・みんなも死んだんだよな
・この子も あの男も
・そっちの角の人も　みんなヨレヨレ
【タイトル】 Warm Bodies
・自己紹介したいけど　名前が……
・最初は "R" あとは忘れた
・両親の名前も　俺の仕事も
・みんな 仕事は何だった？
・清掃スタッフ
・企業の経営者の息子
・ジムのインストラクター
・でも今はゾンビ
・なんで こんなことになったんだ？
・化学兵器かウイルスか放射性物質か

- ・とにかくゾンビになった
- ・毎日 こんな感じだ
- ・ヨタヨタ歩いて人にぶつかっても言葉も発せない
- ・前は違ったはずだ
- ・もっと人と気持ちを伝え合ってたし─
- ・一緒に楽しく過ごしてた
- ・今は大勢が なぜか空港に住んでる

　このモノローグは，ゾンビ「R」が空港をヨタヨタと歩きながらなされる。上記のモノローグの途中，「前は違ってたはずだ」から「一緒に楽しく過ごしてた」まで，ゾンビ・ハザードが起こる前の空港の様子が回想シーンとして映し出される。Rの周りをカメラが回りながら，にぎやかな空港を映し出すこのシーンを注意深く見てみると，画面に映る人々は，百パーセント何らかのメディアに目を落としていることに気づく。携帯電話，スマホ，携帯ゲーム機，新聞など，様々なメディアに夢中で，人と直接対話している場面はまったく映らない。つまり，ゾンビになる前から，対面でのコミュニケーションはできていない。メディアを通したコミュニケーションは対面よりも薄い，などという主張を展開したいわけではないが，「もっと人と気持ちを伝え合ってたし─」「一緒に楽しく過ごしてた」という言葉を鵜呑みにできるシーンではないと考えられる。本シーンからも，本作の「ゾンビ」は，他者との出会い方がわからない人間の比喩として描いていることが分かる。

　本作のゾンビのオリジナリティが高いのは，ゾンビの「さらに後」の存在があることだ。モノローグの続きを見ていこう。

- ・出た！　彼らはガイコツ
- ・心臓の脈打つものなら　何でも食う
- ・俺には　まだ葛藤があるけど─

・いつか食べ始める時が　来るかも
・すべてに絶望して　ブチ切れたら……
・やめろ　グロい　ちぎるな
・あれが俺の将来の姿だ　落ち込む
・ゾンビはイヤだ
・寂しく　さまよって……

　「いつか食べ始める時が来るかも」から「あれが俺の将来の姿だ　落ち込む」の間には，次のようなシーンが映し出される。床に座りこんだ男性ゾンビが，自分のほほから口にかけての肉をちぎって食う様子だ。どうやら，ゾンビでいる時間が長くなると，最終的に自分を食べ始め，その後，「ガイコツ」という存在となって，躊躇なく人間に襲い掛かるようになるようだ。

　つまり，「ゾンビ」は，生きている「人間」と完全なる他者である「ガイコツ」との「間の存在」なのだ。とはいえ，R を始めとしたゾンビたちも，人間に襲い掛かって食う性質は持っている。本作では，この食人の理由が非常に興味深い。人間を襲って食おうとするシーンのRのモノローグを見てみよう。

・我ながら恥だ
・ちょっと　見ないでくれるかな
・人食いは気が重いけど　仕方ない
・新しい飢えは強力だ
・もし脳を食い残したら─
・彼はゾンビになる
・でも脳を食うと俺は　彼の記憶や感情を体験できる
・ごめん　やっぱり食う　脳は最高なんだ
・また"人間"を味わえて

・欲しいのは―
・君の思い出だ
・ちょっと いい気分
・生きてる気分だ

　人間を食うのは「飢え」からであるとしているが，人の「脳」を食うと，その人の記憶や感情を体験できるというのだ。これまでのゾンビ・コンテンツで描かれてきた，ゾンビに襲われた人々の中に残らず食われてしまう人と，ゾンビ化してしまう人がいるのは何故か，という疑問に答える理屈を用意している点も興味深い。

　つまり，本作のゾンビは，記憶や感情といった人間性を失いかけており，他者との交流の仕方が分からず，人間性を回復したい存在であると言えよう。しかも，人の脳を食ってよみがえるのは，自分の記憶ではない。あくまで，その脳の持ち主の記憶なのである。他者の記憶を味わうことで，自分の存在を確かめているという，ねじれた状態なのだ。これは，何の比喩だと捉えることができるだろうか。自分の生きる意味は喪失しつつあり，他人の記憶や思い出を食らいながら生活している。twitter や Facebook といった SNS を通じて，他者の生をうらやみながら生きている現代社会のコミュニケーション状況の比喩と言えるのではないだろうか。

　ゾンビには葛藤があり，また，内面の意識は持っているが，そのまま時を過ごせば，躊躇なく人間に襲い掛かる「ガイコツ」という存在になってしまう。ガイコツの動きは素早い。素早く動いて，自分の価値観にそぐわない（ガイコツではない）他者に襲い掛かる。作中では，Rは人間の女性に恋をしたことで，心臓が再び鼓動を打ちはじめ，人間に戻る。それを見て，他のゾンビたちも人間に戻り始める。

　日本のマンガ作品『異骸』で描かれるゾンビは，『ウォーム・ボディーズ』とは異なるアプローチで，他者としてのゾンビを描いて見せる。

本作に登場するゾンビは，「時限ゾンビ」とも言えるような様相を呈する。ひとたびゾンビに噛まれると，噛まれた者もゾンビになり，生きている人間に襲い掛かる。これは，これまでのゾンビ・コンテンツと同様だ。身体能力としては，生きている際と同じで，動きは速い。ところが，本作のゾンビは，一定時間たつと，意識を取り戻して正気に戻る。意識が戻ったままでいてくれれば何の問題もないが，さらに一定時間経過すると，再度ゾンビとなり，意識を失って生きた人間に襲い掛かる。つまり，コミュニケーションが取れる状態と取れない状態を繰り返すのである。

　こういう状況では，何が起こるだろうか。それは，ゾンビになってしまった人々と生きている人々の間での疑心暗鬼と対立である。生きている人々は，ゾンビになってしまった人々に恐怖し，恐怖の余り相手を排斥しようとしてしまう。ゾンビになってしまった人々は，自分たちの不遇を嘆き，その上，自分たちに危害を加えようとする生者を憎む。人間の中でも意見は割れ，ゾンビの中にも穏健派と過激派が出てくる。どの立場を取るのか，誰の味方をするのか，この状況を生み出したそもそものゾンビ化現象は止められるのか，こういった問題にキャラクターたちが挑む物語なのだ。

　『ウォーム・ボディーズ』も『異骸』もこれまでのゾンビ像から大きく逸脱した特徴を持っている。ゾンビになってしまうことは，すなわち人間としての「死」を意味する作品が大半である中で，ゾンビを，人間が何かに変化してしまう際の「間の存在」として描いて見せる。その人間と少し異なる性質を持った異人間とどう対峙するかが描かれる。さらに，人間側もゾンビ側も多様で一枚岩ではない。こうした新たなゾンビ・コンテンツは，一つの問題に対立軸が複数あるような，複雑な社会の寓話として機能するものになっている。

## 11-5　これもゾンビですか？

### ：『進撃の巨人』『東京喰種トーキョーグール』『亜人』

　このように考えてくると，現在，ヒットしているコンテンツである『進撃の巨人』『東京喰種トーキョーグール』『亜人』といった作品にも共通の性質が見出せることに気が付く[3]。

　『進撃の巨人』は，人間を捕食する巨人が存在する世界の話である。突如巨人が登場し，人を襲うようになったため，人類は高い壁を築いて，その中にこもり，自衛するようになった。多くの巨人には知能がなく，ただ人間を見つけると襲い掛かってきて食べる存在だ[4]。ある日，壁より高い背丈の超大型巨人が襲来し，壁を破壊してしまう。壁の中に巨人がなだれ込み，人類はさらに内側の壁に後退する。巨人はうなじ部分を切り取れば倒すことができるため，人間は，巨人のうなじの高さに達するための立体起動装置と，うなじを切り取るための鋭利な刃を用いて対抗している。『東京喰種トーキョーグール』は，人肉を食って生きる喰種（グール）という存在が人間社会に紛れ込んでいる設定だ。見た目は人間と変わらず，会話もできるが，人を食って生きている。また，赫子（かぐね）という人間を捕食したり他者と戦ったりするための武器を体内に持っている。『亜人』は，死なない人間である亜人が存在する世界の話だ。死亡した際に驚異の再生能力で復活するという点以外は人間と変わらないと考えられていたが，聞いた相手を金縛りにする叫び声を発したり，IBM（Invisible Black Matter）と呼ばれる黒い幽霊を操ったりする能力を持っていることが分かる。

　『進撃の巨人』では，巨人と人間，『東京喰種トーキョーグール』では，グールと人間，『亜人』では，亜人と人間が，それぞれ対立している。

---

3．『進撃の巨人』については，円堂（2015）においても，ゾンビものとの共通要素を指摘している。

4．話が進んでいくと知能を持つ巨人も現れ，巨人は人間とは無関係な存在ではないことが明らかになっていく。

巨人もグールも亜人も，どこか人間に近い存在でありながら，人間に危害を加える存在であり，同時に危害を加えられる存在でもある。「巨人」に対しては，人間は軍隊を組織しており，特にその中の調査兵団は，壁の外に出ていき，巨人についての調査を行っており，巨人を倒す装備も持っている。「喰種」に対しては，行政機関の組織，喰種対策局（CCG：Commission of Counter Ghoul）があり，赫子に対抗するため，同様のメカニズムを応用した「クインケ」という武器を携行し，人命を脅かそうとする喰種の制圧などにあたっている。また，第二シーズンの『東京喰種トーキョーグール：re』では，クインケを内蔵した喰種捜査官「クインクス」まで登場し，人間側が人為的に「間」の存在を生み出している状況だ。「亜人」に対しては，厚生労働省が亜人に対する研究や制圧を行っている。

　そして，これら3作品の主人公はいずれも「境界線上」の存在である。『進撃の巨人』の主人公エレン・イェーガーは，普通の人間として暮らしていたが，あるきっかけで自分には「巨人化の力」が備わっていることを知る。『東京喰種トーキョーグール』の主人公である金木研は人間だったが，喰種であるリゼに捕食対象として狙われ，襲われる。その際に，上空から落ちて来た鉄骨に二人ともが下敷きになり，金木はリゼの内臓を移植されてしまったことによって「半喰種」となってしまう。人を食わずにはいられなくなってしまうのだ。『亜人』の主人公永井圭は普通の人間として暮らしていたが，不注意からトラックにひかれてしまう。その直後，驚異の再生能力で生き返り，死なない人間「亜人」であることが明らかになる。三作品はどれもこのように主人公が境界線上の存在であることを自覚するところから物語が始まっている[5]。

　これらの作品は，いずれもが「人間」と「似ているが異なる存在」との関係性を描いている。いずれの作品でも，どちらかが絶対悪という描かれ方はしていない。どちらの立場にも様々な考え方を持つキャラクターが配置されているのだ。すでに紹介した通り，それぞれに対立する組

織はあるものの，完全に勧善懲悪にはなっておらず，それぞれのキャラクターがそれぞれの考え方を持ってドラマが展開されていく。どの作品も，まだ完結していないため，話がどのように展開していくかは継続的に見ていく必要があるが，考え方や文化，性質の異なる「他者」とどのような関係性を築いて生きていけるのか，そうした見方でそれぞれの物語を分析していくことで，新たな知見を得ることができるだろう。

ゾンビ・コンテンツは，主客の転倒，価値観の変容や対立を描くことを得意としたコンテンツだと言えよう。現在「ゾンビ」や「ゾンビ的なるもの」を描くコンテンツでは，「他者」との交流の可能性や不可能性が扱われている。実社会の現象を考えると，インバウンドの隆盛で海外からの旅客が増えていることや，移民の問題，ヘイトスピーチなどの異文化排斥や差別，いじめやスクールカーストの問題などが取り沙汰されている。こうして考えてくると，ゾンビ・コンテンツは，我々とはわかりあえないかもしれない，相容れないかもしれない「異文化」や，それでも同じ空間に居合わせなければならない「他者」といかに関係していくかという問題を考えさせてくれる。人々は意識的，無意識的に，こうしたことに関心を強くしているのではないだろうか。

変化が激しく，価値観の相対化が進んだ現代社会を生きる我々は，ゾンビに対峙する存在であると同時に，我々自身もまた，ゾンビなのかもしれない。だから，ゾンビは気持ち悪く，おろかなのに，とても気になる存在なのだ。複雑な現代社会を生きる上で，教科書になってくれる存在，それがゾンビである。

---

5．主人公が人間とそれ以外の存在の間に立つ作品は，ゾンビ・コンテンツとは異なる文脈でも以前から見られた。『どろろ』『デビルマン』『妖怪人間ベム』『ゲゲゲの鬼太郎』『うしおととら』『寄生獣』などがそうだ。これらの作品では，主人公は人間とは異なる能力を持っていたり，そもそも人間ではなかったりするが，人間世界で暮らしている。人間の良い部分に触れつつも，人間から邪険にされることもある。

# おわりに

　さて，『ゾンビ学』いかがだっただろうか。

　ここでは，本書の意義について述べ，今後の課題を示しておきたい。本書では，作品に込められた「メッセージ」の読解について，作品が撮られた時代背景や，作品を制作した監督やスタッフに関する背景などの分析は不十分である。もちろん，これは筆者の力不足によるところも大きいが，本書では，むしろそうした「正しい」読みにこだわり過ぎることは敢えて避けた部分もある。それには，以下のような理由がある。

　メディア・コンテンツを受容する際には，いわゆる「正しい」読みをしなければならないだろうか。メディア・コンテンツは，それを受容する人間が，今を生きている自分の人生や思索を充実させることが出来るところにその魅力の一つがあると思う。時代超越的に，長く人びとに愛される作品があるというのは，このことを如実に示しているし，多種多様なコンテンツが生み出されていることもそうだろう。特に，本文中でも指摘したが，近年のデジタル化と情報通信技術の発展によって，時代超越的に様々なコンテンツが同列の映像として我々の眼前に提示されるようになっている。過去の作品についても，現在の社会，現在の自分の人生に関連付けて見る，ということは以前に比べると，より多くなって来ているのではないだろうか。

　言うまでもなく，コンテンツの歴史的な分析は重要である。本書でも明らかにしたように，小説や映画はもちろんのこと，アニメやマンガ，テレビドラマやゲームなど，コンテンツは，他の様々なコンテンツやメディアと影響を与え合いながら作られている。それらのつながりを明確にしていくことは，それ自体意義のあることである。そして，そのコンテンツが作られた時代背景と関連付けて研究を行うことにもまた意義がある。今後もこうした研究を進めていくことが重要だろう。こちらの分

とはいえ，こうした本格的な研究視点のスタートとしても，コンテンツを自由かつ詳細に読み解いていく実践は必要であると感じる。本書では，ある意味そうした「素人目」から見て，作品をどのように分析することができ，そして，そこから何を得ることができるかを試みたつもりである。

これにはもう一つ大きな理由がある。それは，映画やアニメ，小説などのメディア・コンテンツにおける表現の問題である。猟奇的な事件の容疑者が，自宅にホラー映画やスプラッター映画，美少女アニメのDVDなどを所持していた場合，必ずと言ってよいほど，マスコミや識者，市民などによる，ある種のバッシングが起こってきた。その論理は，おおかた次に示したようなものである。

　　事件の容疑者が事件を起こすにいたった動機や原因を探っていくと，ホラーやスプラッター，美少女アニメ，暴力的なテレビゲームなどの，いわゆる「悪質な」メディア・コンテンツに行きつく。「悪質な」メディア・コンテンツが容疑者の人格を作り，行動に影響を与え，そのような事件を起こしたと推測される。そうすると，「悪質な」メディア・コンテンツを視聴・愛好している人間は同じような犯罪を起こすかもしれないので危険である。事件の再発を防止するためにはその原因と考えられる「悪質な」メディア・コンテンツを規制あるいは廃絶すべきである。

また，以下のような内容のことにも言及されてきた。

　　メディア・コンテンツに触れ過ぎた結果，現実と空想の区別がつかなくなってしまい，空想の世界や二次元の世界があたかも現実である

かのように思い，犯罪を起こすことに抵抗がなくなってしまう。

　もし，これが真実なのだとしたら，この世の中は猟奇殺人や幼女誘拐，暴行事件などの凶悪犯罪が日常茶飯事で，そのような事件は珍しくもなくなって，ニュースにもならないような世界になっているだろう。
　メディア・コンテンツは確かに人間に影響を与える。映像刺激が，人間の認知や行動に影響を与える事例や研究結果は数多く報告されている。さらに，人間は，映像刺激に対して脳内で無意識の処理を行い，それがその人の価値判断や行動に影響することも明らかになっている。このように，メディア・コンテンツは人間に影響を与えるということは分かっているが，影響の詳細やメカニズムについてはまだ不明なところも多い。その影響は過少評価できるものではないが，いきなり殺人行動に直結するような効果を持っているとは考えにくい。
　ただし，注意しなくてはならないのは，これは，メディア・コンテンツが事件に関与している可能性が全くないことは意味していない。確かに，残酷描写に慣れが生じることはあり得るし，物語に耽溺し過ぎて，その模倣をしてみたくなる，という可能性もある。しかし，やはり殺人行動や誘拐行動を実際に引き起こすまでには，コンテンツのみではなく，個人を取り巻く家庭環境や社会環境など様々な要因が重層的に関わっていると考える方が妥当であろう。コンテンツ・バッシングの前提として，コンテンツの力を過大評価してしまっているのではないだろうか。
　あるいは，コンテンツではなく，こうしたコンテンツを愛好する人の性格や心理それ自体がそもそも歪んでいる，とでも言うのだろうか。もしそうなら，逆に，コンテンツ自体を廃絶しようとする動きはあまり意味をなさなくなる。それというのも，元々そういったものを愛好する人の性格や心理に問題があるのであれば，コンテンツ自体を廃絶したところで，その人々自体は変わらないからだ[1]。
　いずれにせよ，コンテンツやその消費者に全ての罪を被せ，表面的な

特徴だけを捉えて，廃止にせよ，規制をせよ，と声を大きく張り上げるのではなく，そして，制作側も，「表現の自由」のみを振りかざして抵抗するのではなく，メディア・コンテンツの様々な見方を考えたり，それを元により良く生きるためにはどうすればよいかを考えたり，議論した方が，問題の解決のためには建設的ではないだろうか。本書では，あえてゾンビ・コンテンツという，一般的には「ただ血が出てグロテスクな描写がたくさんあるコンテンツ」と理解されることが多いと思われるメディア・コンテンツを取り上げた。もちろん当該分野の作品の中には，グロテスクな描写を楽しむための作品があることも間違いないし，こうしたコンテンツを好む人の中には，残酷描写そのものを愛好する人々や，特撮的な技術レベルなどを楽しむ人々もいる。楽しみ方は様々である。その楽しみ方に，本書で述べたような分析の楽しみも加えていただけると嬉しい。

　コンテンツの分析は，それ自体新しいことではない。これまでさまざまな学問体系において分析がなされてきている。しかし，難解な専門用語や学術用語を数多く用いた分析は，それらの用語に慣れていない人間にとっては，ほとんど意味不明であり，コンテンツの理解を助けることになっていない場合がある。一方で，客観的根拠のない自分語り的な分析や，好き，嫌い，面白い，面白くないといった評価は，もちろん執筆者がそれぞれに分析を楽しむ分には全く問題ないし，好事家同士でそれを読む楽しみもあるわけだが，客観的な研究論文としては成立し難い。特に，議論を許さない分析になってしまう場合は，他者からの批判的分

---

1．ここで論じているのは，犯罪を正当化するものや，事件を起こした人間を正当化するものではない。コンテンツ制作者側にも，いたずらに残酷描写や性的な描写をするのではなく，制作者として責任ある描き方を模索することが望まれる。痛ましい事件は避けられるべきである。ただ，その対処の方向性を誤ると，新たな事件を引き起こしたり，表現の自由や多様性への弾圧につながったりする危険性をはらんでいる可能性は指摘しておきたい。

析を受けられず，コミュニケーションにつながらない。根拠が的確に示されない断定的で感情的な語り口になりやすく，その分析の妥当性などについて読者は客観的な判断をすることが難しい。

　本書では，ここまでに挙げた，いずれとも異なる見方を提供する努力をしたつもりである。眼前に表現されたものを，その表現形式に対して動物的，反射的に反応するのではなく，その表現からは何を読み取ることができるのか，何を説明したり考えたりできる表現なのだろうか，あるいは，映像に対して不快感が生じたり，道徳的に問題だと感じたりしたら，それはなぜなのか，一歩立ち止まって作品を分析的に考える様々な見方を提供しようと試みた。このように，様々な見方をコンテンツの消費者側が持ち，様々な分析を行い，発信していくことが，コンテンツ文化を今後も豊かなものにしていく方法の一つであると考えているからだ。

　本文でも指摘したが，情報空間のひろがりに伴い，作品に対する評価がネット上に数多くみられるようになった。コンテンツに対して，どんな感想を抱くかは体験者の自由である。だが，あまりに偏狭な見方しかせず，クリエイターをなじるような感想が見られることは非常に残念だ。これは，コンテンツへの評価に限らず，現代社会の様々な場面で見られる。お客様意識，消費者意識の前景化とでも言おうか，「自分が喜ぶものを持ってこい」という態度である。あるいは，何に対しても「不謹慎」「価値がない」「レベルが低い」などと述べ，訳知り顔でたたいておけば良い，批判しておけば良い，という態度にも出くわすことが多いが，これも非常にもったいない。いわゆる思考停止である。

　コンテンツ作品を体験する時，それを元に，色々と主体的に考えることができたほうが有意義だと感じるのは筆者だけではないはずだ。そして，本書でも確認してきたように，コンテンツ体験者による意味付けや評価は，クリエイターにも影響を与え，コンテンツ文化をより面白くしていく。コンテンツ文化は，作り手と体験者の双方によって担われてい

るのだ。本書では，これらの動機から，時代性に縛られず，また，表面的な表現に縛られず，作品を分析し，考察を行った。本書を読んで，ゾンビ・コンテンツを体験してみようと思ってくださる方がいれば幸いである。また，同様の分析，考察は他ジャンルでも可能なはずだ。たとえば，コンテンツ内に登場する架空の存在はゾンビだけではない，幽霊，妖怪，河童，ツチノコ，UFO やエイリアン，吸血鬼，人狼，ゴーレムやフランケンシュタインの怪物など様々である[2]。あるいは，ジャンルや年代などに注目してもよいだろう。ご自身のお好きな対象で，皆さんなりの「○○学」を作り上げていただくヒントになればこんなに嬉しいことはない。

とはいえ，本書はいまだ不完全なものだ。海外の先行研究のレビューはまだまだだし，一つ一つの作品をもっと詳しく分析すればより面白いことが明らかになるだろう。また，他にも取り上げたいゾンビ・コンテンツが山のようにある。本書は，ゾンビ学の端緒をほんの少し切り拓いたに過ぎないのである。そう，ドーン・オブ・ザ・ゾンビスタディーズ，ゾンビ学の夜明けなのだ。

本書を世に出すことができたのは多くの人々のおかげだが，第一に人

---

2．幽霊なら『幽霊学入門』（河合 2010），『J ホラーの幽霊研究』（大島 2010），妖怪なら『日本妖怪学大全』（小松 2003），『妖怪文化入門』（小松 2006），河童なら『ニッポンの河童の正体』（飯倉 2010），『河童とはなにか』（国立歴史民俗博物館・常光徹 2014），ツチノコなら『ツチノコの民俗学』（伊藤 2008），UFO やエイリアンなら『エイリアン』（若菜 2001），『人類はなぜ UFO と遭遇するのか』（ピープルズ 2002），『UFO とポストモダン』（木原 2006），吸血鬼なら『ハリウッド・ゴシック』（スカル 1997），『吸血鬼伝承』（平賀 2000），『吸血鬼イメージの深層心理学』（井上 2013），『よみがえるヴァンパイア』（バトラー 2016），人狼なら『人狼変身譚』（篠田 1994），『人狼伝説』（ベアリング＝グールド 2007），ゴーレムやフランケンシュタインの怪物なら『ゴーレムの生命論』（金森 2010），『ゴーレムの表象』（大場ほか 2013），『フランケンシュタインの精神史』（小野 2015），などがそれぞれおすすめの書籍である。

文書院編集者の松岡隆浩氏によるところが大きい。私は2013年に自身初の単著『n次創作観光—アニメ聖地巡礼／コンテンツツーリズム／観光社会学の可能性』（岡本 2013）を北海道冒険芸術出版から出させていただいたのだが，この書籍の対談記事で「次はゾンビの本を出してみたい」という旨のことを半分冗談，半分本気で書いていた。『n次創作観光』は，思っていた以上に多くの人々に読んでいただき，いろいろと反響があった。たくさんの感想を，研究者だけでなく，一般の方からもいただいた。講演依頼や書籍，雑誌記事の執筆依頼のメールも届いた。その中の一つに「このゾンビの本については，実際に制作が進んでいるのでしょうか」という風変わりなものがあった。このメールをくださったのが松岡氏である。最初は「まじめな学術出版の編集者の方がゾンビの本を出そうなんて，本気だろうか」と半信半疑であったが，お会いしてお話ししてみるとどうも本気らしい。私が2012年に執筆した論文「ツアー・オブ・ザ・リビングデッド—ゾンビの旅行コミュニケーション分析試論」（岡本 2012）もしっかり読んでくださっていて，ゾンビを通して社会を見る「ゾンビ学」について書籍化を薦めてくださったのである。2013年にいただいた話なので，思えば完成までに4年も要してしまっている。遅筆な私に絶妙なタイミングでメールをくださり，強く催促することもなく，様々な文献や作品をご紹介くださり，やる気を出させてくださった。海のものとも山のものとも知れぬ『ゾンビ学』を応援し，執筆させてくださった松岡氏に，最大級の感謝を申し上げたい。本当にお世話になりました。ありがとうございました。

　私が大学教員になったのは2012年4月のことであり，様々な場で講義や講演をさせていただく機会を持ったが，その時にちらっと「趣味はゾンビ映画鑑賞でして」と言ってみた。会場全体がサーっとひいていく感じを受け，失笑とも冷笑とも苦笑ともとれるような静かな笑いを聞くことも多かったが，いざ講演や講義が終わると「実は私も……」という聴衆が数人出てくる。それによって「意外と好きな人が多いのかもしれ

ないな」と感じたことも本書を執筆する後押しをしてくれた。特に，講義で話をすると何人もの学生から「先生からゾンビ学を習いたい」という声があがったり，私のゼミを希望する学生の中に「ゾンビ学」を研究したいという学生が出てきたり，講演で「専門は観光社会学，コンテンツ・ツーリズム学，ゾンビ学です」と言うと，「アニメ聖地の話より，ゾンビの話が聞きたい」とリクエストされたりしたことも，私を鼓舞してくれた。そして，友人である劇メーション作家の宇治茶監督にも御礼申し上げたい。長編作品の制作中にもかかわらず，ご自宅のスタジオで存分にゾンビ談義を楽しませていただいたり，一緒に『ゾンビーバー』を観に行ってくださったことは大変励みになった。また，妻に「ゾンビ学の本を書こうと思っているんだけどどう思う」と相談したところ，「旦那がゾンビの研究をしている，と人に話せるのはネタとしてとてもウケそうなので，ぜひやるとよい」という，ありがたい（？）お言葉をいただいたのも，とても嬉しく思った。無事に本が出たので，是非存分にネタにしていただきたい。

　実は，本書制作の途中に，筆者はハラスメント被害を受けたことで重度のうつ病になり，文字通り「なにもできなく」なってしまった。本書のゲラに手を入れていたのだが，症状が悪化して文字を読むことができなくなり，作業がストップした。パソコンやスマホの画面を見ることもできなくなる中で，電話口で松岡さんに「作業ができません。いつ治るかわかりません」と，泣きながら事情を説明したのを覚えている。

　その時，本当におだやかに，しかし，はっきりと「大丈夫です。岡本さんの健康が第一です」と言って下さったのには，本当に救われた。うつ病になったことで，家族や友人に多大な心配をかけたが，色々とお世話になり，そのおかげで徐々に回復してきて，少しずつ絵や文字を見ることもできるようになった。ほったらかしになっていたゲラに久々に目を通し，校正作業に取り組んだところ，なんと修正箇所はほんの数点しかなかった。「これだけのことすらできなくなっていたのか」と，半ば

呆れつつ，失った時間に立ち尽くしつつ，それでもなんだか笑えてきてしまったことで，自身の回復を実感した。本書を出版したことで，色々な機会をいただいて，対話を重ねる中で自信を取り戻し，社会復帰できた。2019年4月からは今の職場である近畿大学に異動することもできた。

　本書は，「他者」からの「攻撃」と，そして，多くの人の「救いの手」に多大な影響を受けて，色々な意味で筆者の人生の重大局面において，成立したものなのである。そのことは，偶然ではあるが，本書で取り扱った「他者との関係性」をどう考えるかにつながっている。

　お世話になった研究者仲間にも感謝したい。大学院生の平侑子さんには『ゾンビ・リミット』をご紹介いただき，重要な作品を見落とさずに済んだ。国際日本文化研究センターの山田奨治先生にはご自身が主催されている研究会「マンガ・アニメで日本研究」に入れていただき，日文研の共同研究員として発表させていただいたり，様々な先生と意見交換をさせていただいたりする機会を賜った。コンテンツ文化史学会でも，ゾンビ学について話をさせていただく機会をいただいた。その際，会場に来られていた多くの方がゾンビ学について様々なご質問をくださり，皆さんの関心の高さを知りつつ，様々な点で考えを進めることが出来た。会長である吉田正高先生，そして，玉井建也先生に御礼申し上げる。また，情報美学研究会で発表の機会をくださった藤本憲一先生，寺岡伸悟先生にも感謝申し上げる。そして，大学院時代の恩師，北海道大学観光学高等研究センターの山村高淑先生。名言「真面目なことを面白く，くだらないことを大真面目に研究すべし」を授けてくださり，ありがとうございました。完全に間違って理解しているかもしれませんが，弟子は先生の教育を受けて，こんな本を出しております（笑）。

　最後になってしまいましたが，この本を読んでくださった皆さん。最後までお付き合いいただき，本当にありがとうございました。いやぁ，ゾンビって本当にいいものですね。さよなら，さよなら，さよなら。

著者

## 参考文献

赤木真澄（2005）『それは『ポン』から始まった—アーケードTVゲームの成り立ち』アミューズメント通信社

赤木真澄（2006）『アーケードTVゲームリスト—国内・海外編（1971-2005）』アミューズメント通信社

赤阪俊一・尾崎恭一・西山智則・米村泰明（2014）『パンデミック—"病"の文化史』人間と歴史社

紅音ほたる（2011）「諸君，私は『ブレインデッド』が好きだ！」伊藤美和（編）『ゾンビ映画大マガジン』洋泉社，pp. 291-295

東浩紀（2001）『動物化するポストモダン—オタクから見た日本社会』講談社現代新書

東浩紀・大山顕（2016）『ショッピングモールから考える—ユートピア・バックヤード・未来都市』幻冬舎新書

浅野高史（2006）『図書館のプロが教える〈調べるコツ〉—誰でも使えるレファレンス・サービス事例集』柏書房

荒井倫太朗（2011）「ダリオ・アルジェントとジョージ・A・ロメロは『ゾンビ』インターナショナル版をいかにして生み出したか」伊藤美和（編）『ゾンビ映画大マガジン』洋泉社，pp. 278-280

荒木飛呂彦（2011）『荒木飛呂彦の奇妙なホラー映画論』集英社

有山輝雄・竹山昭子（2004）『メディア史を学ぶ人のために』世界思想社

飯倉義之（2010）『ニッポンの河童の正体』新人物往来社

飯田豊（編）（2013）『メディア技術史—デジタル社会の系譜と行方』北樹出版

池谷敏郎（2015）『血管・骨・筋肉を強くする！ゾンビ体操』アスコム

石田美紀（2008）「新しい身体と場所—映画史における『ロード・オブ・ザ・リング』三部作」藤井仁子（編）『入門・現代ハリウッド映画講義』人文書院，pp. 95-119

石松宏和（2014）「研究対象としてのゾンビ—社会科学におけるリサーチアジェンダ」『日本経済大学大学院紀要』2-2，pp. 23-32

一柳廣孝（2006）『オカルトの帝国—1970年代の日本を読む』青弓社

312

伊地知晋一（2006）『CGM マーケティング—消費者集合体を味方にする技術』ソフトバンククリエイティブ

伊藤明己（2014）『メディアとコミュニケーションの文化史』世界思想社

伊藤正範（2016）「イギリスのゾンビ映画と 19 世紀小説における群集表象」『商学論究』63-4，pp. 95-113

伊藤康弘（2003）「チラーシアター，ゾンビ俳優に会う！—世界最大級のホラー・イベント参戦記」伊東美和（編）『ゾンビ映画大事典』洋泉社，pp. 366-372

伊東美和（2003）『ゾンビ映画大事典』洋泉社

伊東美和（2011）『ゾンビ映画大マガジン』洋泉社

伊藤龍平（2008）『ツチノコの民俗学—妖怪から未確認動物へ』青弓社

井上真琴（2004）『図書館に訊け！』ちくま新書

井上嘉孝（2013）『吸血鬼イメージの深層心理学—ひとつの夢の分析』創元社

上村雅之・細井浩一・中村彰憲（2013）『ファミコンとその時代—テレビゲームの誕生』NTT 出版

宇野常寛（2008）『ゼロ年代の想像力』早川書房

江戸木純（1993）『地獄のシネバトル—世紀末映画読本』洋泉社

江戸木純（1995）「実録『死霊の盆踊り』—誰もが忘れようとしても思い出せないあのバカ騒ぎの真相」『エド・ウッドとサイテー映画の世界』洋泉社

円堂都司昭（2015）『戦後サブカル年代記』青土社

大澤真幸（2008）『不可能性の時代』岩波新書

大島清昭（2010）『J ホラーの幽霊研究』秋山書店

おおたとしまさ（2014）『オバタリアン教師から息子を守れ—クレーマーとは呼ばせない！親の心得』中央公論新社

大西祥平（2011）「ゾンビ・コミックの家系図」伊藤美和（編）『ゾンビ映画大マガジン』洋泉社，pp. 310-313

大畑晃一（2003）「アジア発ゾンビ映画紀行—タイのナムナーク，韓国の女もの，各国 "生ける屍" 事情」伊藤美和（編）『ゾンビ映画大事典』洋泉社，pp. 280-286

大場昌子・佐川和茂・坂野明子・伊達雅彦（編）（2013）『ゴーレムの表象—ユダヤ文学・アニメ・映像』南雲堂

大淵憲一（1980）「暴力映像が視聴者の行動に及ぼす効果について—攻撃促進か攻撃抑制か」『実験社会心理学研究』20-1，pp. 85-95

岡本健（2012）「ツアー・オブ・ザ・リビングデッド—ゾンビの旅行コミュニケーション分析試論」『コンテンツツーリズム論叢』1，pp. 14-65

岡本健（2013）『n次創作観光—アニメ聖地巡礼／コンテンツツーリズム／観光社会学の可能性』北海道冒険芸術出版

岡本健（監修）（2014）『神社巡礼—マンガ・アニメで人気の「聖地」をめぐる』エクスナレッジ

岡本健（編）（2015）『コンテンツツーリズム研究—情報社会の観光行動と地域振興』福村出版

岡本健・遠藤英樹（2016）『メディア・コンテンツ論』ナカニシヤ出版

押野武志（2015）『日本サブカルチャーを読む—銀河鉄道の夜からAKB48まで』北海道大学出版会

鬼塚大輔（2004）「『壁の中に誰かがいる』を〈階級闘争〉で読み解く」鬼塚大輔・新田隆男編『プロが教える現代映画ナビゲーター』フィルムアート社，pp. 22-23

小野俊太郎（2015）『フランケンシュタインの精神史—シェリーから『屍者の帝国』へ』彩流社

加藤茂孝（2013）『人類と感染症の歴史—未知なる恐怖を超えて』丸善出版

加藤幹郎（2006）『映画館と観客の文化史』中公新書

金森修（2010）『ゴーレムの生命論』平凡社新書

カプコン（2005）『biohazard archives』カプコン

カプコン（2008）『BIOHAZARD archives Ⅱ』カプコン

河合祥一郎（2010）『幽霊学入門』新書館

川井良介（2012）『出版メディア入門［第2版］』日本評論社

川上善郎（1997）『うわさが走る—情報伝播の社会心理』サイエンス社

河嶋陶一朗（2009）「盤上世界のゾンビたち」ホビージャパンムック『GAMES OF THE LIVING DEAD—ゾンビゲーム大全』ホビージャパン，pp. 64-65

川田順造（1976）『無文字社会の歴史―西アフリカ・モシ族の事例を中心に』岩波書店

菊地秀行（1994）『菊池秀行の魔界シネマ館』朝日ソノラマ

北野圭介（2009）『映像論序説―〈デジタル／アナログ〉を越えて』人文書院

木原善彦（2006）『UFOとポストモダン』平凡社新書

響堂新（2001）『飛行機に乗ってくる病原体―空港検疫官の見た感染症の現実』角川書店

久保田悠羅・F. E. A. R.（2007）『アンデッド』，新紀元社

黒田幸弘（1987）『D & D がよくわかる本―ダンジョンズ＆ドラゴンズ入門の書』富士見書房

国立国際医療研究センター・国際感染症センター（2015）『グローバル感染症マニュアル』南江堂

国立歴史民俗博物館・常光徹（2014）『河童とはなにか』岩田書院

小林伸行（2007）「哲学的ゾンビ同士に，社会は存在するか？―N. ルーマンの社会システム論に於ける哲学的諸命題に関する一考察」，『京都大学大学院教育学研究科紀要』53，pp. 405 - 417

小林真里（2011）「『死霊のはらわた』＆『死霊のしたたり』血まみれゾンビミュージカル」伊藤美和（編）『ゾンビ映画大マガジン』洋泉社，pp. 317-322

小松和彦（2003）『日本妖怪学大全』小学館

小松和彦（2006）『妖怪文化入門』せりか書房

小山昌宏（2011）『情報セキュリティの思想―インターネットにおける社会的信頼の創造』勁草書房

小山友介（2016）『日本デジタルゲーム産業史―ファミコン以前からスマホゲームまで』人文書院

斉藤守彦（2013）『映画宣伝ミラクルワールド―東和・ヘラルド・松竹富士独立系配給会社黄金時代』洋泉社

榊祐一（2015）「物語としてのゲーム／テレプレゼンスとしてのゲーム―『バイオハザード』を例として」押野武志『日本サブカルチャーを読む』北海道大学出版会，pp. 253-286

坂元章（2000）「ＶＲゲームが攻撃性に及ぼす影響」舘暲（監修），伊福部達（編）『人工現実感の評価—ＶＲの生理・心理・社会的影響』培風館，pp. 119-128

笹川吉晴（2011）「古今東西ゾンビ小説メッタ斬り！」伊藤美和（編）『ゾンビ映画大マガジン』洋泉社，pp. 300-303

佐藤翔（2015）「先行研究の探し方」『コンテンツツーリズム研究』福村出版

佐藤卓（1998）『現代メディア史』岩波書店

さやわか（2012）『僕たちのゲーム史』星海社新書

さやわか（2013）「「くさったしたい」が仲間に加わった日」『ユリイカ』45-2，pp. 141-147

篠田知和基（1994）『人狼変身譚—西欧の民話と文学から』大修館書店

柴田正良（2003）「ゾンビは論理的可能性ですらないか—チャルマーズに対する pros and cons」，服部裕幸編『コネクショニズムの哲学的意義の研究（平成 12・13・14 年度科学研究費補助金（基盤研究（B）（一）））研究成果報告書』，pp. 47-66.

渋井哲也（2004）『ネット心中』NHK 出版生活人新書

清水勲（1991）『漫画の歴史』岩波書店

清水勲（1999）『図説 漫画の歴史』河出書房新社

下條信輔（1996）『サブリミナル・マインド—潜在的人間観のゆくえ』中公新書

下條信輔（1999）「私達は「ゾンビ」とどう違うか」『本』24-3，講談社，pp. 18-20

下條信輔（2008）『サブリミナル・インパクト—情動と潜在認知の現代』ちくま新書

新清士（2016）『VR ビジネスの衝撃—「仮想世界」が巨大マネーを生む』NHK 出版新書

地引雄一（2003）「ヴードゥー・ゾンビとモダン・ゾンビ—ヴードゥー教のゾンビとロメロ映画のリビング・デッド，同じ生ける死者である両者の違いとは？」伊藤美和（編）『ゾンビ映画大事典』洋泉社，pp. 82-88

須川亜紀子（2013）『少女と魔法—ガールヒーローはいかに受容されたのか』NTT 出版

316

スクウェア・エニックス（2012）『ドラゴンクエスト 25th アニバーサリー　モンスター大図鑑』スクウェア・エニックス

鈴木貴之（2004）「意識のハードプロブレムと思考可能性論法」『哲学』55，pp. 193-205

首藤信彦（2015）「ゾンビ化する TPP の脅威」『世界』2015 年 4 月，pp. 170-177

高田高史（2009）『図書館のプロが伝える調査のツボ』柏書房

高田高史（2011）『図書館で調べる』ちくまプリマー新書

高橋光輝（2011）『コンテンツ教育の誕生と未来』ボーンデジタル

武田晴人（2011）『日本の情報通信産業史——2 つの世界から 1 つの世界へ』有斐閣

竹本寛秋（2015）「ドライビングゲームにおいて，いかにして「物語」はマウントされるのか，あるいはされないのか」押野武志『日本サブカルチャーを読む』北海道大学出版会，pp. 129-153

多田遠志（2011a）「『バイオハザード』が基礎をつくり，『デッドライジング』が歴史を塗り替えた！　ゾンビ・ゲーム全史」伊藤美和（編）『ゾンビ映画大マガジン』洋泉社，pp. 323-330

多田遠志（2011b）「ゾンビゲームアプリ大量発生」伊藤美和（編）『ゾンビ映画大マガジン』洋泉社，pp. 331-333

舘暲・伊福部達（2000）『人工現実感の評価』培風館

舘暲・佐藤誠・廣瀬通孝（2010）『バーチャルリアリティ学』コロナ社

田中克典・望月遊馬・長田良輔（2011）『キョンシー電影大全集——キョンシー映画作品集』パレード

田中辰雄（2003）「コンテンツ産業の経済・経営分析」，新宅純二郎・田中辰雄・柳川範之（編），『ゲーム産業の経済分析コンテンツ産業発展の構造と戦略』東洋経済新報社，pp. 1-11

谷口功一（2012）「ゾンビ研究事始——本書の解説を兼ねて」ダニエル・ドレズナー（著），谷口功一・山田高敬（訳）『ゾンビ襲来——国際政治理論で，その日に備える』白水社，pp. 157-207

谷口功一（2015）『ショッピングモールの法哲学——市場，共同体，そして徳』白水社

谷口重徳（2016）「サブカル町おこしを支える地域コミュニティの足腰の強さ―「横川ゾンビナイト」の事例から」『経営＆情報システム　ワイエムビジネスレポート』2016 年 3 月，pp. 1-3

谷口文和・中川克志・福田裕大（2015）『音響メディア史』ナカニシヤ出版

多根清史（2011）『教養としてのゲーム史』ちくま新書

玉川博章・名藤多香子・小林義寛・岡井崇之・東園子・辻泉（2007）『それぞれのファン研究―I am a fan』風塵社

丹治信春（2001）「「自然主義者」の困惑」『哲学』52，pp. 36-49

近森高明（2013）「無印都市とは何か？」近森高明・工藤保則『無印都市の社会学―どこにでもある日常空間をフィールドワークする』法律文化社

近森高明・工藤保則（2013）『無印都市の社会学―どこにでもある日常空間をフィールドワークする』法律文化社

千葉伸夫（2009）『映像史』映人社

中条省平（2015）『マンガの論点―21 世紀日本の深層を読む』幻冬舎新書

常光徹（2013）『学校の怪談―口承文芸の展開と諸相』ミネルヴァ書房

都留泰作（2015）『〈面白さ〉の研究―世界観エンタメはなぜブームを生むのか』KADOKAWA

てらさわホーク（2011）「驚天動地のヤケクソ・ロングセラー『マーベル・ゾンビーズ』の世界」伊東美和（編）『ゾンビ映画大マガジン』洋泉社，pp. 314-316

出口丈人（2004）『映画映像史―ムーヴィング・イメージの軌跡』小学館

出口弘（2009）「コンテンツ産業のプラットフォーム構造と超多様性市場」，出口弘・田中秀幸・小山友介（編）『コンテンツ産業論―混淆と伝播の日本型モデル』，東京大学出版会，pp. 3-39

デジタルゲームの教科書制作委員会（2010）『デジタルゲームの教科書―知っておくべきゲーム業界最新トレンド』ソフトバンククリエイティブ

電子情報通信学会「技術と歴史」研究会（2006）『電子情報通信技術史―おもに日本を中心としたマイルストーン』コロナ社

東京ゾンビ研究会（2009）『ゾンビ大事典― VS ゾンビ生存マニュアル』笠倉出版社

東京ゾンビ研究会（2010）『ゾンビ解体新書―ゾンビハザード究極マニュア

ル』笠倉出版社

東京ゾンビ研究会（2011）『ゾンビ大事典Ⅱ―生き残るための五二のルール』笠倉出版社

徳岡正肇（2015a）『ゲームの今―ゲーム業界を見通す 18 のキーワード』ソフトバンククリエイティブ

徳岡正肇（2015b）「現実空間に置かれたゲーム」徳岡正肇（編）『ゲームの今―ゲーム業界を見通す 18 のキーワード』ソフトバンククリエイティブ, pp. 123-174

戸田敏行 featuring 合唱団（2003）「グロテスクでコミカルな香港ゾンビ映画の世界―吸血鬼とカンフーが香港ゾンビを生んだ」伊東美和（編）『ゾンビ映画大事典』洋泉社, pp. 154-162

戸田敏行 with チャトランズ（2003）「ラム・チェンインとキョンシー映画の世界―「霊幻道士」シリーズともうひとつの香港ゾンビ映画の流れ」伊東美和（編）『ゾンビ映画大事典』洋泉社, pp. 258-27

戸田山和久（2016）『恐怖の哲学―ホラーで人間を読む』NHK 出版新書

富田英典（2009）『インティメイト・ストレンジャー――「匿名性」と「親密性」をめぐる文化社会学的研究』関西大学出版部

中島義明（1996）『映像の心理学―マルチメディアの基礎』サイエンス社

中田敦（2014）「ゾンビ OSS が危ない― struts と OpenSSL の教訓」『日経コンピュータ』2014 年 12 月 11 日, pp. 26-39

中村朗（1996）『検証 日本ビデオソフト史』映像新聞社

長滝祥司・柴田正良・美濃正（2008）『感情とクオリアの謎』昭和堂

那須千里（2011a）「リチャード・マシスンとは何者なのか？」伊東美和（編）『ゾンビ映画大マガジン』洋泉社, pp. 296-299

那須千里（2011b）「アメリカン・ゾンビカルチャーの変遷＆ゾンビ研究書ガイド！」伊東美和（編）『ゾンビ映画大マガジン』洋泉社, pp. 304-309

難波功士（2007）『族の系譜学』青弓社

難波功士（2013）『社会学ウシジマくん』人文書院

西山智則（2013）『恐怖の君臨―疫病・テロ・畸形のアメリカ映画』森話社

西山智則（2014）「映画における放射能汚染の表象―見えない恐怖を見せる」赤坂俊一・米村泰明・尾崎恭一・西山智則（編）『パンデミック―〈病〉

の文化史』人間と歴史社，pp. 271-376

新田隆男（2004）「『ゾンビ』を〈消費文化〉のメタファーとして読み解く」鬼塚大輔・新田隆男編『プロが教える現代映画ナビゲーター』フィルムアート社，pp. 28-29

野口陽（2010）『天下り"ゾンビ"法人―「事業仕分け」でも生き残る利権のからくり』朝日新聞出版

野原祐吉（2010）『ゾンビ・サーガ―ジョージ・A・ロメロの黙示録』ABC出版

野村純一（2005）『江戸東京の噂話―「こんな晩」から「口裂け女」まで』大修館書店

信原幸弘（2002）「ゾンビは可能か」『意識の哲学―クオリア序説』岩波書店，pp. 31-63.

初見健一（2012）『ぼくらの昭和オカルト大百科―70年代オカルトブーム再考』大空出版

長谷川文雄・福冨忠和（2007）『コンテンツ学』世界思想社

濱野智史（2008）『アーキテクチャの生態系―情報環境はいかに設計されてきたか』NTT出版

速水健朗（2012）『都市と消費とディズニーの夢―ショッピングモーライゼーションの時代』角川one テーマ21

春原昭彦（2003）『日本新聞通史―1861年-2000年』新泉社

伴ジャクソン（2014）「サスペリア版『ゾンビ』の珍味」『ゾンビ・マニアックス ―ジョージ・A・ロメロとリビングデッドの世界』徳間書店，p. 124.

東雅夫（2003）「ラザロの裔―生ける死者たちの文学誌」伊藤美和（編）『ゾンビ映画大事典』洋泉社，pp. 68-81

一橋文哉（2003）『宮崎勤事件―塗り潰されたシナリオ』新潮社

平賀英一郎（2000）『吸血鬼伝承―「生ける死体」の民俗学』中央公論新社

藤田直哉（2013a）『虚構内存在―筒井康隆と〈新しい≪生≫の次元〉』作品社

藤田直哉（2013b）「メディア内存在，ゾンビ―ゾンビの進化とメディア・テクノロジー」『ユリイカ』45-2，pp. 176-184

藤田直哉（2013c）「新世紀ゾンビ論，あるいは Half-Life（半減期）」限界研『ポストヒューマニティーズ─伊藤計劃以後の SF』南雲堂，pp. 169-213

藤田真文（2011）『メディアの卒論─テーマ・方法・実際』ミネルヴァ書房

藤竹暁（2000）『図説 日本のマスメディア』日本放送出版協会

藤竹暁（2005）『図説 日本のマスメディア［第二版］』日本放送出版協会

藤竹暁（2012）『図説 日本のメディア』日本放送出版協会

堀哲郎（1991）「情動を司る脳の構造の概略」，『脳と情動─感情のメカニズム』共立出版，pp. 11-23

本庄重男（2004）『バイオハザード原論』緑風出版

前田尋之（2014a）『家庭用ゲーム機興亡史─ゲーム機シェア争奪 30 年の歴史』オークラ出版

前田尋之（2014b）『ホビーパソコン興亡史─国産パソコンシェア争奪 30 年の歴史』オークラ出版

前田尋之（2014c）『懐かしのホビーパソコンガイドブック』オークラ出版

前野隆司（2005）「ロボットの心の作り方─受動意識仮説に基づく基本概念の提案─」，『日本ロボット学会誌』23-1，pp. 51-62.

増川宏一（1978）『盤上遊戯』法政大学出版局

増川宏一（2010）『盤上遊戯の世界史─シルクロード 遊びの伝播』平凡社

増川宏一（2012）『日本遊戯史─古代から現代までの遊びと社会』平凡社

増川宏一（2014）『日本遊戯思想史』平凡社

松岡環（監修・編）・夏目深雪・佐野亨（編集）（2015）『インド映画完全ガイド─マサラムービーから新感覚インド映画へ』世界文化社

松田美佐（2014）『うわさとは何か─ネットで変容する「最も古いメディア」』中公新書

水野隆志（2009a）「ゲームゾンビの起源─ Vol. 1 アンプラグド時代」『GAMES OF THE LIVING DEAD　ゾンビゲーム大全』ホビージャパン，pp. 12-13

水野隆志（2009b）「ゲームゾンビの起源─ Vol. 2 電脳時代」『GAMES OF THE LIVING DEAD　ゾンビゲーム大全』ホビージャパン，pp. 14-15

水本正晴（2004）「スワンプマン論法と物理主義」『科学哲学』37-1，pp. 43-59

水本正晴（2006）「ゾンビの可能性」『科学哲学』39-1，pp. 63-77．

水本正晴（2010）「点滅論法再訪」『科学哲学』43-1，pp. 45-59．

溝尻真也（2012）「ビデオテクノロジーの歴史的転回にみる技術／空間／セクシュアリティ―1970年代日本におけるビデオ受容空間とそのイメージの変遷」『愛知淑徳大学論集．メディアプロデュース学部篇』2，pp. 39-54

水鳥川和夫（2005）「日本発のコンテンツは世界を変える」長谷川文雄・水鳥川和夫（編）『コンテンツ・ビジネスが地域を変える』NTT出版，pp. 1-21

美馬達哉（2007）『〈病〉のスペクタクル―生権力の政治学』人文書院

宮沢章夫（2014）『ニッポン戦後サブカルチャー史』NHK出版

宮嶋亮太（2013）『語れ！ゾンビ』KKベストセラーズ

宮原英種・宮原和子（2001）『観光心理学を愉しむ』ナカニシヤ出版

宮本聡介・太田信夫（2008）『単純接触効果研究の最前線』北大路書房

村瀬ひろみ（2003）「オタクというオーディエンス」，小林直毅・毛利嘉孝（編），『テレビはどう見られてきたのか』せりか書房，pp. 133-152

萌え用語選定委員会（2005）『萌え萌え用語の萌え知識』イーグルパブリシング

森芳久（2011）『音響技術史―音の記録の歴史』東京藝術大学出版会

森岡毅（2014）『USJのジェットコースターはなぜ後ろ向きに走ったのか？―V字回復をもたらしたヒットの法則』角川書店

森口朗（2007）『いじめの構造』新潮新書

森山高至（2011）『マンガ建築考―もしマンガ・アニメの建物を本当に建てたら』技術評論社

安井泰平（2013）『ジャッロ映画の世界』彩流社

安野太郎（2014）「ゾンビ音楽の物語性と物語」『情報科学芸術大学院大学紀要』5，pp. 49-55

八尋茂樹（2005）『テレビゲーム解釈論序説／アッサンブラージュ』現代書館

山田奨治（2002）『日本文化の模倣と創造―オリジナリティとは何か』角川書店

山田奨治（編）（2003）『模倣と創造のダイナミズム』勉誠出版

山田奨治（編）（2010）『コモンズと文化—文化は誰のものか』東京堂出版

山田奨治（2011）『日本の著作権はなぜこんなに厳しいのか』人文書院

山田奨治（2016）『日本の著作権はなぜもっと厳しくなるのか』人文書院

山崎功（2014）『家庭用ゲーム機コンプリートガイド』主婦の友社

山崎圭司（2003）「イタリアン・ゾンビ映画史 少し裏話つき—映画史上最高の肉塊＆出血量を誇ったイタロ・ゾンビの変遷を振り返る」伊藤美和（編）『ゾンビ映画大事典』洋泉社，pp. 142-153

山崎圭司（2011a）「ルチオ・フルチと幽霊ゾンビの世界」伊藤美和（編）『ゾンビ映画大マガジン』洋泉社，pp. 281-285

山崎圭司（2011b）「ラヴクラフト，『死霊のはらわた』，『ファンタズム』……肉よりも魂が欲しい！非ロメロ型・怪奇派ゾンビの系譜」伊藤美和（編）『ゾンビ映画大マガジン』洋泉社，pp. 286-290

山下慧・井上健一・松崎健夫（2012）『現代映画用語事典』キネマ旬報社

山下利之（2006）「テレビゲームと暴力行動・社会的不適応をめぐる問題」『応用社会学研究』48，pp. 115-126

山下利之・Eibo Ahmad（2007）「テレビゲームのレーティングに関する事例的研究」，『人間工学』43-5，pp. 277-281

山本明・藤竹暁（1980）『図説 日本のマス・コミュニケーション』日本放送出版協会

湯川進太郎・遠藤公久・吉田富二雄（2001）「暴力映像が攻撃行動に及ぼす影響—挑発による怒り喚起の効果を中心として」『心理学研究』72-1，pp. 1-9

湯川進太郎・吉田富二雄（1997）「暴力映像が視聴者に及ぼす影響—実験研究の検討」『筑波大学心理学研究』19，pp. 175-185

湯川進太郎・吉田富二雄（1998a）「暴力映像が視聴者の感情・認知・生理反応に及ぼす影響」『心理学研究』69-2，pp. 89-96

湯川進太郎・吉田富二雄（1998b）「暴力映像と攻撃行動—他者存在の効果」『社会心理学研究』13-3，pp. 159-169

湯川進太郎・吉田富二雄（1999）「暴力映像が攻撃行動に及ぼす影響—攻撃行動は攻撃的な認知および情動によって媒介されるのか？」『心理学研究』

70-2, pp. 94-103

湯川進太郎・吉田富二雄（2001）「暴力的テレビゲームと攻撃—ゲーム特性および参加性の効果」，『筑波大学心理学研究』23, pp. 115-127

吉田眞紀子・堀成美（編），谷口清州（監）（2015）『感染症疫学ハンドブック』医学書院

吉田司雄（2009）『オカルトの惑星—1980年代，もう一つの世界地図』青弓社

吉本たいまつ（2009）『おたくの起源』NTT出版

米沢嘉博（2008）『戦後SFマンガ史』筑摩書房

四方田犬彦（2006）『「かわいい」論』ちくま新書

レトロゲーム愛好会（2013）『携帯型ゲーム機コンプリートガイド』主婦の友社

若菜薫（2001）『エイリアン—恐怖のエクリチュール』鳥影社

若林芳樹（2018）『地図の進化論—地理空間情報と人間の未来』創元社

渡邉大輔（2012）『イメージの進行形—ソーシャル時代の映画と映像文化』人文書院


BSジャパン「ワーキングデッド〜働くゾンビたち」制作チーム（2015）『ワーキングデッド—ブラック社員との付き合い方』WAVE出版

IO編集部（2015）『「VR」「AR」技術最前線』工学社

ベストムックシリーズ（2013）『語れ！ゾンビ』KKベストセラーズ

ホビージャパンムック（2009）『GAMES OF THE LIVING DEAD ゾンビゲーム大全』ホビージャパン

ムック（2014）『S Cawaii! Beauty vol. 2 コスプレメイク＆ fashion のアイデアまとめてみた』主婦の友社

洋泉社MOOK（2011）『別冊オトナアニメオトナアニメアワード2011』洋泉社

洋泉社MOOK（2015）『〈映画秘宝〉激動の20年史』洋泉社

洋泉社MOOK（2016）『爆食！ゾンビ映画100』洋泉社

ロマンアルバム（2014）『ゾンビ・マニアックス—ジョージ・A・ロメロとリビングデッドの世界』徳間書店

TJ MOOK（2016）『海外ドラマ PERFECT GUIDE』宝島社

イングアンソ，オジー（著）／高橋ヨシキ（監訳）（2015）『ゾンビ映画年代記』パインインターナショナル

オースティン，ジョン（著）／兼光ダニエル真（訳）（2011）『ゾンビの作法—もしもゾンビになったら』太田出版

オング，ウォルター・J（著）／桜井直文・林正寛・糟谷啓介（訳）（1991）『声の文化と文字の文化』藤原書店

カッツ，リチャード（2015）「ゾンビ化したアベノミクス」『FOREIGN AFFAIRS REPORT』1, pp. 76-79, フォーリンアフェアーズ・ジャパン

カトナー，ローレンス＆オルソン，シェリル・K（著）／鈴木南日子（訳）（2009）『ゲームと犯罪と子どもたち—ハーバード大学医学部の大規模調査より』インプレスジャパン

カプフェレ，ジャン・ノエル／古田幸男（訳）（1993）『うわさ—もっとも古いメディア』法政大学出版局

クイギン，ジョン（著）／山形浩生（訳）（2012）『ゾンビ経済学—死に損ないの５つの経済思想』筑摩書房

シーブルック，ウィリアム（著）／林剛至（訳）（1969）『魔法の島—ハイチ』大陸書房

スウェイン，フランク（著）／西田美緒子（訳）（2015）『ゾンビの科学—よみがえりとマインドコントロールの探求』インターシフト

スカル，デイヴィッド・J（著）／栩木玲子（訳）（1998）『モンスター・ショー—怪奇映画の文化史』国書刊行会

スカル，デイヴィッド・J（著）／仁賀克雄（訳）（1997）『ハリウッド・ゴシック—ドラキュラの世紀』国書刊行会

チャーマーズ，デイヴィッド・J（著）／林一（訳）（2001）『意識する心—脳と精神の根本理論を求めて』白揚社

デイヴィス，ウェイド（著）／田中昌太郎（訳）（1988）『蛇と虹—ゾンビの謎に挑む』草思社

デイヴィス，ウェイド（著）／樋口幸子（訳）（1998）『ゾンビ伝説—ハイチのゾンビの謎に挑む』第三書館

ドレズナー，ダニエル（著）／谷口功一・山田高敬（訳）（2012）『ゾンビ襲来—国際政治理論で，その日に備える』白水社

ノイバウアー，ハンス=ヨアヒム（著）／西村正身（訳）（2000）『噂の研究』青土社

バージ，ジョン（編）／及川昌典・木村晴・北村英哉（訳）（2009）『無意識と社会心理学』ナカニシヤ出版

バトラー，エリック（著），松田和也（訳）（2016）『よみがえるヴァンパイア—人はなぜ吸血鬼に惹かれつづけるのか』青土社

ハリーハウゼン，レイ＆ダルトン，トニー（著）／矢口誠（訳）（2009）『レイ・ハリーハウゼン大全』河出書房新社

ピーブルズ，カーティス（著）／皆神龍太郎［と学会］（訳）（2002）『人類はなぜ UFO と遭遇するのか』文藝春秋

ファン，ギュンミン（2014）「抑圧されたゾンビの復活，韓国社会においてゾンビはどのような意味を持つのか」『明治学院大学大学院文学研究科藝術學専攻紀要』13，pp. 255-278

フィスク，ジョン（著）／伊藤守，藤田真文，常木瑛生，吉岡至，小林直毅，高橋徹（訳）（1996）『テレビジョンカルチャー』梓出版社

ブラウン，S・G（著）／小林真里（訳）（2011）『ぼくのゾンビ・ライフ』太田出版

フルフォード，ベンジャミン（2006）『グッバイ・ゾンビーズ』光文社ペーパーバックス

ブルッキー，ロバート・アラン＆ウェスターフェルハウス，ロバート（著）／山口菜穂子（訳）（2008）「ホモエロティシズムを丸見えのまま隠す—デジタル・クローゼットとしての DVD 版『ファイト・クラブ』」藤井仁子（編）『入門・現代ハリウッド映画講義』人文書院，pp. 177-223

ブルックス，マックス（著）／浜野アキオ（訳）（2010）『WORLD WAR Z』文藝春秋

ブルックス，マックス（著）／卯月音由紀（訳）・森瀬繚（訳監）（2013）『ゾンビ・サバイバルガイド』エンターブレイン

ブルンヴァン，ジャン・ハロルド（著）／行方均（訳）（1992）『くそっ！なんてこった—「エイズの世界へようこそ」はアメリカから来た都市伝説』

新宿書房

ブルンヴァン，ジャン・ハロルド（著）／大月隆寛・菅谷裕子・重信幸彦（訳）（1997）『消えるヒッチハイカー——都市の想像力のアメリカ』新宿書房

ブロウアー，S・S（著）／福間健二・藤井寛（訳）（1983）『カリガリ博士の子どもたち——恐怖映画の世界』晶文社

ベアリング゠グールド，セイバイン（著）／ウェルズ恵子・清水千香子（訳）（2009）『人狼伝説——変身と人食いの迷信について』人文書院

モートン，リサ（著）／大久保庸子（訳）（2014）『ハロウィーンの文化誌』原書房

モラン，エドガール（著）／杉山光信（訳）（1973）『オルレアンのうわさ——女性誘拐のうわさとその神話作用』みすず書房

ライアン，デイヴィッド（著）／田島泰彦・小笠原みどり（訳）（2011）『監視スタディーズ——「見ること」「見られること」の社会理論』岩波書店


Anderson, W. H. (1988), Tetrodotoxin and the ZombiPhenomenon, *Journal of Ethnopharmacology*, 23, pp. 121-126

Annabel, A. (2011), *An Enthusiast's Guide to Zombies: The History and the Pop Culture Including the Rising, The Zombie Survival Guide, The Walking Dead, The Last Man on Earth, Zombieland, Resident Evil and More*, Webster's Digital Services

Benedek, C. and Rivier, L. (1989), Evidence for the Presence of Tetrodotoxin in a Powder Used in Haiti for Zombification, *Toxicon*, 27-4, pp. 473-480

Bishop, K. (2010), *American Zombie Gothic : The Rise and Fall (and Rise) of the Walking Dead in POpular Culture*, McFarland and Company

Boluk, Stephanie and Lenz, Wylie (2011), *Generation Zombie: Essays on the Living Dead in Modern Culture*, Mcfarland & Co Inc Pub

Brooks, M. (2003), *The Zombie Survival Guide*, Three Rivers Press

Carrol, N (1990), *The Philosophy of Horror*, Routledge

Dandle, P (2001), *The Zombie Movie Encyclopedia*, Mcfarland & Co Inc Pub

Dandle, P (2012), *The Zombie Movie Encyclopedia Volume2: 2000-2010*, Mcfarland & Co Inc Pub

Davis, E. W. (1983), The Ethnobiology of the Haitian Zombi, *Journal of Ethnopharmacology*, 9, pp. 85-104

Department of the Army and Cole Louison (2009), *U. S. Army Zombie Combat Skills*, Lyons Press

Department of the Army and Cole Louison (2012), *U. S. Army Zombie Training Manual*, Lyons Press

Flint, D. (2009), *Zombie Holocaust -How the Living Dead Devoured Pop Culture*, Plexus Publishing

Greene, R and Mohammad, K, S. (2006), *The Undead and Philosophy*, Open Court

Greene, R and Mohammad, K, S. (2010), *Zombies, Vampires, and Philosophy*, Open Court

Hall, Michael O. (2007), The consumption of experiences or the experience of consumption?: An introduction to the tourism of taste, *Food Tourism: Around the World*, pp. 11

Kao, C. Y. (1990), Tetrodotoxin in "Zombie Powder, *Toxicon*, 28-2, pp. 129-132

Kay, G. (2008), *Zombie Movies: The Ultimate Guide*, Chicago Review Press

McIntosh, S. and Leverette, M. (2008), *Zombie Culture: Autopsies of the Living Dead*, The Scarecrow Press

Mason OJ. and Brady F. (2009), The Psychotomimetic Effects of Short-Term Sensory Deprivation, *The Journal of Nervous and Mental Disease*, 197, pp. 783-785

Mogk, M. (2011), *Everything You Ever Wanted to Know about Zombies*, Gallery Books

Russell, J. (2005), *Book of the Dead*, FAB PRESS

Sacchetto, R. (2009), *The Zombie Handbook*, Ulysses Press

Yasumoto, T. and Kao, C. Y. (1986), Tetrodotoxin and the Haitian Zombie, *Toxicon*, 24-8, pp. 747-749

# コンテンツ索引
(映画，マンガ，アニメ，ドラマ，小説，ゲーム，音楽，キャラクターなど)

**著者略歴**

岡本健（おかもと　たけし）

1983 年奈良市生まれ。北海道大学文学部卒業（専攻は認知心理学），北海道大学大学院国際広報メディア・観光学院観光創造専攻博士後期課程修了。博士（観光学）。現在，近畿大学総合社会学部／情報学研究所（兼務）准教授。著書に『n 次創作観光』（NPO 法人北海道冒険芸術出版，2013 年），『マンガ・アニメで人気の「聖地」をめぐる神社巡礼』（監修，エクスナレッジ，2014 年），『アニメ聖地巡礼の観光社会学』（法律文化社，2018 年），『巡礼ビジネス』（KADOKAWA，2018 年），『コンテンツツーリズム研究［増補改訂版］』（編著，福村出版，2019 年），『メディア・コンテンツ・スタディーズ』（編著，ナカニシヤ出版，2020 年），『大学で学ぶゾンビ学』（扶桑社，2020 年），『ゆるレポ』（編著，人文書院，2021 年）等がある。

ゾンビ学

| | |
|---|---|
| 2017 年 4 月 30 日 | 初版第 1 刷発行 |
| 2023 年 9 月 30 日 | 初版第 2 刷発行 |

著　者　岡本　健

発行者　渡辺博史

発行所　人文書院

〒612-8447 京都市伏見区竹田西内畑町 9
電話 075-603-1344　振替 01000-8-1103

印刷所　創栄図書印刷株式会社
装　丁　上野かおる

落丁・乱丁本は小社送料負担にてお取替えいたします